楚辭論學叢稿

朱 碧 蓮 著

文 史 哲 學 集 成
文史哲出版社印行

國家圖書館出版品預行編目資料

楚辭論學叢稿 / 朱碧蓮著. -- 初版. -- 臺北市 :
文史哲,民 89
面 : 公分. -- (文史哲學集成 ; 431)
含參考書目
ISBN 957-549-291-9(平裝)

楚辭 - 評論

832.18 89007914

文史哲學集成

楚辭論學叢稿

著者:朱碧蓮
出版者:文史哲出版社
登記證字號:行政院新聞局版臺業字五三三七號
發行人:彭正雄
發行所:文史哲出版社
印刷者:文史哲出版社
臺北市羅斯福路一段七十二巷四號
郵政劃撥帳號:一六一八〇一七五
電話 886-2-23511028 · 傳眞 886-2-23965656

售價新臺幣 四二〇元

中華民國八十九年六月初版

ISBN 957-549-291-9

臺版序

這裡集結的文字是我在八十年代所寫的有關楚辭的論文，其時我爲學生開設楚辭研究選修課，從屈原和宋玉的作品講到他們的身世遭遇與思想，並涉及楚辭學界所研究的一些問題。當時楚辭研究呈現出一派生機，成果累累，我亦深受啓發與感染，故在與同學們共同探討的過程中，也陸續寫下了這些文字，雖然卑之無甚高論，卻也自以爲並未人云亦云，而是發表了個人的一得之愚。記得在一次楚辭學術研討會上，有人認定屈原有戀母情結，有人以爲他是同性戀者，也有認爲他是自戀狂者等等。後又看到有研究者把《離騷》當作太陽神家族衰亡之歌，是頌揚生殖之歌，云云。古云「詩無達詁」，見仁見智亦所難免，然把屈原隨意化到如此程度，實在令人不敢苟同。故我在《論屈原的修養觀》、《〈離騷〉太陽神說質疑》中表示了不同的看法。又如對宋玉其人，自四十年代至五十年代，郭沫若先生不僅在《屈原》一劇中予以醜化，更在相關的文章中，徹底否定之。於是郭說便成爲權威的定論，使他人難以置喙，以至於在一些教科書中也採用郭說，令宋玉蒙受不白之冤。我在五十年代即不同意郭說，直至八十年代方得暢所欲言，認爲宋玉辭賦有其獨特意義，與屈賦一脈相承，在某些方面甚至還有出藍之色云。

九八年春，我在臺灣結識了文史哲出版社創辦人彭正雄先生。承彭先生美意，使拙著得以在臺梨棗重刊，我殊感榮幸！屈拙著臺版面世之際，敬希讀者諸公有以教之，至禱至幸！

朱碧蓮 二〇〇〇年春於上海還芝齋

自序

楚辭爲我與外子沈劍英的共同愛好，唯切磋時日無幾，他即罹於陽九，從此與楚辭分手，我亦難免虛擲光陰，蹉跎歲月，發表第一篇有關楚辭的論文已在二十餘年之後，正是「老冉冉其將至」之時，如孔子所云：「四十五十而無聞焉，斯亦不足畏也已！」這裡所載的文字卑之無甚高論，只是個人以衰禿之筆勉力爲之的一得之愚，深望能得到方家同好的指正。

書中最後五篇文字，即《〈離騷〉之「西海」與西方樂土》、《〈九歌〉爲旱祭之樂歌考》、《「東君」之神格考》、《〈天問〉新釋》、《〈楚辭〉札記》，係小兒沈海波學步之作，一并收入，以乞玉斧。

朱碧蓮

1991年暑日於滬上還芝齋

楚辭論學叢稿

目　錄

論屈原之思想及其淵源

屈原存世之作都是純文學作品，但其中表現了強烈的思想傾向，足以反映其思想歸屬。他生活在戰國後期百家爭鳴的時代，不可避免地受到當時思想流派的影響。《史記・太史公自序》載司馬談論六家之要旨，歸納先秦主要的思想流派爲陰陽、儒、墨、名、法、道六家，這是概括得當的。屈原在作品中表現出來的思想也不出這六家的範圍。從其政治理想和道德修養來看，尤其突出地表現了儒家思想的影響，這一點郭沫若在《屈原研究》中論說甚詳。有人或許以爲把屈原的思想說成主要受某一家的影響就是貶低了屈原，認爲他是融滙百家之長而自成一家之說，好像這樣才是尊重屈原。評論屈原思想的根據只能是他的作品，從他的作品出發，對照孔孟著作，本文論爲屈原接受了孔孟的先王觀，主張仁政，強調修身，在某些問題上突破了孔孟之說，而在另一些問題上又有比孔孟保守的地方。

一

戰國時期，要求從分裂走向統一，結束諸侯紛爭的局面，實現大一統，幾乎是當時諸子的一致願望，只是在怎樣實現統一的問題上，各家主張不盡相同而已。儒家學派的孟子繼承了孔子「仁」的學說，進而提出效法先王推行仁政的主張。所謂「先王」，就是堯、舜、禹、湯、周等聖君。孔孟都是「言必稱堯舜」，而這在屈原的詩作中也是十分引人矚目的。試予對照：

《論語・泰伯》：

子曰：巍巍乎，舜禹之有天下也，而不與焉。大哉，堯之爲君也，巍巍乎唯天爲大，唯堯則之。

《孟子・離婁上》：

堯舜之道，不以仁政，不能平治天下。

爲政不因先王之道，可謂智乎？

三代之得天下也以仁，其失天下也以不仁。

國君好仁，天下無敵。

《九章・哀郢》：

彼堯舜之抗行兮，瞭冥冥而薄天。

《離騷》：

彼堯舜之耿介兮，既遵道而得路。

《九章・抽思》：

望三五以爲像兮，指彭咸以爲儀。

《離騷》：

昔三后之純粹兮，固眾芳之所在。

屈原在詩作中，如此反覆多次稱道堯舜三代之君，既體現了胸懷統一中國之大志，亦說明他要實行儒家的仁政主張。他在正面標舉效法先王的同時，提出桀紂荒淫失國以爲前車之鑒，以強烈的對比表達熱烈的愛憎。而儒家也正是以桀紂之淫昏與三代之至治作爲對照來倡導仁政的。如：

《尚書・召誥》：

我不可不監于有夏，亦不可不監于有殷。我不敢知曰，有夏服天命，惟有歷年；我不敢知曰，不其延，惟不敬其德，乃早墜厥命。我不敢知曰，有殷受天命，惟有歷年；我不知曰，不其延，惟不敬其德，乃早

《離騷》：

何桀紂之昌披兮，夫唯捷徑以窘步。

夏桀之常違兮，乃遂焉而逢殃；後辛之菹醢兮，殷宗用而不長。

啓《九辯》與《九歌》兮，夏康娛以自縱。

墜厥命。 《尚書・多方》： 惟帝降格于夏，有夏誕厥逸，不肯戚言于民，乃大淫昏，不克終日勸于帝之迪。	《天問》： 桀伐蒙山，何所得焉？妹嬉何肆？湯何殛焉？ 彼王紂之躬，孰使亂惑？何惡輔弼，讒諂是服？

屈原不僅崇奉堯舜等先王，鞭撻桀紂等昏君，對爲孔孟所敬仰的比干、伯夷等賢人也引以爲榜樣，心嚮往之。（如《九章・橘頌》：「行比伯夷，置以爲像兮。」《九章・悲回風》：「求介子之所存兮，見伯夷之放迹。」《天問》：「比干何逆，而抑沉之？」）

由於堯舜是詩人心目中的聖君和偶像，故當有人對他們有微詞時，詩人就予以痛斥。《九章・哀郢》曰：「堯舜之抗行兮，瞭冥冥而薄天。衆讒人之嫉妒兮，被以不慈之僞名。」郭沫若在《屈原研究》中指出這是批判莊子對堯舜的污蔑，實爲肯綮之論。《莊子・盜跖》有「堯不慈，舜不孝」、「堯殺長子，舜流母弟」之說，與孟子針鋒相對。孟子謂「堯舜之道，孝弟而已矣」，並爲其辯白曰：「舜不告而娶，爲無后也，君子以爲猶告也。」「舜盡事親之道，此之爲大孝。」①莊子不僅罵堯舜，還嗤笑伯夷、比干等忠臣「無異於磔犬流豕操瓢而乞者」，以爲他們忠諫而死的行爲「卒爲天下笑」。屈原對莊子之說顯然不滿，故在《哀郢》中借揭露朝中奸佞播弄是非之便舉堯舜受攻擊爲例，說明德配上天的聖人堯舜尚且有人橫加惡名，何況自己受小人的陷害，更是不足爲奇了。

實行仁政的關鍵在於任用賢德之士，貶斥讒佞小人。儒家有關論述不少。如《尚書・蔡仲之命》：「皇天無親，惟德是輔。」當仲弓當了季氏家臣向孔子問政時，孔子曰：「先有司，赦小過，舉賢才。」②《說苑・尊賢》載齊景公與孔子間的問答曰：

> 齊景公問于孔子曰：「秦穆公其國小，處僻而霸，何也？」對曰：「其國小而志大，雖處僻，而其政中，其舉果，其謀和，其令不偷，親舉五羖大夫于係縲之中，與之語三日而授之政，以此取之，雖王可也，霸則小矣。」

說明孔子將國家能否大治與是否舉賢授能聯繫在一起。孟子對此亦十分強調，謂「惟仁者能在高位」③。「賢者在位，能者在職，國家閑暇」。「尊賢使能，俊杰在位，則天下之士皆悅而願立于其朝」④。「伊尹相湯，以王于天下」⑤。「舜發于畎畝之中，傅說舉于版筑之間，……百里奚舉于市」⑥。儒家著作《禮記》亦謂：「昔先王尙有德，尊有道，任有能，舉賢而置之，聚衆而誓之。」⑦再看屈原，他在詩作中也是一再稱頌三代先王有道，舉賢授能，君聖臣賢，故天下大治。《離騷》有曰：

> 湯禹嚴而祇敬兮，周論道而莫差：舉賢而授能兮，循繩墨而不頗。皇天無私阿兮，覽民德焉錯輔。夫惟聖哲以茂行兮，苟得用此下土。

> 湯禹嚴而求合兮，摯咎陶而能調。說操筑于傅岩兮，武丁用而不疑。呂望之鼓刀兮，遭周文而得舉。寧戚之謳歌兮，齊桓聞以該輔。

詩人筆下的這些明君賢臣都是儒家典籍所稱道的人物，他們的共同點是國君在寒微中識拔人才，任用不疑；臣子能竭盡才智輔助國君，成就德政，這也就是詩人夢寐以求的「美政」。可是在現實生活中，詩人是命運不濟：「哀朕時之不當」、下有「惟此黨人之不諒兮，恐嫉妒而折之」、「衆女嫉余之蛾眉兮，謠諑謂余以善淫」；上則「閨中既以邃遠兮，哲王又不寤」、「重華不可遷兮，孰知余之從容」、「湯禹久遠兮，邈而不可慕也」、

「伯樂既沒，驥焉程兮」。現實如此，詩人只能在詩篇中熱烈歌頌三代的聖君明主，以寄托內心的嚮往，對「壅君」讒臣表示強烈的不滿。

在對待人民的態度上，儒家典籍是比較重視的。《尚書・泰誓中》：「天視自我民視，天聽自我民聽。」《左傳・莊公三十二年》：「國將興，聽於民；將亡，聽于神。」孔子所說的「仁」也包含了對人的重視。《大戴禮記・哀公問於孔子》載孔子曰：「古之爲政，愛人爲大。」當哀公問怎樣的人算作賢人時，孔子謂：

> 所謂賢人者，好惡與民同情，取捨與民同統；行中矩規，而不傷于本。⑧

孔子把是否重視人民作爲評價從政者是否爲賢人的標準。又如《論語・鄉黨》曰：「厩焚，子退朝曰：『傷人乎？』不問馬。」鄭玄謂孔子是「重人賤畜也。」說得很對。可是孔子這段話，在「評法批儒」時，卻被認爲是「傷人乎不？問馬」。將「不」字作爲疑問詞「否」字，似乎孔子是重馬而輕人的。不必說如此標點違背了古漢語的規律，就算是對的，也絲毫說明不了孔子是重馬輕人的，因爲他首先問的是人傷著沒有，第二位才問到了馬，這難道不正是重人而賤畜嗎？孟子也說到孔子重人的問題。《梁惠王上》云：「仲尼曰：始作俑者，其無后乎，爲其象人而用之也，如之何其使斯民饑而死也。」孟子則進而加以發揮，看到民心向背對國家興亡的決定性作用：「天時不如地利，地利不如人和。」「得道者多助，失道者寡助。」⑨「民爲貴，社稷次之，君爲輕。」⑩這些話相當精闢地概括了他重視人民的認識。他還舉例說明歷史的教訓：「桀紂之失天下也，失其民也，失其民者，失其心也。得天下有道，得其民，斯得天下矣。」⑪他們的話當然不能全信，他們未必做得到眞正的愛人，但他們至少清醒地認識到民心的向背關係到國家的興亡，所以才如此重視。

屈原在作品中雖然沒有以很多的篇幅來描繪人民的生活面貌，但還是表現了對人民的關心與愛護。《離騷》有句曰：「長太息以流涕兮，哀民生之多艱。」《九章・哀郢》曰：「皇天之不純命兮，何百姓之震愆！民離散而相失兮，方仲春而東遷。」《九章・抽思》：「願搖起而橫奔兮，覽民尤以自鎭。」這些令人震撼的詩句表明了詩人就是人民的一員，與人民同命運，共呼吸，故對人民的苦難感同身受，人民在詩人的心目中有著崇高的地位。

仁政主張的思想基礎是「性善說」。「孟子道性善，言必稱堯舜。」⑫概括了先王觀和性善說之間的緊密聯繫。孟子認爲人生來就有善良的本性，仁義禮智並不是外在的，而是與生俱來的，曰：「人性之善也，猶水之就下也」，「仁義禮智，非由外鑠我也，我固有之也」⑬。那麼人之善性是否永遠不變呢？不然，仍需不斷培養才能保持，故孟子要求人應常常反省檢討，就是「反求諸己」、「求其放心」⑭，如此才能「不失其赤子之心」⑮。因爲要保持人之善性，所以儒家提倡修養，強調個人道德的完善，這方面的名言不少。如《尙書・太中》：「修厥身。」《周易・文言》：「君子以進德修業。」《論語・述而》：「子曰：德之不修，學之不講，聞義不能徙，不善不能政，是吾憂也。」《大戴禮記・子張問入官》：「孔子曰：君子修身返道察說。」

屈原在自我修養方面是十分突出的，他以此保持自己天生的「內美」，用以抵禦外力的引誘。蔣驥在《山帶閣注楚辭・餘論卷上》指出《離騷》突出一個「修」字，曰：「篇中曰好修，曰修能，曰前修，曰修初服，曰信修，修字凡十一見，首尾呼應，眉目了然，絕非牽強之見。」《離騷》中的「修」字意義不一，不一定都作修養解，但用得如此之多，並非偶然。有關道德品質修養的詩句，如：

《離騷》：民生各有所樂兮，余獨好修以爲常。

《九章・抽思》：善不由外來兮，名不可以虛作。

《九章・懷沙》：易初本迪兮，君子所鄙；内厚質正兮，大人所盛。重仁襲義兮，謹厚以爲豐。

《九章・思美人》：情與質信可保兮，羌居蔽而聞章？

《橘頌》：閉心自愼，終不失過兮。

詩人就是依靠自我修養排除外來干擾以保持美德的。也有相反的情況，即「何昔日之芳草兮，今直爲此蕭艾也。豈其有他故兮，莫好修之害也」。「憎慍惀之修美兮，好夫人之慷慨」⑰。那些曾由他花費心血澆灌的芳草因爲不肯修身而失去原有的美質，與蕭艾等惡草同流合污。楚王則不辨美醜，寵信讒佞，排斥好修之賢士，如此昏君焉得不亡！有美德者才能稱爲賢者，才能實行美政，故屈原再三強調個人的自我修養，這與孔子所說的「其身正，不令而從；其身不正，雖令不從」、「苟正其身矣，于從政乎何有？不能正其身，如正人何」⑱的意思是相同的。國君不德，自然是非不分，親小人遠賢臣，如此則焉能以德治天下！

與自我道德修養相關的，是對待過錯的態度。孔子以爲人難免犯錯誤，只要能改正就好。其名言如：《論語・學而》：「過則不憚改。」《里仁》：「觀過斯知仁矣。」《衛靈公》：「過而不改是謂過矣。」《論語・子張》載子貢語：「君子之過也，如日月之食，過也，人皆見之；更也，人皆仰之。」《韓詩外傳》卷三：「孔子曰：昔桀紂不任其過，其亡也忽焉。成湯、文王知任其過，其興也勃焉。過而改之，是不過也。」能否改過，不僅是個人道德修養問題，對於國君來說，更關係到國家的興亡，成湯、文王與桀紂就是具體的例子。在這個問題上，詩人恰也是愛憎分明的，他是多麼希望楚王能夠幡然悔悟，改弦更張，擺脫讒佞的包圍，重新振作起來！

《離騷》：「不撫壯而棄穢兮，何不改乎此度也？

曰黃昏以爲期兮，羌中道而改路。初既與余成言兮，後悔遁而有他。

閨中既以邃遠兮，哲王又不寤。

《天問》：悟過改更，我又何言？

《抽思》：茲歷情以陳辭兮，蓀佯聾而不聞。

初吾所陳之耿著兮，豈至今其庸亡。何獨樂斯之謇謇兮，願蓀美之可完。

驕吾以其美好兮，傲朕詞而不聽。

《惜往日》：弗省察而按實兮，使讒諛而日得。

這些詩句表明詩人忠心耿耿，反覆陳詞，希望國君醒悟過來，保持美德。但事實卻相反，國君出爾反爾，拒諫飾非，毫無反悔之意，辜負了詩人的苦心，令人痛心！《天問》結尾的「悟過改更，我又何言」句，正面贊揚楚昭王能夠悔悟改過，使瀕於滅亡的楚國得以復興。詩人以這段歷史作爲現實的鏡子，希望楚王有所觸悟，然而這只是一個夢想，終於被昏庸的楚王擊得粉碎！

此外，孔子一些處世立身的名言，在屈原的作品中也有或多或少的反映，如《論語·學而》：「君子疾沒世而名不稱。」《離騷》：「老冉冉其將至兮，恐修名之不立。」《論語·衛靈公》：「君子固窮。」《九章·涉江》：「吾不能變心而從俗兮，固將愁苦而終窮。」如此等等，都隱約使人體會到詩人在道德修養上與儒家一致，這是不能忽視的。

二

屈原是愛楚國、愛人民也愛楚王的，他有著濃厚的忠君思想。固然，他對楚王的不辨忠奸是異常不滿的，甚至咒罵楚王的昏庸不明，表現出明顯的怨恨情緒，但對楚王還是忠心耿耿的，因此這是從忠君思想出發的怨恨。他曾反覆表明自己對楚王的忠貞不貳：「指九天以爲正兮，夫惟靈修之故也」，「所作忠而言之兮，指九天以爲正」，「思君其莫我忠」，「事君而不貳」。他所敬仰的忠臣，有彭咸、伍子胥、伯夷、比干、介子推等人，其中第一位是彭咸，在《離騷》和《九章》各篇中曾七次提到他；第二位是伍子胥，《九章》中三次提及。他們共同點一是忠於國君，二是被讒致死，其中比干和伯夷都是殷紂王時人，他們都是貴族出身，是殷紂王的忠臣，比干直諫而死，伯夷不食周粟，至於彭咸其人，王逸注曰：「殷賢大夫也，諫其君不聽，自投水而死。」屈原最敬仰彭咸，反覆表示要效法他，最後的自投汨羅也與彭咸「自投水而死」相仿佛，這些人中，比干和伯夷都是孔子、孟子所頌揚的「仁者」、「賢人」，所以在忠君這一點上屈原是深受孔孟，特別是孔子的影響的。

孔子是提倡「君君臣臣父父子子」的，當魯定公問他「君使臣、臣使君如之何」時，孔子對曰：「君使臣以禮，臣使君以忠。」⑲屈原正是「竭忠誠以事君」⑳的。孔子贊揚比干、伯夷，實際上在提倡不管君使臣是否有禮，臣事君都得忠。殷紂王是公認的暴君，可是伯夷卻寧肯餓死亦不食周粟，屈原表示「行比伯夷，置以爲像」，這正說明屈原在忠君這個問題上是孔子的信徒，甚至比之孔子還要走得遠些。孔子對具體歷史人物的評價有時並不拘泥於忠君，而是看其對國家的統一是否有利。如對於管仲，子路與子貢都對孔子說，管仲和召忽共同侍奉公子糾，後公子糾爲齊桓公所殺，召忽以身殉公子糾，而管仲非但沒有同死，還轉而侍奉仇人桓公，所以不能算作仁者。孔子答曰：「桓公九合諸侯，不以兵車，管仲之力也。如其仁，如其仁！」「管仲相桓公，霸諸侯，一匡天下，民到于今受其賜。微管仲，吾其被髮左衽矣，豈若匹夫匹婦之爲諒也，自經於溝瀆而莫之知也！」㉑孔子稱贊管仲，是因爲他輔佐桓公成就霸業，使天下安定，是有功之人。

至於孟子，在君臣關係的問題上似比孔子更爲開明，第一，他主張臣子對國君的態度應由國君如何對待臣子來決定。《孟子・離婁下》云：「君之視臣如手足，則臣視君如腹心；君之視臣如犬馬，則臣視君如國人；君之視臣如土芥，則臣視君如寇仇。」第二，孟子認爲國君有了過失臣子就應該進諫。當齊宣王向孟子問及做大臣的道理時，孟子說有「貴戚之卿」和「異姓之卿」的區別。所謂「貴戚之卿」是「君有大過則諫，反覆之而不聽，則易位」；「異姓之卿」是「君有過則諫，反覆之而不聽，則去」。這番話說得齊宣王「勃然變乎色」，這表明孟子的君臣觀念：臣子對國君不應盲從，當國君有過失時便要進諫；如國君堅持不改，輕則自己去國，重則將國君「易位」。所以他贊成「湯放桀，武王伐紂」。第三，對那些不爲國君所用而出走他國，有所作爲的人，孟子認爲是「智者」，應予肯定。虞國的國君貪圖晉國的珍寶而答應晉國假道伐虢，宮之奇力諫，而百里奚卻並不進諫，因爲他「知虞公之不可諫」；所以便跑到秦國去輔佐穆公，「不可諫而不諫，可謂不智乎？知虞國之將亡而先去之，不可謂不智也，時舉于秦，知穆公之可以有行也而相之，可謂不智乎？」㉒孟子的肯定百里奚是用對國家強盛是否有利，而不是以忠於國君爲標準來衡量的。

孟子的這些主張，屈原似並不完全接受，他對楚王是盡了進諫之責的。當楚王聽信讒言而疏遠他時，他也表現了怨恨和憤怒，把這種情緒反映在詩篇裡，但僅止於此，並無「去國」、「易位」之舉。到了最後一切絕望時，他是走了彭咸自沉的道路。正如司馬遷所說：「屈平既嫉之，雖放流，眷顧楚國，繫心懷王，不忘欲返，冀幸君之一悟，俗之一改也，其存君興國，而欲反覆之，一篇之中，三致志焉。」①以屈原的出身和所處的地位，他當然是把君與國緊緊地聯繫在一起的，愛國與愛君對他來說是統一的，但他明知「哲王之不寤」，楚王是昏庸糊塗的「壅君」，國事已不可爲而還要「繫心懷王」就未免太過分了，已到了愚忠的程度了。他最後以一死殉君國，確如洪興祖在《楚辭補注》中所說是「生不得力爭而強諫，死猶冀其感發而改行，使百世之下聞其風者，雖流放廢斥猶知愛其君，眷眷不忘臣子之義盡矣。」楚王盡管沒有盡到爲君之責，而屈原卻作到了爲臣之忠。

在是否去國遠遊這個問題上，屈原也曾有過思想鬥爭。《離騷》中就曾通過靈氛之口說出了內心的這種活動。當他準備聽從靈氛的勸告，升上天空時，「忽臨睨夫舊鄉，仆夫悲余馬懷兮，蜷局顧而不行。」留戀故國的感情戰勝了去國遠遊的意志，他終於沒有離開楚國。但屈原對那些不爲本國所容在他方建立功業的人卻並無異議，也同樣表示了仰慕之情：「聞百里之爲虜兮，伊尹烹于庖廚。呂望屠于朝歌兮，寧戚歌而飯牛。」「吳信讒而弗味兮，子胥死而後憂。」②百里奚、寧戚和伍子胥都是在他國建立功業者。百里奚是虞人而仕于秦，寧戚是衛人而仕于齊，伍子胥是楚人而仕于吳，其中最特別的是伍子胥。他因不爲楚平王所容而出奔吳國，輔佐吳王闔閭，「西破強楚，北威齊晉，南服越人」③，使吳國成爲當時的強國。他對吳王可說是忠心耿耿，始終堅持滅越的政策，而吳王卻聽信讒言，不僅不采納他的意見，甚至還賜其自盡。可是伍子胥對於父母之邦的楚國卻並不盡忠，對殺死他父兄的楚平王恨之入骨，當吳兵攻破楚都時，竟掘開平王的墳墓進行鞭屍。對這樣的行爲，屈原並沒有加以指責，大概他只是同情伍子胥忠而被讒自盡，因而忽略了他向楚王報復這一點吧，自己不肯去國而對他人的去國卻又表示敬仰，這正反映了屈原思想上的矛盾。

屈原對百里奚、寧戚和伍子胥等的贊揚，反映了春秋戰國時期主張統一的諸子百家游說諸侯之風。孔子是宋人而仕於魯，繼而周遊列國；孟子則爲使天下「定於一」而在齊梁間游說，他是鄒人而曾做過齊宣王的客卿；荀子是趙人不爲趙國所用而遊歷齊秦，終老於楚；商鞅是衛人而在秦國大顯身手。當然，在這種游說的風氣中，也有不少朝秦暮楚，一心只求利祿之徒混迹其間，這些人沒有一定的政治主張，爲了一己的私利翻手爲雲覆手爲雨，在各國間製造混亂，對統一事業並無好處，但不能因爲有了這種人就否定那些爲實現統一而奔走列國者的實踐。他們當然也是有兩面性的，有主張統一的一面，也有追逐個人名利的一面，那是難以避免的局限性，然而他們爲統一事業所作的努力卻是應予肯定的。屈原對於這種社會風氣自然是熟悉的，因此他在受到讒人的打擊迫害時心裡也曾產生過去國的念頭。有人認爲屈原終於沒有出走是由於楚國以外的幾國都同楚國差不多，所以如柳下惠所說，是「直道而事人，焉往不三黜，枉道而事人，何必去父母之邦」㉖。因此出走就沒有意思了。事實並非如此。

秦國在當時無論政治上、軍事上，還是經濟上都優於其他六國。荀子曾敘述他入秦所見。從地理、人民、官吏、士大夫和朝廷幾方面加以贊美，認爲秦「四事有勝，非幸也，數也」㉗。自然，無論秦國怎樣強盛優越，它是楚國的敵人，屈原是決不會去反身事仇的。其他各國中齊國還是心較有希望擔任統一之責的。齊威王能夠任用賢能，善於納諫，當然是不錯的，宣王繼位之後曾大敗魏軍，還幾乎滅了燕國，可見國勢還是強盛的，他又擴充稷下學宮，吸收諸子百家來此講學，「稷下學士復盛，且數百千人」㉘，可見文化事業也相當發達，齊湣王繼位後十三年（前288），秦昭王與湣王相約，自稱西帝而尊湣王爲東帝。雖然爲時僅止兩個月，但齊能與秦並稱帝號，可見其國力不弱。屈原生活的時代與齊威、宣、湣約略同時，宣王在位時他又曾幾度擔任聯齊使命，對齊國的內政應當有所了解，如果出走齊國，定能在齊國得到任用，最低限度也可以在稷下學宮「不治而議論」，宣傳自己的主張，推動聯合抗秦事業的發展。但他始終沒有越出楚國一步，以「帝高陽之苗裔」自豪的屈原，囿於家族觀念，在君臣關係這一點上贊成比干和伯夷，稱贊他們無條件地忠於國君，矢志不貳，可同時他又一再稱頌周文王：「昔三后之純粹兮，固衆芳之所在。」「湯武嚴而祇敬兮，周論道而莫差。」「呂望之鼓刀兮，遭周文而得舉。」伯夷恥食周粟值得效法，而周文王又是能任用賢能的聖主明君，值得敬仰，這豈不是自相矛盾嗎？殷紂王是屈原一再批判的暴君，對這樣的暴君效忠的伯夷和比干難道值得歌頌嗎？大約屈原是贊美伯夷和比干的忠心，批判紂王的昏暴而又敬仰文王的聖明，各取其一點來表達自己的思想感情。

三

作爲北方學派的儒家思想是逐漸向南方滲透，從而爲楚國君臣所接受的。

春秋之際，各諸侯國的交往多以賦詩言志。有於詩一竅不通者，則爲天下人所笑，如襄公二十七年和二十八年，齊慶封丟醜事便是典型的例子。在外交場合上賦詩，既是個人才幹、文化修養、道德品質的表現，又是一個國家政治風貌的反映，不能等閑視之。在《左傳》中記載楚君臣引用詩書的場合不少，最早見於文公十年（楚穆王九年，前617年），最晚見於定公四年（楚昭王十年，前506年），可知在屈原之前二三百年間，楚國君臣就已熟練地以詩書爲工具，與各諸侯國交往了。《國語》中也有許多楚君臣引用詩書的例子。由此可見，楚國君臣對《詩》三百篇的熟諳程度，並不亞於中原諸國。

屈原處於戰國後期，此時合縱還是連橫已成爲各國外交的中心議題，所以外交使者運用詩書不如春秋時多，但這方面的修養還是要具備的。試看後於屈原的荀子所寫的文章幾乎每篇都引詩爲證即可證明。屈原「嫻于辭令，明于治亂」，自然對於詩書有很深的造詣，他在政治上遭到貶抑後，把自己的抱負和愛憎傾注在辭賦作品中。這些作品固然不是哲學著作，然而從中仍可隱約感受到詩書所給予他的影響。

《離騷》的「乘騏驥以馳騁兮，來吾道夫先路」，與《詩．衛風．伯兮》的「伯也執殳，爲王前驅」就是一脈相承的；「仆夫悲余馬懷兮」，與《詩．周南．卷耳》中「陟彼高岡，我馬玄黃」及「我馬瘏矣，我仆痡矣」意思相通。《天問》的「玄鳥致貽，女何喜」，不就是《詩．商頌．玄鳥》所寫的「天命玄鳥，降而生商」的故事嗎？「稷維元子，帝何竺（毒）之，投之于冰上，鳥何燠也」，說的是《詩．大雅．生民》中后稷誕生的故事。「不任汨鴻，師何以尙之？僉曰何憂，何不課而行之？」就來自《尙書．堯典》。《離騷》和《天問》中還有一些詩句雖不是來自《詩》《書》，但是受儒家典籍的影響仍可窺見。如舜被父瞽弟象危害的故事，后益、夷羿與浞澆的故事，夏禹用皋陶，桀紂無道失國，商湯用伊尹，文王舉呂望，周昭南遊不復，穆王荒遊天下，以及秦穆公用百里奚等，在史籍中無不有詳略不等的記載。這些都不能視作巧合偶遇，而是深受其影響的痕迹。

又如，有人認爲孔子對周公最推崇，而屈原作品中卻不見提及，於是就成爲屈原並不服膺孔子的明證。事實似乎並非如此。《離騷》「湯禹嚴而祇敬兮，周論道而莫差」句中之「周」就包括文武周公在內。否則前一句詩中點了湯與禹之名，爲何下一句僅說一個「周」字呢？因爲文王、武王和周公三人的名字說來不便，於是就只能用一個「周」字來概括了。《天問》曰：「列擊紂躬，叔旦不嘉。何親揆發足，周之命以咨嗟？」這裡的「叔旦」，就是周公旦，問題是對這幾句詩的理解。有人認爲這是詩人批評周公，說他不贊成武王伐紂是錯誤的。《天問》通篇以問題組成，發問的方式各有不同，有一句一問的，有兩句一問的，也有四句一問的。在四句一問的形式中，大多數是前二句爲敘述句，後二句發問，有的前後意思聯貫，有的則意思相反。前者如「舜服厥弟，終然爲害。何肆犬體，而厥身不危敗」，說舜對他弟弟象委曲服從，可是象終於還是要謀害他。爲什麼那像狗一樣放肆的象自己卻安然無恙，保全了性命呢？後者如「該秉季德，厥父是臧。胡終弊於有扈，牧夫牛羊？」說那王亥秉承父親季的德行，他父親說他好。那麼，爲什麼王亥在有易放牧牛羊時，終於被殺身亡呢？這就是一正一反的例子。「列擊紂躬」四句情況與後者相以，也是先以敘述口氣指出所謂周公不贊成武王斬擊紂王屍體，割其首懸於太白旗上，這僅僅是傳說而已，下面兩句才是詩人的發問，意謂：傳說如此，那麼，爲什麼周公當初要親自爲武王伐紂出謀畫策，對武王伐紂的命令表示贊賞呢？如果把這四句理解成爲上下意思轉折而非相承關係，則屈原分明是反對這種有損於周公形象的傳說的，猶如《哀郢》篇的「彼堯舜之耿介兮，瞭冥冥以薄天。衆讒人之嫉妬兮，被以不慈之僞名」，批駁有人對堯舜潑污水，維護了堯舜的高尚美德。同樣道理，此處也是反對有人誣蔑周公，認爲周公參與了伐紂的正義之舉，不容置疑。

更加令人矚目的是，楚國與儒家代表人物有著密切的接觸與來往。儒家創始人孔子曾在楚昭王時使楚。《論語・微子》云：

> 楚狂接輿歌而過孔子曰：「鳳兮鳳兮，何德之衰！往者不可諫，來者猶可追。已而已而，今之從政者殆而。」孔子下欲與之言，趨而避之，不得與之言。

孔子到了楚國，才會有與接輿這一段因緣。《史記・楚世家》、《孔子世家》和《說苑・雜言》都曾具體記載楚昭王召孔子，準備封以書社七百里，委以要職，只是由於令尹子西的阻撓，才未能成功。可是盡管如此，孔子對楚國的政治，仍然十分關心。據《左傳・哀公六年》載，當昭王生重病，占卜說是河神作祟，到郊外祭河即可獲福祛病，昭王認爲「河非所獲罪也」，不肯祭河，孔子聽到此事，贊道：「楚昭王知大道矣，其不失國也宜哉！」子西雖然阻撓孔子出仕楚國，而當有人問孔子子西的爲人時，孔子不作明確評說，只是模糊其詞地說：「彼哉，彼哉！」（《論語・憲問》）似乎並無好感。可是他聽說子西諫止昭王游荊台時，卻又贊不絕口：「美哉，令尹子西！」表示了推崇之意。

至於楚昭王，對於孔子是非常傾倒的。他召孔子至楚，準備委以重任，受到子西阻撓後，還是信任尊重孔子的。《說苑・辨物》云：「楚昭王渡江，有物大如斗，直觸王舟，止於舟中。昭王大怪之，使聘問孔子。孔子曰：『此名萍實。』」遇到怪物，昭王特地派人去請教孔子，可見他對孔子的重視。根據孔子的處世態度，他到楚國不會只是去做官，而肯定要宣傳自己的學說主張，擴大影響。究竟昭王時期楚國有多少人聽過他講學，拜倒在他的門下，不能確知，但後來楚國出了幾位大儒，恐怕與孔子在楚國的講學不無關係。

一位是陳良。《孟子・滕文公上》曰：「陳良，楚產也，悅周公仲尼之道，北學於中國，北方之學者，未能或之先也，」陳良的學生陳相、陳辛弟兄兩人，在陳良死後背叛儒家改奉農家許行，孟子因此與他辯論，指出他們從師學習「數十年，師死而遂倍（背）之」，是十分錯誤的行爲。孟子所稱的陳良生卒年月雖不詳，從時間上推算，很可能就是孔子在楚國所教的學生中之佼佼者。由於在學業上的成就遠遠超過北方學者，因而得到了孟子的稱贊。也許他是曾參的學生。《韓詩外傳》卷一云：「曾子仕于莒，得粟三秉，方是之時，曾子重其祿而輕其身；親歿之後，齊迎以相，楚迎以令尹，晉迎以上卿，方是之時，曾子重其身而輕其祿。」從楚準備用他爲令尹這點，可知儒家在楚國還是很有影響的，故此楚國出現陳良這樣的大儒是很自然的。

再一位是馯臂子弘，是孔子的再傳弟子，精通《周易》。《史記・仲尼弟子列傳》：「孔子傳《易》于瞿，瞿傳楚人馯臂子弘，弘傳江東人矯子庸疵，疵傳燕人周子家豎，豎傳淳于人光子乘羽，羽傳齊人田子莊何，何傳東武人王子中同，同傳菑川人楊何。」另一位儒者是鐸椒。《史記・十二諸侯年表》云：「鐸椒，爲楚威王傅，爲王不能盡觀《春秋》，采取成敗，卒四十章，爲《鐸氏微》。」姚鼐《左傳補注序》：「左氏之書，非出一人所成，自左丘明作傳以授曾申，申傳吳起，起傳其子期，期傳楚人鐸椒，椒傳趙人虞卿，虞卿傳荀卿。」鐸椒是楚威王的老師，爲了幫助威王理解掌握《春秋》，他特作《鐸氏微》專著闡發要義。

他同時又是《左傳》的傳人，可見得也是一位大儒。威王在位11年，懷王十一年屈原擔任左徒，其間相距20年，而屈原與楚王同姓，很有可能他們同時從師受業，跟鐸椒學習《春秋》與《左傳》。如此看來，屈原接受儒家思想也並不是意外之事，他擔任左徒及教育三姓子弟的三閭大夫，精通儒家典籍，以之作爲治國之借鑒也是理所當然的。可見，屈原作品中表現出來的儒家先王觀和自我修養的道德觀也是淵源有自的。

郭沫若認爲陳良「正好可以充當屈原的先生」㉙，似不準確。孟子指出陳相兄弟「事之數十年，師死而遂倍（背）之」，說明當孟子之時，陳良已死，他比孟子至少大30歲左右，孟子又比屈原早生30年，屈原似不可能是陳良的學生，愚意屈原師事鐸椒的可能性最大，屈原作品的先王觀和古史系統與《左傳》所載基本吻合，這恐怕不是偶然的。

總之，屈原作品中所表現出來的效法先王，推行仁政等儒家思想，是與法家的基本思想不同的。法家集大成者韓非說：「今有美堯舜湯武禹之道于今之世者，必爲新聖笑矣。」㉚「明據先王，必定堯舜者，非愚即誣也。」㉛「今待堯舜之賢，乃治當世之民，是猶待粱肉而救餓之說也。」㉜在如何對待《詩》、《書》等儒家典籍和道德修養問題上，兩家態度也是涇渭分明、截然不同的，商鞅曾說「國用詩書禮樂孝悌，善修治者，敵至，必削國；不至，必貧國。」㉝他把儒家典籍和道德觀念當作禍害來對待，主張「置官也，置吏也，爲天下師」㉞，他仇視詩書與以吏爲師的主張後來爲李斯進一步推向極端，在秦始皇統一中國後，釀成了「焚書坑儒」之禍。李斯所爲已在屈原之後，而商鞅生活在屈原之前，屈原對他的這些主張顯然是不會接受的，因爲他在作品中所反映出來的先王觀和道德觀正與商鞅的說法完全相反。

四

主張屈原爲法家者舉其作品中有「規矩」、「方圓」、「法度」等字樣，作爲法家的證明。如《離騷》：「舉賢而授能兮，循繩墨而不頗。」「固時俗之工巧兮，偭規矩而改錯。背繩墨以追曲兮，竟周容以爲度。」「勉升降以上下兮，求矩矱之所同。湯禹嚴而求合兮，摯咎繇而能調。」《九章・惜往日》：「奉先功以照下兮，明法度之嫌疑。」「國富強而法立兮。」這些詩句能否作爲詩人是法家的證據呢？我以爲不能，因爲儒家亦用「規矩」、「法度」等字樣，數量還不算少。如：

> 《論語・堯問》：謹權量，審法度，修廢官，四方之政行焉。
>
> 《大戴禮記・哀公問五義》：孔子對曰：行中規矩，而不傷於本。
>
> 子曰：夫規矩準繩鈞衡，此昔者先王之所以爲天下也。
>
> 《禮記・經解》：孔子曰：禮之于國也，猶衡之于輕重也，繩墨之于曲直也，規矩之于方圓也。
>
> 《孟子・離婁上》：孟子曰：離婁之明，公輸子之巧，不以規矩，不能成方圓。堯舜之道，不以仁政，不能平治天下。
>
> 規矩，方圓之至也；聖人，人倫之至也。

不過，儒家所說的法度與規矩等，是合乎仁義禮樂的要求，與法家嚴刑峻法之法治是有區別的。屈原在《離騷》中所說規矩與湯禹及伊尹、皋陶聯繫在一起，可見屬於儒家仁政之說。

但是如此說，並不表示除了儒家之外，別的學派對詩人就毫無影響。道家與陰陽思想在《卜居》、《漁父》、《遠遊》諸篇中還是隱約可見的，特別是法家思想給予詩人以很大的影響。

發生在楚悼王時的吳起變法不可避免地會令他震動。吳起曾事曾子，因母死不歸爲曾子所薄，後至魯國學兵法，又殺妻以求將。在魏爲將時，能與士卒共甘苦。他與魏文侯談論治國時主張「在德不在險」。可知吳起是兵家兼法家，還有一定的儒家色彩，與純粹的法家商鞅稍異。他在楚悼王時實行變法，距懷王約半個世紀，這種兼收並蓄的精神不能不對屈原產生影響。至於其他諸侯國的法家及其改革活動近在咫尺，則更爲屈原所熟知。商鞅在秦國前後將近20年，進行過兩次大規模全面而又徹底的變法，商鞅橫死時，屈原剛剛降生，相距屈原登上政治舞台約有20多年。商鞅死後，秦惠王繼續沿用商鞅所制定的一系列法令，法治並未中斷，屈原對此應當知道。與楚懷王差不多同時的齊威王，則重用鄒忌，廣開言路，賞即墨大夫而烹阿大夫，如此等等的措施使得齊國強盛起來。趙武靈王與懷王同時，他的著名事迹是進行胡服騎射的改革，也使得趙國的軍事力量加強。另有燕昭王，於齊國破燕後即位，卑身厚幣以招賢者，樂毅、鄒衍等賢士自他國爭相趨燕。這些發生在鄰國富國強兵的改革，對於有志於「道夫先路」，「忽奔走以先後兮，及前王之踵武」的屈原來說，自是有力的促進，他不甘落後，在左徒任上，不失時機地「造爲憲令」、「明法度之嫌疑」，進行旨在使「國富強而法立」的改革。遺憾的是屈原所進行的這場改革僅如曇花一現，很快地夭折了。

爲什麼當時其他諸侯國的改革多多少少有一點成效，國力略有振作，而獨獨在楚國，改革就根本行不通呢？究其原因，一是楚懷王昏庸腐朽，貪圖小利，剛愎自用，內惑於靳尙、鄭袖等群小，外受欺于秦的陰謀。二是楚國貴族保守勢力特別頑固，吳起的失敗就是明證，後來攻破楚都的秦將白起曾概括楚敗秦勝的原因說：

> 是時楚或恃其國大，不恤其政，而群臣相妒以功，諂諛用事，良臣斥疏，百姓心離，城池不修，既無良臣，又無守備。……當此之時，秦軍士卒以軍爲家，將帥爲父母，不約而親，不謀而信，一心同功，死不旋踵，楚人自戰其地，咸顧其家，各有散心，莫有鬥志，是以能有功也㉟。

白起所說的情況完全符合楚國的實際，這是屈原所處的客觀環境。從主觀上看，屈原以德政爲其主導思想進行改革，以三代爲榜樣，效法先王，難免無稽之嫌，虛無飄緲，不著邊際，與孟子一樣「迂遠而闊於事情」，是注定要失敗的。「天下方務於合縱連橫，以攻伐爲賢，而孟軻乃述唐、虞、三代之德，是以所如者不合。」㊱屈原在戰國紛爭的情勢下，致力於改革，自然是順應時代潮流，較孟子爲優，可是他試圖行古道，法先王，講性善以及強調個人修養等等，仍然顯得書生氣十足，未免缺乏實際的可行性，而充滿主觀理想主義的色彩。主客觀原因結合在一起，導致了屈原事業的失敗。

范文瀾曾把略早於屈原的孟子一派的主張與略後於屈原的荀子的主張加以比較對照，認爲「孟子一派的儒者。……他們標榜法先王」、「荀子所贊美的大儒是法后王，重禮義，輕詩書，劃一制度，輔佐當今后王統一天下」、「孟子法先王是想行周公孔子的所謂王道，荀子法后王，是要實行戰國末年已經成熟了的中央集權制度，孔孟政治學說經荀子修正，不再是迂闊難行的儒家了。」㊲屈原思想與孟子思想頗爲接近，這一段話正是道出了法先王、行古道在當時難以實行的癥結所在。

對於屈原不肯去國、執著地忠君，賈誼就有不同的意見，《吊屈原賦》云：

歷九州而相君兮，何必懷此都也？鳳凰翔于千仞之上兮，覽德輝而下之；見細德之險征兮，搖增翮逝而去之，彼尋常之污瀆兮，豈能容吞舟之魚？橫江湖之鱣鯨兮，固將制於螻蟻！

司馬遷贊同其說，以爲「怪屈原以彼其材，游諸侯，何國不容，而自令若是」，㊳他們批評屈原沒有放開眼界，面向全中國去物色有德之君，以施展自己的偉大懷抱，做一番統一中國的大事業，而僅僅拘泥於楚國這麼一個國家，效忠於楚王這樣昏憒的君主。他們的意見很有道理。屈原忠於楚君楚國，固然表現了愛國精神，而從另一面看，他卻又未能把全部的才智貢獻給全中國。在他看來，要麼由楚國來統一全中國，要麼就是絕望。他寧肯自沉也不願到其他諸侯國去一展懷抱。能否說，貴族後裔的偏執和狹隘的地域觀念深深地束縛了他，限制了他的眼光呢？

不過，屈原思想中與孔孟主張牴牾之處亦復不少，如對於上天，孔孟認爲天是至高無上的，「巍巍乎，惟天爲大」㊴。而屈原卻敢於大膽地「問天」，懷疑天命。孔孟認爲鯀是被舜所殛的「四凶」之一，屈原卻偏偏非常同情他，一再爲他鳴不平，這恐怕與後來的司馬遷同情項羽有異曲同工之處，項羽雖然功業不終，但秦朝的滅亡有賴於他的戰功，他爲漢朝的建立掃除障礙，鋪平道路，其功不可沒。同樣地，鯀雖然沒有完成治水事業，然而卻是他首先擔當與大自然作戰的重任的，他的失敗中就含有後來者可以汲取的寶貴經驗，何況他死後還孕育了大禹，使他完成了治水的豐功偉績呢。這說明屈原具有不以成敗論英雄的歷史觀。與孔孟最大的不同是屈原一反「子不語怪力亂神」㊵的態度，在作品中引用了大量的神話傳說，以豐富的想象力表現了他對現實政治的批判和對理想的追求嚮往，說明他的作品具有濃厚的南方浪漫主義特質，有鮮明的個性。可是盡管存在這些不同，畢竟只是差異，並未能構成完整的思想體系，所以很難說他自成一家，獨立於儒墨道法諸家之外。盡管各家思想對他有或多或少的影響，然而僅僅是影響而已。屈原不是專門的思想家，而是帶有強烈政治色彩的專業詩人，就其思想的基本傾向而言，他是具有儒家風範的詩人。

【附　註】

① 見《孟子・離婁上》。

② 見《論語・子路》。

③ 見《孟子・離婁上》。

④ 見《孟子・公孫丑上》。

⑤ 見《孟子・萬章上》。《論語・顏淵》載子夏言：「湯有天下，選於衆，舉伊尹。」

⑥ 見《孟子・告子下》。

⑦ 見《禮記正義・禮器》。

⑧ 見《大戴禮記・哀公問五義》。

⑨ 見《孟子・公孫丑下》。

⑩ 見《孟子・盡心下》。

⑪ 見《孟子・離婁上》。

⑫ 見《孟子・告子上》。

⑬⑮ 見《孟子・告子上》。

⑭ 見《孟子・公孫丑上》。

⑯ 見《離騷》。

⑰ 見《九章・哀郢》。

⑱ 見《論語・子路》。

⑲ 見《論語・八佾》。
⑳ 見《九章・惜誦》。
㉑ 見《論語・憲問》。
㉒ 見《孟子・萬章上》。
㉓ 見《史記・屈原列傳》。
㉔ 見《九章・惜往日》。
㉕ 見《史記・伍子胥列傳》。
㉖ 見《論語・微子》。
㉗ 見《荀子・強國篇》。
㉘ 見《史記・田敬仲完世家》。
㉙ 見《屈原研究》。
㉚ 見《韓非子・五蠹》。
㉛ 見《韓非子・顯學》。
㉜ 見《韓非子・難勢》。
㉝ 見《商君書・去強》。
㉞ 見《商君書・定分篇》。
㉟ 見《戰國策・中山策》。
㊱ 見《史記・孟子列傳》。
㊲ 見《中國通史簡編》第一冊。
㊳ 見《史記・屈原賈生列傳》。
㊴ 見《孟子・滕文公上》。
㊵ 見《論語・述而》。

論屈原的修養觀

屈原在《離騷》中寫到有關修養的詩句有30多句，《九章》各篇亦多處提及，足以引人注目，本文擬就此略陳管見。

一、修飾容態與保持內美

蔣驥謂《離騷》：「通篇以好修爲綱領。」①細玩全詩，所論極是。

屈原是服膺孟子的性善說的，相信性善是與生具來的人的天性，特別是他自己有高貴的血統，是「高陽之苗裔」，且生日又遇吉日良辰，「攝提貞於孟陬兮，惟庚寅吾以降」，爲此他得到了美好的名字。這就是他所具有的「內美」，天生的美質。不僅如此，他的卓異之處更在於能以不斷的修飾來保持、發揚這種美質。故在生辰之後緊接的詩句爲「紛吾既有此內美兮，又重之以修能」。王逸、朱熹皆釋「修能」爲卓越之才能，似不準確。實則上句言自己有內在之美質，下句言自己又加之以修飾姿容儀表。「修」，作動詞；能，通態字，謂修飾容態，使與內美相得益彰。林云銘曰：「言既稟有許多美質，又加修治之力。」②朱駿聲曰：「能，讀爲態，姿有餘也。」③游國恩反對林、朱之說，謂「修字雖有修飾、修治之義，然於此文爲形容詞，當訓爲美。」「朱駿聲以爲態之借字，亦非。」④姜亮夫則贊成朱說⑤。愚以爲林、朱之說深得詩意。詩人以內美與修能相對，其意謂內美可以天生，而保持內美則需修飾、整治。天生之美質與後天主觀之努力，兩者結合方爲完美。有內美而不加修飾，則內美不僅無從體現，亦難以保持，更不用說發揚光大了。故緊接其後，詩人即具體描寫自己是如何修飾容態的。《離騷》上半部分對此有三大段描寫。且看第一段：

> 扈江離與辟芷兮，紉秋蘭以爲佩。汩餘若將不及兮，恐年歲之不吾與。朝搴阰之木蘭兮，夕攬洲之宿莽。日月忽其不淹兮，春與秋其代序。惟草木之零落兮，恐美人之遲暮。

第一次寫修飾容態，一爲采摘戴江離、辟芷、木蘭、宿莽等等香草以裝飾，二爲抓緊時間及時修飾。何焯《義門讀書記》謂：「恐年歲之不吾與，此恐字謂身之修。」詩人以開路先鋒自任，以芳草爲飾，願爲改革弊政而出力，說明他積極奮進，充滿信心。

再看第二段描寫：

> 朝飲木蘭之墜露兮，夕餐秋菊之落英。苟余情其信姱以練要兮，長顑頷亦何傷！覽木根以結茝兮，貫薜荔之落蕊。矯菌桂以紉蕙兮，索胡繩之纚纚。

第二次描寫時，情況已發生變化，原來當詩人修飾自己準備爲王前驅時，卻遭到詆毀，因而觸怒楚王，謂「忽奔走以先後兮，及前王之踵武。荃不察余之中情兮，反信讒而齌怒」。那麼讒毀他的是些什麼人呢？他們「衆皆競進以貪婪兮，憑不厭乎求索。羌內恕己以量人兮，各興心而嫉妒。忽馳騖以追逐兮，非余心之所急」。都是一些追逐名利、貪婪嫉妒、爲非作歹的無恥之徒。詩人絕不與之同流合污，而是仍然抓緊時間朝夕修飾，於是就有了這第二段關於修飾的描寫。詩人以木蘭之墜露、秋菊之落英作爲飲食，以木根、茝、薜荔、菌桂、蕙、胡繩等作爲服飾，並說明這些服飾「非世俗之所服」，以此保持內美之純潔與美好。可是詩人的好修換來的卻是讒人的嫉妒和誹謗：「衆女嫉余之蛾眉兮，謠諑謂余以善淫。」他們故意歪曲，將美麗與善淫混爲一談。詩人面對污濁的現實，絲毫不爲所動，仍堅持好修，決心修整原有的服飾，第三段描寫有曰：

> 制芰荷以爲衣兮，集芙蓉以爲裳。不吾知其亦已兮，苟余情其信芳。高余冠之岌岌兮，長余佩之陸離。

詩人並不因爲被人誤解而停止修飾，而是以芰荷、芙蓉爲衣裳，戴高冠服長佩，並謂「民生各有所樂兮，余獨好修以爲常。雖體解吾猶未變兮，豈余心之可懲」！詩人以好修爲樂，爲此即使遭到肢解亦無所畏懼，故他一而再、再而三地寫好修。好修是他與讒人間的分水嶺，是他完美品格的體現，是他高潔胸懷的標志，表明他與讒人勢不兩立，是他對抗世俗侵襲污染的唯一武器。可見內美固然重要，但必須與外修結合才是眞正的完美，而外修不是一次就能完成的，必須習以爲常，應不斷地進行，及時進行，抓緊時間進行，否則就難以擺脫讒人的引誘，世俗的污染，或變質，或同流同污，最後連內美也會喪失殆盡。

詩人之好修是自覺進行的，在《涉江》篇中，他謂自己「余幼好此奇服兮，年既老而不衰。帶長鋏之陸離兮，冠切云之崔嵬。被明月兮佩寶璐。世溷濁而莫余知兮，吾方高馳而不顧」。從幼年開始直至年老，詩人始終不斷地好修，管什麼世俗之污濁，管什麼被人誹謗、誤解，他我行我素，修飾自好，日積月累，終於達到了不犯過失，懷抱仁義，內美充實，可與天地比德的崇高境界：「閉心自愼，終不失過兮，秉德無私，參天地兮。」「重仁襲義兮，謹厚以爲豐。」好修是詩人引以爲自豪的品格。天生內美固然好，而好修更加不易，是他能夠「蘇世獨立，橫而不流」⑥的保證。

對於內美與外修的結合，以修飾保持內美的重要性，詩人有形象的描繪。針對楚王爲讒人包圍，朝政爲讒人所把持的現狀，詩人寄希望於年輕一輩。便精心培育人才，云：「余既滋蘭之九畹兮，又樹蕙之百畝。畦留夷與揭車兮，雜杜衡與芳芷。冀枝葉之峻茂兮，願俟時乎吾將刈。」香而美的芳草譬如人才，需要園丁種植護養。無疑這些植物都是具有美質的芳草，可是它們並非一成不變的。在詩人問詢女嬃、求卜靈氛、決疑巫咸之後，接著一段便描寫讒人嫉妒、蘭椒變質的情景：

> 蘭芷變而不芳兮，荃蕙化而爲茅。何昔日之芳草兮，今直爲此蕭艾也！豈其有他故兮，莫好修之害也。余以蘭爲可恃兮，羌無實而容長；委厥美以從俗兮，苟得列乎眾芳。椒專佞以慢慆兮，榝又欲充夫佩幃。既干進而務入兮，又何芳之能祇？固時俗之流從兮，又孰能無變化？

具有芳香美質的蘭芷荃蕙居然會變成爲蕭艾，詩人指出其主要原因在於自身不努力，不肯愛惜自己不肯修養造成的禍害。主觀的不努力，故易受讒人的引誘，時俗的污染，邪惡遂乘虛而入，美質從而被拋棄，只留下空虛的外表，「羌無實而容長」，「委厥美以從俗兮」，芳草混同於惡草，甚而至於還「干進」、「務入」，追逐名利，拼命鑽營，與讒人同流合污，使詩人多年的心血付之東流，希望落空。再如三求女時，第一位對象宓妃，她就是令詩人大爲失望徒有其表的美女：

> 紛總總其離合兮，忽緯繣其難遷。夕歸次於窮石兮，朝濯髮乎洧盤。保厥美以驕傲兮，日康娛以淫游；雖信美而無禮兮，來違棄而改求。

當媒人穿梭般來回爲詩人說合時，宓妃的態度若即若離，脾氣乖戾，捉摸不定，依仗美貌而傲慢無禮，且又沉溺於玩樂嬉遊之中。有此三大缺點，宓妃不合詩人內美與修能結合的標準，故詩人改而他求。詩人親手培植的芳草變質，所求之密妃又是如此徒有外貌，說明要做到內美與修能結合是多麼難啊！可見詩人在《離騷》結尾所云「國無人莫我知」、「既莫足與為美政」就不難理解了，既指上而楚王為讒人所蒙蔽，亦指下而人才變質，偌大的楚國竟然找不到一個知音。詩人陷入了讒人的包圍之中孤獨無友，美政的理想無從實現，這怎能不令詩人感到痛苦、絕望呢！

二、修身與養生

對於《離騷》所說的「內美」與「修能」在理解上有著迥異的說法。持性崇拜論者以為「就其深層結構來說，屈原的所謂『修能』與其『內美』的關係，無論從哪方面看都是一種性的關係」。「內美」謂詩人係太陽神後代天生具有的「生命活力」，「屈原的『內美』能夠經歷磨難而不虧損，是由於『重之以修能』，即得力於他的不斷『復修』，用各種香花奇草去修治、刺激它」。因此詩人「其實是在歌頌一種偉大的性力即生殖繁衍能力」⑦。我在《〈離騷〉太陽神說質疑》文中對論者從芳草類藥性來立論，已表示過質疑，茲不具論。

論者除論列芳草之藥效作為詩人「復修」性功能之論據外，並舉玉佩為例，謂「玉佩從一開始便是具有刺激性欲功能的禮器進一步觀念化的產物，它的最初意蘊是一種靈物崇拜與性崇拜的結合」⑧。那麼我們不妨看看先秦典籍中玉佩的作用如何。

玉佩在《詩經》中，大都用為男女定情之信物。如《衛風．木瓜》：「投我以木瓜，報之以瓊琚。」「投我以木桃，報之以瓊瑤。」「投我以木李，報之以為瓊玖。」《鄭風．女曰雞鳴》：「雜佩以贈之。」《王風．丘中有麻》：「貽我佩玖。」從以上數例看，玉佩似與性愛有關，但不是用以刺激性欲，而是用以為互贈之信物。

玉或玉佩在祭祀時可用爲祭鬼神之物。《山海經・西次三經》：

> 瑾瑜之玉以爲良，堅粟精密，濁澤有而光。五色發作，以和柔剛。天地鬼神，是食是饗；君子服之，以御不祥。

《左傳・僖公二十四年》：

> 及河，子犯以璧授公子曰：「臣負羈紲從君，巡于天下，臣之罪甚多矣！臣猶知之，而況君乎？請由此亡。」公子曰：「所不與舅氏同心者，有如白水。」投其璧于河。

《左傳・僖公二十八年》：

> 初，楚子玉自爲瓊弁玉纓，未之服也。先戰，夢河神謂己曰：「畀余，余賜女孟諸之麋。」弗致也。成大心與子西使榮黃諫，弗聽。

以上數例都說明玉是祭祀鬼神之佳物，而鬼神亦甚愛此物，否則便會不幸，故以玉祭鬼神與防禦不祥是緊密相關的。

玉與帛也是財富的標志。《左傳・僖公二十三年》晉公子重耳對楚成王說：「子女玉帛，則君有之；羽毛齒革，則君地生焉。」

玉帛更是諸侯參與會盟朝聘時所持之重禮，故使節亦可稱爲「玉帛之使」。《左傳・哀公七年》：

> 禹合諸侯于涂山，執玉帛者萬國。

《左傳・僖公三十年》：

> 晉侯使醫衍酖衛侯，寧俞貨醫使薄其酖，不死。公爲之請，納玉于王與晉侯，皆十瑴，王許之，乃釋　衛侯。

《左傳・宣公十年》：

> 所有玉帛之使者則告，不然則否。

謂從夏禹開始，諸侯即以玉帛爲朝聘之禮，春秋時的衛侯差點被毒死，後來獻給周王和晉文公十雙玉才換得一條命。齊晉鞌之戰中，齊國戰敗，「齊侯使賓媚人賂以紀甗玉磬與地。」將紀國出產的玉瓶和玉磬再加上土地獻給晉國作爲戰爭的賠償，可見玉與地並重。

據《韓非子・和氏篇》載，楚人卞和得到一塊璞，獻給楚王，直至失去雙足，最後才爲楚文王所得，後來經過玉人加工名爲「和氏璧」。戰國時，此璧爲趙惠王所有，秦昭王聞訊，派人至趙，願以十五城交換和氏璧，幸賴藺相如的機智與膽識，才得以完璧歸趙⑨。這塊玉璧作爲國寶，價值連城。秦始皇統一中國後，以玉爲璽，玉璽即爲皇帝所專用。

此外，先秦的士人亦隨身佩玉以爲裝飾，成爲具有修養的一種標誌之物。《禮記・玉藻》：

> 古之君子必佩玉，右徵角，左宮羽，趨以采齊，行以肆夏，周還中規，折還中矩，進則揖之，退則揚之，然後玉鏘鳴也。故君子在車，則聞鸞和之聲，行則鳴佩玉，是以非僻之心，無自入也。

指出君子佩玉的作用，一是無論行走還是乘車都因佩玉而具有風度，因爲玉聲鏗鏘，頗富樂感，故走路時態度從容，快慢合拍，使左右佩玉隨著振盪所發出的聲音合乎徵角宮羽之四聲，不管前進，還是倒退，都有一定的節奏，或抑或揚。乘車情況也同樣，如此則風度翩翩，不會失禮。二是因佩玉而注意力集中，心無旁騖，耳聞玉鳴之聲，故一切邪念便不再侵入心中。佩玉有這樣的好處，因此「君子無故，玉不去身，君子於玉比德焉」。⑩玉爲修養德行的象徵，所以君子總是隨身佩玉。

從玉的這些作用可以看出它的演變規迹，即由財富的標志進而成爲道德觀念的象徵，成爲儒家風範的精神寄托。《荀子・法行篇》：

> 子貢問于孔子曰：君子所以貴玉而賤珉者，何也？爲夫玉

之少，而珉之多邪？孔子曰：惡，賜！是何言也！夫君子豈以多而賤之，少而貴之哉！夫玉者，君子比德焉。溫潤而澤，仁也。栗而理，智也。堅剛而不屈，義也。廉而不劌，行也。折而不撓，勇也。瑕適并見，情也。扣之，其聲清揚而遠聞，其止輟然，辭也。故雖有珉之雕雕，不若玉之章章。

經過儒家的詮釋，佩玉的作用已完全脫離物質的價値因素，而趨向於精神的寓托，含有仁義智勇的道德意義。

那麼，屈賦中所寫的佩玉究竟其意如何？有用爲贈送愛人的禮物的，有作爲祭祀用物的，更多的是引以爲品德高潔的象徵。具有濃郁祭歌意味的《九歌》，以前二者爲多，《離騷》和《九章》則以後者爲主。

《東皇太一》：

撫長劍兮玉珥，璆鏘鳴兮琳琅。

《大司命》：

靈衣兮被被，玉佩兮陸離。

謂神巫所佩之劍以玉爲飾，玉聲鏗鏘悅耳。神靈所戴之玉佩十分美麗悅目。

《湘君》：

捐余玦兮江中，遺余佩兮醴浦。

這是當作禮物來餽贈所愛的，與性愛有關，但似乎並非用來刺激性欲的。

《離騷》中，詩人除了佩戴香草之外，還以玉佩爲修飾，都表示其不斷修養品德之意。「何瓊佩之偃蹇兮，衆薆而蔽之。惟此黨人之不諒兮，恐嫉妒而折之。」這四句詩最清楚不過地顯示了這個意義。詩人以高貴的玉佩爲飾，爲讒人們忌妒誣蔑而被摧殘，這裡難道有「刺激性欲」的成分嗎？是讒人不準他刺激嗎？《離騷》結尾準備遠遊時，「揚雲霓之晻藹兮，鳴玉鸞之啾啾」，與《禮記》所寫之「故君子在車，則聞鸞和之聲」類似，都足以說明佩玉與道德修養有關而與性無涉。甚至還有以佩玉壓抑性欲之說呢！《淮南子・說山訓》有「和氏之璧，隋侯之珠，出於山淵之精。君子服之，順祥以安寧」的話，高誘注曰：「服，佩也，君子佩而象之，無有情欲，能順善以安其身。」這似乎與佩玉刺激性欲說大唱其反調呢！至於《涉江》中「被明月兮佩寶璐」，則更是取其高潔不朽之意，而與性愛無關。論者謂「有些玉佩雕成月亮型，這也是性的象徵。我們以前讀屈原《涉江》的『被明月兮佩寶璐』，不甚了了，當我們考察了世界各地的月亮型飾物與性的關係後，便恍然大悟了，屈原所佩的楚人的『明月寶露』，一定也同性和生殖有關係。」⑪「明月」是「月亮型玉佩」嗎？「明月」是形容詞，形容「寶璐」之形狀的嗎？這句詩包含兩個並列的動賓結構，謂其既佩明月之珠，又戴美麗之玉。寶璐指寶玉，則明月指明珠，是名詞，而非形容詞。王逸注謂：「言己背明月之珠，腰佩寶玉。」⑫洪興祖引五臣曰：「明月，珠名。」⑬並引《淮南子》注曰：「夜光之珠，有似月光，故曰明月。」⑭可知「明月」並不是玉佩之雕成月亮型者，而是晶瑩似月光之明珠。先秦向有稱珠爲明月之例，如李斯《諫逐客書》：「垂明月之珠，服太阿之劍。」李斯時代稍後於屈原，但他恰也是楚人，說明楚人以明月來指稱明珠並不偶然。

主張「內美」、「修能」與性有關論者，另有一個論據，是斷定彭咸就是彭祖，謂詩中稱引其人是爲了「一是彭祖長壽，二是善房中御女之術，三是長壽與房中御女之術有關係，即通過御女可以得道成仙，重歸太一。這三點對我們理解《離騷》的整體結構太重要了。通過它們我們可以看到《離騷》結尾是怎樣在『性』的意義上與前面的『內美』、『修能』聯繫起來。《離騷》中有不少同彭祖有關的神仙思想：不食人間煙火，只飲玉液瓊漿，食桂枝芳草」。「屈原『從彭咸之所居』，亦即至彭祖之所與其爲伍，仿其御女之術以自修。」「不是從政治品格或行止，而是從其御女之術，只好借助御女之術固守元陽。」⑮這裡牽涉到的一個主要問題，是彭祖其人是否具有上述三個特點？且看《莊子》中出現的彭祖有什麼特點。其《逍遙遊》曰：

彭祖乃今以久特聞。

其《刻意》曰：

吹呴呼吸，吐故納新，熊經鳥申，爲壽而已矣。此導引之士，養形之人，彭祖壽考者之所好也。

再看劉向《列仙傳》卷上所寫的彭祖：

彭祖者，殷大夫也。姓籛名鏗，帝顓頊之孫，陸終氏之中子，歷夏至殷末八百餘歲，常食桂芝，善導引行氣。

葛洪《神仙傳》卷一所寫的彭祖：

彭祖者，姓籛名鏗，帝顓頊之玄孫，至殷末世，年七百六十歲。

莊子筆下的彭祖以長籌著稱，善導引之術，既會氣功，同時又能作「熊經鳥申」之健身操，即模仿熊之攀樹和鳥之舒展等動作，後代華佗爲「五禽之戲」以健身，頗與之相仿。劉向、葛洪分別爲漢、晉人，所說與莊子一致，只是具體說明彭祖活了八百餘歲或七百六十歲。另外也說明彭祖常服桂芝，但並未說及食玉液瓊漿，也未提及戴玉佩之事。最重要的一點更未涉及，即謂其御女或以御女術成仙。說彭祖善御女在先秦作品中似未見，而是後人注《莊子》時說的，這完全可能是後代好事之徒或道教信徒附會上去的，故屈原不可能用彭祖御女的典故。何況《離騷》及《九章》各篇反覆提到的彭咸到底是否彭祖其人，遠未成爲定論，而僅僅是諸說之一，現在論者拿不出什麼證據，遽定彭咸爲彭祖，逞臆而說，怎能服人？屈原在《天問》中倒是說到彭祖的，曰：

彭鏗斟雉，帝何饗？受壽永多，夫何以長？

謂彭鏗即彭祖，自王逸以後均無異議，至於「帝」，是帝堯，還是指天帝，則有不同說法。但是「受壽永多」，則明謂壽數長，可見屈原所說與莊子一致，都以爲彭祖是長壽者，而絲毫沒有提什麼御女之事。

那麼，既然彭祖御女爲後起之傳說，則謂詩人「借助御女之術固守元陽」之論也就站不住腳了。

三、屈原之儒家修養觀

《離騷》描寫詩人以修飾容態來保持、發揚內美，既是詩篇所運用的一種藝術表現手段，也不容否認是詩人儒家修養觀的具體表現。以服飾來說，詩人時刻不忘修飾整治，儒家對此就是十分重視的。

當子張問孔子什麼樣的人可以從政時，孔子就是以正衣冠尊瞻視作爲條件的。《論語・堯曰》：「君子正其衣冠，尊其瞻視，儼然人望而畏之。」《荀子・勸學篇》謂「孔子曰：君子不可以不學，見人不可以不飾」。可見儒家以爲修飾容態，應爲士人修身的必備節目，決不可等閑視之。那麼以什麼樣的服飾爲好呢？且看孔子答對魯哀公的話。《荀子・哀公篇》：

魯哀公問于孔子曰：「吾欲論吾國之士與之治國，敢問何如取之邪？」孔子對曰：「生今之世，志古之道，居今之俗，服古之服，舍此而爲非者，不亦鮮乎！」

魯哀公向孔子垂問應選取怎樣的人與之治理國政，孔子認爲應選那些有志於古道，不肯追隨時俗而身穿古服者，這樣的人是不肯違背自己所守之道而干坏事的。對照屈原辭賦中所描寫的詩人之志向與服飾，他正是這樣的人。《離騷》云：

謇吾法夫前修兮，非世俗之所服。雖不周于今之人兮，願依彭咸之遺則。

《涉江》：

吾幼好此奇服兮，年既老而不衰。

詩人以花草、高冠、長佩等爲飾，與世俗之服飾迥異，因而遭到非議與誹謗。詩人外在的服飾是其內心「志古之道」，亦即「不周于今之人」、「法夫前修」的外在表現。屈賦中詩人一面一而再、再而三地寫修飾容態，一面又三次寫到堯舜湯周的德政與桀紂之敗亡，決不是偶然的。內心之道借外在的服飾來體現，而服飾亦能進而發揚其內心之志，兩者相得益彰。

詩人之以芳草香花等爲飾，特別是蘭草，是詩人最喜愛之物，春秋時就有「蘭有國香」⑯、「與善人居如入蘭芷之室」⑰之說。當時男女常佩戴內盛芷之香囊以爲飾。《禮記・內則》：「佩帨茝蘭。」「男女未冠笄者……皆佩容臭。」謂以晒乾之蘭茝芳草盛入囊中作爲佩飾，特別是未成年之少男少女們都戴香囊爲飾。花果寶玉等物以其芳香珍貴贏得人們的喜愛，故可用以定情，用以祭祀，用爲聘禮，亦用爲佩飾。何況楚地氣候溫和，土地肥沃，香花芳草特多，詩人借其香氣盎然以比高潔之情懷，更是不足爲奇。

詩人之好修，也包括勤修，目的是爲了永遠保持高潔而美好的形象，使其內美得到最充分的體現。孔子有「逝者如斯夫，不舍晝夜」⑱之語，其高足曾子也有一段名言，謂「君子愛日以學，及時以行，難者弗辟，易者弗從」⑲。孔子由流逝之江水而深慨於光陰之可貴，因此必須把握短暫之人生努力向前，有所作爲；曾子則謂君子應愛惜光陰去學習，及時努力，不避難，不苟從，只問正義之所在。他們對人生都有一種緊迫感和使命感。屈原在《離騷》中也是寸陰是競、及時修飾自己的。曰：

汩餘若將不及兮，恐年歲之不吾與。

日月忽其不淹兮，春與秋其代序。惟草木之零落兮，恐美人之遲暮。不撫壯而棄穢兮，何不改乎此度。

老冉冉其將至兮，恐修名之不立。

日忽忽其將暮。

時曖曖其將罷。

及榮華之未落兮，相下女之可詒。

及年歲之未晏兮，時亦猶其未央。恐鵜鴂之先鳴兮，使夫百草爲之不芳。

及余飾之方壯兮，周流觀乎上下。

這麼多惜時愛日的詩句足以引人矚目！詩人將時光之流逝與事業之無成聯在一起，他對時間與生命的緊迫感源於「恐美人之遲暮」、「恐修名之不立」、「恐皇輿之敗績」之使命感，故此詩人不能蹉跎歲月，要愛惜寸陰，愛惜生命，要及時修飾，爲國效力。這種積極進取的精神，難道僅僅是爲了一己之「性壓抑與苦悶」⑳，而不是在政治上幹一番事業，有所作爲的表現嗎？

從屈原對禮法的態度來看，亦可見其遵循禮法的觀念。持《離騷》性崇拜說者，引求女情節爲據，謂「詩中念念不忘男女感情的描述」、「無疑地是本於在性崇拜基礎上形成的男女陰陽交媾而生萬物的觀念的」㉑。關於三求女何所指的問題，我已在《〈離騷〉三求女解》中討論過，這裡只考察行媒一事。如果詩人確實表現性崇拜的話，則詩人所寫當屬原始本能之狀，他想求女只管去求就是，何用反覆遣媒去說合，又何必為媒理的無能而煩惱呢？對於一個單憑性本能求女的人來說，難道需要媒理來溝通嗎？會如此節制自己嗎？他受到花啊、玉啊之類的強烈「刺激」，還能如此溫文爾雅找媒理遵禮法嗎？可見其說之不通！

屈原求女的對象固然是上古傳說中的人物，宓妃、有娀氏、二姚都不是現實生活中的美女，充滿想像和神秘的色彩，但是詩人遵守的卻是現實中存在的媒聘之禮。第一次求宓妃，解下自己的佩飾，「吾令蹇修以為理」，只是由於宓妃「驕傲」、「無禮」，不符合詩人內美外修結合的要求，這次求女失敗了。第二次求女時所找的媒理鴆鳥與雄鳩不堪其任，一個不負責任，一個輕佻，當然未能完成任務。詩人至此展開思想鬥爭，「心猶豫而狐疑兮，欲自適而不可」，心裡很想拋開媒理，親自上門去求親。可是理智告訴他這樣做不合適，不合禮法，故此不能去，而一時之間實在找不到能幹的媒理，於是第三次求女就如此告吹了。詩人歸納三求女而三無成的原因是「理弱而媒拙兮，恐導言之不固。世溷濁而嫉賢兮，好蔽美而稱惡」。媒人之笨拙無能，求親之說辭靠不住，現實生活的風氣不就是妒賢嫉能、美惡顛倒的嗎？為什麼詩人如此看重媒理，不能沖破其制約呢？《孟子・滕文公下》曰：

> 不待父母之命，媒灼之言，鑽穴隙相窺，逾牆相從，則父母國人皆賤之。

《禮記・曲禮》：

> 男女非有行媒，不相知名。非受聘，不交不親。

可見行媒在婚姻中具有關鍵性的作用。就因為有此約束，故詩人雖有親自上門求親的想法，而行動上卻終於未能突破。如果詩人僅受本能所驅使，何必「欲自適而不可」呢，禮法對於詩人的制約力，顯然遠遠勝過本能的欲望。

行媒求女的寫法不僅合乎禮法的要求，且含有比興之意，即以媒理的拙固與輕佻喻朝中無有同道，以求女之失敗喻求君之失望，故詩人的孤獨感貫串《離騷》之始終：「吾獨窮困乎此時也」、「鷙鳥之不群兮，自前世而固然」、「不吾知其亦已兮，苟余情其信芳」、「民生各有所樂兮，余獨好修以爲常」、「世並舉而好朋兮」、「世溷濁而不分兮，好蔽美而嫉妒」、「國無人莫吾知兮」。不僅《離騷》一篇如此，《九章》各篇亦無不表現詩人孤獨無友之感慨。不得已之下，詩人只能引比干、彭咸、伍子胥等前賢爲知己。

詩人之餐菊飲露，以瓊枝爲饈，以玉屑爲糧，是否是道家方士之所爲？楚國是道家的故鄉，齊國亦多方士，屈原曾出使齊國，耳濡目染，自然免不了受二者的影響，但是當時壁壘並不那麼森嚴，各派思想是互相滲透，你中有我、我中有你的，即如氣功之術亦非道家所獨擅，孟子也倡「浩然之氣」，與道家之吐納導引便是異曲而同工。《孟子・公孫丑上》曰：

> 孟子曰：「吾善養吾浩然之氣。」「敢問何謂浩然之氣？」曰：「難言也。其爲氣也，至大至剛，以直養而無害，則塞於天地之間。」

《孟子・告子上》曰：

> 其日夜之所息，平旦之氣。其好惡與人相近也者幾希。則其旦晝之所爲，有（又）梏亡之矣。梏之反復，則其夜氣不足以存，夜氣不足以存，則其違禽獸不遠矣。

孟子倡導的至大至剛充塞於天地之間的「浩然之氣」，是與仁義結合的正氣。同時他以爲一個人日夜所生之氣以「平旦之氣」，也就是「夜氣」最爲清明，如果不斷地以仁義去保存修養，就能永遠葆其天生的赤子之心。相反，不去積極保存修養，而是經常去擾亂傷害其夜氣，那麼其善良之天性必定會喪失殆盡，就與禽獸沒有多大差別了。孟子所稱之平旦之氣、夜氣，是指天將破曉之時天地的清明之氣，對於人的思想與健康均有利，這與氣功的原理相通。可見儒家的修養中也有養氣這個節目。不過，道家之倡氣功是為了養生長壽，而儒家之養氣是為了保持仁義和善心，形似而神非。

屈原《遠遊》篇中就有很多儒道相兼的描寫。詩人除了與眾多的眞人、仙人同遊之外，尚有內省養氣的內容。有曰：

> 內惟省以端操兮，求正氣之所由。
>
> 餐六氣而飲沆瀣兮，漱正陽而食朝霞，保神明之清澄兮，精氣入而粗穢除。

詩中的「內省」、「端操」、「正氣」都是儒家的習用語。「正氣」亦與「浩然之氣」相通。其漱正陽、食朝霞、保清澄、除穢氣等與孟子筆下所說的「平旦之氣」、「夜氣」並無二致㉒。

修身係從道德品質的修養著眼，為從政治國之必備條件，如孔子所說「其身正，不令而從；其身不正，雖令不從」㉓。「修正以敬」。「修己以安人」。「修己以安百姓」㉔。修身既包括端正外在的冠飾，也包括內在的好學不倦、時時反省、聞過則喜、知過必改、事君以忠、唯義是從等等。而養生係追求長生不老，而與從政無關。辟五穀，服清氣，練吐納導引，效熊經鳥申，都只是健身術而已。兩者迥異其趣。《莊子．人間世》有曰：

> 昔者桀殺關龍逢，紂殺比干，是皆修其身以下傴拊人之民，以下拂其上者也，故其君因其修以擠之，是好名者也。

莊子以為關龍逢、比干是因為修身蓄德遭致桀、紂的猜忌因而被殺的，是好名的結果。這正好與儒家之倡修身好名相反，而屈原是修身好名的信奉者與實踐者。可知養生爲長壽，修身爲治國，是多麼不同！荀子亦曰：

> 扁（遍）善之度，以治氣養生，則後彭祖；以修身自名，則配堯舜㉕。

謂君子有無往而非善之道，用以治氣養生，則壽數高於彭祖；用來修養品德，則名聲可與堯舜並傳不朽。這段話十分準確地指出修身與養生間之區別。屈原反復寫的「好修」、「修名」、「修能」，所追求的就是「以修身自名，則配堯舜」的境界。不同的是詩人將此境界融入詩的語言、意象和意境之中而已。

有謂屈賦中存在「忠君與養身之間的矛盾」㉖的，這就是誤將修身當作養生造成的。屈原不是怕短命而求長生，相反他是不怕死的，爲理想，爲楚國，爲楚王，他甘心赴死：「豈余身之憚殃兮，恐皇輿之敗績」、「亦余心之所善兮，雖九死其猶未悔」。詩人佩蘭戴玉、飲露餐菊等修身之舉是修養品德，效法前賢，爲王前驅，其積極修身與效忠君國並不矛盾，正是一致的。而養生僅爲一己之保身長壽，這與詩人之品格思想顯然不合。試看詩人自沉汨羅之最後歸宿，便知詩人念念不忘修養，決非追求長生，而是「恐美人之遲暮」、「恐修名之不立」、「恐皇輿之敗績」。當美政之望破滅、楚都淪於敵手之日，即爲他自沉殉難之時。

【附　註】

① 見《山帶閣注楚辭・楚辭余論》卷上。

② 見《楚辭燈》。

③ 見《離騷纂義》引。

④ 見《離騷纂義》。

⑤ 《重訂屈原賦校注》卷一。

⑥　見《橘頌》。

⑦⑧　見《〈離騷〉異質同構說》，《北京大學研究生學刊》1990年第1期。

⑨　見《史記·廉頗藺相如列傳》。

⑩　見《禮記·玉藻》。

⑪　見《〈離騷〉異質同構說》，《北京大學研究生學刊》1990年第1期。

⑫　見《楚辭章句》卷一。

⑬⑭　見《楚辭補注》卷一。

⑮　見《〈離騷〉異質同構說》，《北京大學研究生學刊》1990年第1期。

⑯　見《左傳·宣公三年》。

⑰　見《說苑·雜言》。

⑱　見《論語·子罕》。

⑲　見《大戴禮記·曾子立事》。

⑳　見《〈離騷〉異質同構說》，《北京大學研究生學刊》1990年第1期。

㉑　見《〈離騷〉異質同構說》，《北京大學研究生學刊》1990年第1期。

㉒　見陳本禮《離騷精義》卷六謂「餐六氣」「即孟子所謂至大至剛直塞于天地浩然之氣。」

㉓　見《論語·子路》。

㉔　見《論語·憲問》。

㉕　見《荀子·修身篇》。

㉖　見海陶瑋《屈原研究》，《楚辭資料海外編》。

不有屈原　豈見《離騷》

——與日本學者岡村繁教授商榷

劉勰《文心雕龍・辨騷》曰：「自風雅寢聲，莫或抽緒，奇文郁起，其《離騷》哉！固已軒翥詩人之後，奮飛辭家之前。」「不有屈原，豈見《離騷》？驚才風逸，壯志烟高。」指出在《詩經》之後，《離騷》這種楚辭新體詩蔚然興起，它既繼承了《詩經》的傳統，又開創了一代詩風，成爲辭賦家競相仿效的典範。屈原以其獨具的才力、卓越的氣韻和凌雲的壯志，創造了楚辭文學的新樣式。這是劉勰總結了劉安、司馬遷、王逸等前人的研究成果而作出的評論，符合屈原作爲楚辭文學的偉大創始人和主要的代表詩人的歷史地位，是深中肯綮之論。

對於屈原的評價歷代盡管有不同程度的爭論，但對於屈原其人的存在及其代表作《離騷》、《涉江》、《哀郢》等的眞實性，則從無人表示過懷疑或否定。直至本世紀二、三十年代，始而有廖季平，隨後有胡適、何天行相繼提出異議，一則以爲楚辭出自秦博士之手，一則以爲屈原是漢代忠臣，一則以爲楚辭作於漢代。有關廖季平和胡適之論，郭沫若在《屈原研究》中已作了有力的辯駁，何天行所論亦大體步趨廖、胡之後塵，故無庸多贅。近讀日本學者岡村教授《楚辭與屈原——關於主人公與作者的區別》一文（載《中國文學研究譯叢》第一輯），提出屈原係楚辭作品中的主人公，是楚國的忠臣，而不是楚辭的作者。他說：

我雖然對賦予屈原以楚辭文學偉大作家的身份終究想持懷

> 疑的態度，但決不是如清末的廖〔季〕平和民國的胡適那樣連屈原其人的存在也想加以否定，屈原這位出現於楚國衰亡時期的具有悲劇色彩的忠臣、與後人長期的追懷和景慕相稱的熱情的愛國者，只要不附加以詩人的屬性，恐怕是一位確實存在的人物。

本人不同意這種看法，擬就此略陳己見。

一

岡村認爲，屈原僅僅是戰國末期楚國的忠臣，楚辭作者同情他的遭遇，把他作爲主人公加以吟咏，於是就有了《離騷》等作。漢初賈誼的《吊屈原賦》、莊忌的《哀時命》等都只提及其爲忠臣，「對於他作爲楚辭作家之事哪怕提及一句的作品，竟意外地沒有」。使屈原具有忠臣和詩人兩種身份的始作俑者是司馬遷所作《史記・屈原列傳》。於是「自司馬遷至王逸之間，甚至似乎隨著年代的流逝，屈原的作品也有漸次增多的傾向」。因此，岡村推測：「在問題很多的戰國秦漢之際，把屈原這樣一位楚辭文學的主人公偷換成楚辭文學作者的現象，誰能保證絕不會發生？」他斷言：「漢初以前的楚辭作品不是把屈原當成作家，而是僅僅當作忠臣來對待的。」爲了證實這一點，他把《史記》屈原本傳全盤否定，以爲它不過是根據《楚世家》、《漁父》、《懷沙》之類的材料「編寫出來的」。

岡村教授確比胡適前進了一步，把胡適筆下作爲忠臣的屈原的時代大大提前，變而爲楚國的忠臣了。但在否定《史記》屈原本傳的問題上，他們卻仍然是一致的。那麼，屈原本傳是否是僞作，屈原的《離騷》、《涉江》等作品的著作權能否予以推倒呢？

《史記・屈原賈生列傳》中最令人生疑的是在傳末有如下文

字：「及孝文崩，孝武皇帝立，舉賈生之孫二人至郡守，而賈嘉最好學，世其家，與余通書。至孝昭時，列爲九卿。」司馬遷年輩與武帝相終始，他自然不可能記載身後的事，明眼人一望可知此處有後人所增的文字。《史記會注考證》卷八十四云：

> 梁玉繩曰：此文爲後人增改，「孝武」當作「今上」，而中隔景帝，似不必言「孝文崩」，宜云「及今上皇帝立」也。「至孝昭時」二句，當刪之，徐孚遠曰：「與余通書」，史公本文，「至昭帝」句，則後人所增也。

可見實在難以據此即判斷全文是僞作。流傳那麼久的古書竄入幾句後人的文字不足爲怪，如果因此就懷疑全書的眞實性，眞不知有多少古書要被否定了。

對於賈誼和莊忌的賦中提及屈原忠而被謗、自沉汨羅的詩句，岡村深信不疑，遂斷定其爲忠臣；而對於屈原本傳中司馬遷的話卻百分之百地不信，否認屈原詩人的身份，何以厚彼而薄此？不免令人費解。賈誼和司馬遷與屈原的遭遇仿佛，只是賈誼作《弔屈原賦》，著眼於屈原遭讒自沉，借以感嘆自己身世的不幸，他沒有提屈原詩人的身份，因爲他不是作傳記，不必把什麼都寫進抒情的辭賦中去。而司馬遷是史學家，爲屈原作傳，自應把屈原的情況全面予以介紹記述，且他的年輩與賈誼相差無幾，對他所提供的記載，其可靠性難道就不如賈誼的辭賦嗎？

我們不妨看看司馬遷在屈原本傳的贊語中說些什麼：

> 太史公曰：余讀《離騷》、《天問》、《招魂》、《哀郢》，悲其志，適長沙，觀屈原所自沉淵，未嘗不垂涕，想見其爲人。

這裡司馬遷說明了兩點，一是讀了屈原的代表性，殊爲感動；二是曾經親自到長沙附近的汨羅江畔憑弔屈原，以表其敬慕之意。

把這裡寫的與《史記》各篇的贊語聯繫起來看，無論是語言運用還是風格特點全然一致，完全出自一人之手，沒有一絲可資懷疑之處，因此是絕對可信的第一手材料。如果毫無根據地妄加否定，那麼類似的各篇也同樣應該推翻，顯然，這是行不通的。

《史記》各篇大多有「太史公曰」的篇末贊語，有的指明所寫材料爲親眼目睹，有的點出材料來源於友朋的介紹，有的則敘述自己親身察訪的地點和時間，有的則交代自己所讀的書目和感想，如此等等。司馬遷在贊語中寫到他曾親自訪問過孔子的故鄉，致以敬禮，流連忘返；到過孟嘗君的封地；考察過信陵君延爲上賓的侯嬴的遺址；觀賞過春申君故城的豪華宮室；走訪過韓信故鄉的老人等等。凡此都可知其「網羅天下放失舊聞」①，「其文直，其事核」②的實錄精神。

除了掌握力所能及的材料，司馬遷更「采經摭傳」、「貫穿經傳，馳騁古今」③，閱讀凡能收集到的公私藏書典籍。「司馬遷據《左氏》、《國語》，采《世本》、《戰國策》，述《楚漢春秋》」④，這些自不必在書中一一注明。然而在贊語中他也時或交代所讀之書，如：

《司馬穰苴列傳》：余讀《司馬兵法》。

《孫子列傳》：世俗所稱師旅，皆道《孫子》十三篇。

《孟子列傳》：余讀《孟子》書。

《商君列傳》：余讀商君開塞耕戰書。

司馬遷實事求是的精神爲後人所折服，其諸多贊語中的基本史實，亦無人懷疑譏議，岡村先生獨對屈原是詩人、曾寫了《離騷》、《天問》等作品提出懷疑，加以否定，是缺乏依據的。

況且，除本傳外，另有《太史公自序》和《報任安書》也有同樣的記載：

《太史公自序》：

> 西伯拘羑里，演《周易》；孔子厄陳蔡，作《春秋》；屈原放逐，著《離騷》；左丘失明，厥有《國語》；孫子臏腳，而論《兵法》；不韋遷蜀，世傳《呂覽》；韓非囚秦，《說難》、《孤憤》；《詩》三百篇，大抵賢聖發憤之所爲作也。

《報任安書》：

> 西伯拘而演《周易》；仲尼厄而作《春秋》；屈原放逐，乃賦《離騷》；左丘失明，厥有《國語》；孫子臏腳，《兵法》修列；不韋遷蜀，世傳《呂覽》；韓非囚秦，《說難》、《孤憤》；《詩》三百篇，大抵聖賢發憤之所爲作也。

兩文所寫，大同小異。只是有些著作時間有所出入，如《呂氏春秋》早在不韋遷蜀前完成；韓非《說難》和《孤憤》兩文亦在囚秦之前寫就，但呂氏爲《呂氏春秋》的主編，韓氏爲《說難》、《孤憤》的作者卻與事實相符。後人不能因爲司馬遷從排比句法的修辭效果著眼，爲了突出其「發憤著書」觀而有意加以強調，以致在寫作時間上有所出入，就一筆推倒司馬遷所提供的基本事實。既然文王演《周易》，孔子述《春秋》，丘明寫《國語》，孫臏修《兵法》，不韋編《呂氏春秋》，韓非著《說難》、《孤憤》都是事實，就獨獨屈原作《離騷》是僞造的嗎？難道司馬遷爲了作僞，有意拿這些前人作陪襯嗎？把司馬遷想象成如此煞費苦心的樣子，實在是一種褻瀆。充其量在《離騷》的寫作時間上，作於放逐前還是放逐後可能存在問題，但是在屈原的著作權上，是無庸置疑的。

二

司馬遷爲屈原作傳，寫出了屈原是怎樣從一位政治活動家成爲楚辭作家的過程，把其中的必然性揭示出來了。「發憤著書」說是通過無數歷史現象的總結而得出的，慘遭宮刑奇恥大辱的司馬遷，也是以「發憤著書」作爲精神支柱的。《史記》所提到的孔子、孫臏、呂不韋等人，或爲思想家，或爲軍事家，或爲政治家，唯獨屈原是詩人、作家，兼具文學家和史學家氣質的司馬遷當然會給予高度的關注了，何況司馬遷本人也經歷過信而見疑、忠而被謗的痛苦呢，於是他就把這樣一位被史臣所冷落的詩人載入了史冊，以其飽蘸淚水之筆寫成了如此充滿感情的傳記。

《史記》的屈原傳是唯一最早的傳記，在前此的《戰國策》等先秦史書中不見其名，於是這也成爲懷疑的理由，以爲是司馬遷在感情用事，無中生有，把不是屈原的作品一股腦兒歸於他的名下。以先秦史籍來衡量司馬遷筆下人物的眞實性行得通嗎？如孫武與孫臏是司馬遷筆下的兩位兵家，有疑其爲一人者，云：「孫子之事，與穰苴媲美，而皆不見於《左傳》，何耶？」「《戰國策》稱孫臏爲孫子，《史記》列傳亦然，蓋從當時之稱呼也。列傳又叙孫臏破魏事，云『臏以此名顯天下，世傳其兵法』。安知其非十三篇乎？蓋武與臏本一人，武其名，而臏其別字，後世所謂綽號也。世以其被刖，號爲孫臏，猶接輿稱狂，英布稱黥耳。太史公不察，分爲祖孫，誤矣。」⑤所說似乎有理。這個千古之謎直至1972年山東臨沂銀雀山西漢墓中同時出土了《孫子兵法》和《孫臏兵法》才終於解開了，原來司馬遷並未搞錯。又如藺相如其人，《戰國策》不見，廉頗事迹亦很簡略，而司馬遷卻寫成一篇極爲生動精采的傳記，他對藺相如智勇兼備的精神傾倒之情溢於言表。難道能夠說不見於先秦史書記載的藺相如是司馬遷杜撰的嗎？

《戰國策》爲何不載屈原事，今日難以確證其原因，但從其寫作體例來看，還是可以約略推知的。其中所寫的人與事大都與縱橫攻伐或政治鬥爭有關係，屈原雖有過一段政治活動，但爲時不長，很快便從政治舞台上消失了，一生大半僻處水鄉一隅，其最終結局盡管可歌可泣，畢竟不爲史臣所關注。而司馬遷則不同，生當版圖遼闊的大一統的漢朝，不僅讀破萬卷書，涉獵廣博，有金匱石室藏書可資瀏覽研究，有機會讀到《離騷》、《天問》等楚辭作品，且擁有前輩史家所絕對沒有的「行萬里路」的優越條件：

> 二十而南遊江、淮，上會稽，探禹穴、窺九疑，浮于沅湘；北涉汶、泗，講業齊、魯之都，觀孔子之遺風，鄉射鄒、嶧；厄困鄱、薛、彭城，過梁、楚以歸。于是遷仕爲郎中、奉使而征巴、蜀以南，南略邛、笮，昆明，還報命⑥。

上述遊歷之地，與屈原有關者爲「窺九疑，浮於沅湘」幾句，說明他曾深入屈原流放地尋訪其遺蹤，其成果就是我們現在讀到的《屈原賈生列傳》。其中所寫事迹的來源，一是屈原自己的作品，除提到《離騷》等四篇之外，還引錄了《懷沙》篇，《漁父》則作爲晚年事迹直接寫入傳中；二是漢初人對其作品的研究和評價，如劉安對《離騷》的高度評價便直接將其錄入作爲自己的意見；三是采掇流傳於沅、湘一帶故老口中的原始材料，如上官奪稿，屈原諫阻懷王等。由於屈原事迹不見於史傳，材料當然遠不如早有記錄的傳主豐富，確是「事迹少得可憐」。所謂「資料的貧乏」的指責，今天說起來是容易的，但是一聯繫當時的具體歷史條件，就可知是強人所難。實際上，我們不僅不應責怪司馬遷，相反對於他的苦心孤詣應該表示敬佩和感謝。如果不是他的努力，我們就連這麼一點「可憐」、「貧乏」的資料也看不到，對於《離騷》等偉大詩篇的作者將會一無所知。那樣的情景才眞是可憐呢。

岡村認爲屈原傳中上官奪稿事成爲「致使懷王疏遠屈原的原因實在是類於兒戲的瑣事」，「太富於戲劇色彩了」，故不可信。如果孤立地看這件事自然令人感到滑稽可笑，官爲大夫的人居然去搶奪稿子，作爲一國之君的懷王竟然如此輕信讒言，會有這樣的事嗎？然而只要看看史書所載當時的情況，就知道這並非不可能。

張儀到楚國來挑撥齊楚關係，以商於六百里地作爲誘餌要求懷王與齊絕交，「楚懷王貪而信張儀，遂絕齊，使使如秦受地。張儀詐之曰：『儀與王約六里，不聞六百里。』楚使怒去，歸告懷王。懷王怒，大興師伐秦。」⑦《楚世家》中更說當楚使至秦受地，張儀詐病不出時，「楚王曰：『儀以吾絕齊爲尚薄邪？』乃使勇士宋遺北辱齊王。」詐騙者張儀表演拙劣，騙術並不高明；而受騙者既貪且愚，因此輕信上當。

又如懷王對張儀恨之入骨，「不願得地，願得張儀而甘心焉」，可是當張儀自己送上門時，靳尙、鄭袖只要「設詭辯」，幾句花言巧語便使懷王放走了仇人。又如《戰國策・楚四》載，鄭袖只用一句話就使懷王「大怒」而將自己所愛悅的魏美人「劓之」，毀了她的面容。再如懷王三十年，秦昭王「欲與懷王會，懷王欲行」，屈原諫阻，懷王不聽，結果爲秦所欺，客死異國。上述爲天下笑的事難道不是如同兒戲，「富於戲劇色彩」嗎？這些都說明懷王之輕信愚昧，荒謬絕倫。如果不是如此荒唐，楚國以其地方五千里，帶甲百萬之大國，能夠被秦人玩弄於股掌之上，動輒兵喪將辱，國勢會一蹶而不振嗎？後之視今，猶今之視昔，現今世界上形同兒戲而釀成悲劇的事亦復不少，能說荒唐就不可信嗎？

司馬遷作傳，往往是大處著眼，小處落筆，在記述傳主關鍵性的大事件的同時，決不放過富有特徵，足以表現傳主性格的生活細節。如《張儀列傳》開頭寫張儀涉嫌挨打後與妻子的對話：

> 其妻曰：「嘻！子毋讀書游說，安得此辱乎？」張儀謂其妻曰：「視吾舌尚在不？」其妻笑曰：「舌在也。」儀曰：「足矣。」

這段話《戰國策》無載，是司馬遷加寫的，可能來自故老之口，也可能見於後來失傳的別的書籍。但這段記載卻足以展示張儀憑藉三寸不爛之舌翻手爲雲覆手爲雨的性格，實在是一段不可多得的極其精采的生活片斷。諸如此類的具有生活氣息、富於戲劇色彩的細節描寫，在《史記》的人物傳記裡比比皆是，它們成爲表現人物形象的重要手段。如果捨棄這些生動的細節描寫，那麼傳主的形象將會是什麼樣子，令人不敢想像。

至於說到屈原傳中的許多話轉抄自劉安的《離騷傳》，許多事「幾乎完全是《楚世家》文章的忠實的轉抄」（岡村語）。這些對於史書的編寫來說本來就是不成問題的，何況《史記》中還有「互見」的特點，詳於此而略於彼，或略於此而詳於彼，例子不勝枚舉。司馬遷完全可以根據傳主的材料（包括前代的史書、民間口頭流傳）靈活地運用各種寫法來編著。如《五帝本紀》是一種寫法，根據《尚書》的有關記載編寫，其中許多是將佶屈聱牙的古文翻譯成爲通俗易懂的文字，這是富於創造性的寫法。有關戰國時代的人物，《戰國策》中有寫得生動形象的，如蘇秦、豫讓、荊軻等，幾乎全文照抄，這也是一種寫法。可能司馬遷以爲自己重寫不如原作生動，所以索性加以抄錄，還是老老實實的好。而如屈原列傳則又是一種寫法。由於資料不足，轉錄他人的評價，或將詩人自己的作品穿插其間加以編排，甚至借題發揮，大發議論。既然可以全部照抄，爲什麼就不允許司馬遷採用聯綴的編寫方法呢？岡村認爲「這篇傳記的作法，可以說同其他列傳的結構是大相異趣的」，這也未免有些武斷。《伯夷列傳》的作法便是以議論爲主，記叙爲次，引用孔子、賈誼的話，並加上個人的議論，字數之多遠過於伯夷、叔齊生平事迹的介紹。這種寫法與屈原傳如出一轍，無獨而有偶。對於材料不足而作者又十分敬仰的人物，恐怕也只有這種寫法最好。當然這麼說，並非屈原本傳毫無瑕疵，完美無缺，它也有錯簡及文氣不連貫之處，但這與著作權無關。

三

岡村文對於《離騷》、《哀郢》、《涉江》等作品，全面地加以比較分析，細致周詳，促使讀者去深入思索，然而他否定屈原的著作權的觀點無論如何令人難以苟同。

岡村的基本看法如下：

> 把這麼多的楚辭作品一律看成是屈原一個人的作品，用同樣的調子喋喋不休地發洩牢騷，總給人一種過分之感；並且，屈原這樣地吟咏自己的行動和心情，讀之令人覺得也未免太有些自吹自擂；再有在古代，如果這些作品偏偏都是出自同一作者之手，那麼他的作品的詩型也顯得過於多樣化了。

這裡所說的幾點能否據以否定屈原的著作權呢？細審理由並不充分。岡村統計《離騷》一篇有十二句重覆的類似句，《離騷》和《九章》各篇之間則有二十六句類似句，這大約就是「喋喋不休」的證據了。所謂「牢騷」指什麼，文中沒有具體分析，想來是指各篇的主題近似，都是「吟咏屈原不遇一生及其痛苦心境」吧。司馬遷在屈原傳中指出詩人作《離騷》的緣起，曰：

> 屈平疾王聽之不聰也，讒諂之蔽明也，邪曲之害公也，方正之不容也，故憂愁幽思而作《離騷》。……信而見疑，忠而被謗，能無怨乎？屈原之作《離騷》，蓋自怨生也。

說的是創作《離騷》的情景，實則《九章》各篇亦無不是如此。它們確實寫了詩人的牢騷，但不僅僅是個人懷才不遇的牢騷，更多的是不平之鳴，是對黑暗朝政的不滿，對「壅君」的怨憤，對奸佞的揭露與鞭撻。總之，是憂國憂民的表現，不能簡單地以「發洩牢騷」目之。當一個人爲國家的行將危亡而愁苦鬱結，懷抱難申，不能挽狂瀾於既倒之時，該是怎樣地痛徹心肺！詩人因此在不同的詩篇中反覆傾訴「自己的行動和心情」和痛苦、憤懣，這完全是人之常情，怎能以「喋喋不休」、「自吹自擂」加以指責呢？何況爲了突出主題的表達，必須講究最優的表現手法以加強藝術感染力。楚辭作品中出現語句的重複和近似的主題，岡村讀了以爲「過分」，是毫無意義的「喋喋不休」、「同樣的調子」，而司馬遷則認爲這是「一篇之中三致志」的手法。對於文學作品的理解和評價見仁見智，於此可見一斑。司馬遷概括屈原楚辭的主旨是：「眷顧楚國，繫心懷王，不忘欲反，冀幸君之一悟，俗之一改也，其存君興國而欲反覆之，一篇之中三致志焉。」這是符合作品實際的中肯之論。不僅《離騷》一篇如此，《九章》各篇也或多或少具有這個特點。然而這樣寫非但不使人生厭，反而爲詩人對故鄉和祖國的深情所感動，令人「想見其爲人」，進而欽佩屈原可與日月爭光的高尚人格。

岡村從亂辭的有無，押韻的規律，題目的取法，語句的結構，「兮」字的用法等等，比較相傳爲屈原所作的楚辭，認爲部分作於戰國，部分作於西漢初；而作於戰國的《離騷》、《涉江》《哀郢》、《抽思》、《懷沙》「五篇風貌也未必都盡相同」，其中《離騷》同《哀郢》比較接近，但是「各自是由不同的作者創作出來的」，「《離騷》、《哀郢》均非屈原的自作」，「是屈原死後，對其記憶猶新的時候的詩人的手筆」。這裡涉及兩個問題，一是上述諸作是否屈原自己創作的；二是同一位詩人能否創作不同類型的詩篇？

先說第一個問題。楚辭與屈原的名字是緊密聯繫不可分割的，沒有屈原也就不會有楚辭這種新體詩，無論是客觀條件還是主觀因素，都促使屈原成爲這種新體詩的創始者與代表詩人。司馬遷指出：「屈原之作《離騷》，蓋自怨生也。」沒有楚國朝政的黑暗，國君的昏庸，奸佞的誣枉，以及長期痛苦的放逐生涯，屈原也不會「發憤以抒情」⑧作詩的。在我國文學史上，由屈原首開其端，後代詩人由於政治上失意或遭貶而致力於文學創作，因而取得了偉大的成就，代不乏人，「窮而後工」幾乎成爲舊時代文學創作的一條普遍規律。這是詩人主觀方面的因素，而像屈原這樣滿腔忠憤、遭受誣枉的賢臣在先秦不止一位，如楚辭中經常道及的比干、彭咸、伍子胥等等，爲什麼他們沒有成爲詩人而獨有屈原成爲楚辭的創始者？我們不妨引用梁啓超的提問：「那時候爲什麼會發生這種偉大的文學？爲什麼不發生於別國而獨發生於楚國？何以屈原能占這首創的地位？」⑨他認爲「當時文化正漲到最高潮，哲學勃興，文學也該爲平行線的發展，內中如《莊子》、《孟子》及《戰國策》中所載各人言論，都很含著文學趣味，所以優美的文學出現，在時勢爲可能的。」思想的解放帶來了百家爭鳴，促進了文化的繁榮，時代在呼喚偉大的詩人。每當歷史轉折關頭，往往有一些上層人物的優秀分子脫穎而出，成爲文學巨匠，但丁、普希金就是如此。早在先秦戰國後期，誰是適逢其會者？誰來摘取我國文學史上第一位大詩人的桂冠呢？屈原，只有屈原。他出身於貴族，與楚王同姓，少年英俊，視野開闊，知識淵博，具有高度的文化素質。「嫻於辭令，明於治亂，入則與王圖議國事，以出號令；出則接遇賓客，應對諸侯。」⑩他也曾數度出使齊國，「那時正當『稷下先生』，數萬人日日高談宇宙原理的時候」⑪，屈原吸收了當時最先進的思想和科學文化知識，為詩歌創作準備了最堅實的基礎。楚國原有豐富而獨具特色的民歌傳統，土生土長的屈原沐浴其間，自是深受熏陶。後來他橫遭貶斥，歷經坎坷，長期生活在南蠻荒僻之地，「特別的自然界和特別的精神作用相擊發自然會產生特別的文學了。」⑫王國維《屈子文學之精神》亦指出「大詩歌之出，……必通南北之驛騎而後可，斯即屈子其人也。」於是遠離朝廷僻處江南的屈原便專力於楚辭的創作，以楚地民歌為基本格式，廣泛吸取散文和《詩》三百篇的表現手法，創造了楚辭這種詩歌的新樣式，以訴說其身世、遭遇、內心的怨憤、不平和理想。

可見，屈原創作楚辭不是偶然的現象，而有其必然性，因此不能把作者和作品中的「我」分割成為無關的兩個人。作品中的「我」是藝術形象，具有典型性，但絕對是詩人抒情的自我形象；如離開詩人自己的生活原型，哪裡會有詩中的抒情形象？故說屈原僅僅是一位詩中的忠臣而不是作者，幾乎是異想天開，在當時是不可能的事，王國維的一段話彷彿就是分析這個問題的。其《文學小言》曰：

> 詩歌者……描寫自然及人生可乎？然人類之興味實先人生而後自然，故純粹之模山範水，流連光景之作，自建安以前殆未之見，而詩歌之題目皆以描寫自己之感情為主。其

寫景物也亦必以自己深邃之感情爲之素地，而始得於特別之境遇中，用特別之眼觀之，故古代之詩所描寫者特人生的主觀的方面，而對人生之客觀的方面及純客觀之自然，斷不能以全力注之也。

王國維指出文學創作一般由主觀到客觀的發展過程，先秦時期的文學正處於抒寫「人生之主觀」階段，《離騷》等作就是「屈子感自己之感，言自己之言者也」。離開自己眞切的感受和體驗，能寫得出《離騷》這樣的作品嗎？「苟無敏銳之知識與深邃之感情者，不足與於文學之事」⑬如果與屈原不是同一條件，沒有相同的經歷，如岡村所稱係屈原的後人僅僅出於同情和義憤，「感他人之所感，而言他人所言」⑭能寫出如此感人，令千百年來的讀者爲之傾倒的楚辭嗎？「無高尙偉大的人格，而有高尙偉大的文學者，殆未之有也。」⑮爲什麼後來模仿《離騷》之作，如《七諫》、《九嘆》等不能感動人，就是因爲無病呻吟，「但襲其貌而無眞情以濟之，此後人之所以不復爲楚人之詞也。」⑯

第二個問題是一個詩人能否創作不同類型的詩作？相傳屈賦有二十五篇，其中個別篇章有否僞托尙有分歧，今後還會有爭論，但其中大多數篇章爲屈原所作卻是公認的。岡村以先秦時詩人不可能寫這麼多作品爲由來推翻屈原的著作權，未免失之簡單、輕率。說楚辭詩型多樣，其實其變化都沒有超越先秦時代所能達到的範圍，也並沒有脫離楚辭的基本體制和特點，各篇之間盡管有這樣那樣的變化不同，總的風貌仍然是「書楚語，作楚聲，紀楚地，名楚物」，它們都姓楚，都在不同程度上表現了屈原的個性特徵。創作類型衆多的詩篇，這是每一位偉大的詩人都能做到的，後代的李白、杜甫、蘇軾等莫不如此，屈原當然既能作「著力點……置於主人公在夢幻世界的巡行上」的《離騷》，也能作「寫實的短篇作品」的《哀郢》，兩者之間並無不可逾越的鴻溝。

說到《哀郢》，岡村以爲其中有駁斥誣蔑堯舜的詩句，而誣蔑堯舜的思想始於《呂氏春秋》和《莊子・盜跖》，前者作於戰國末，後者爲漢初僞作，故《哀郢》的「創作時期，還是認爲比屈原更爲靠後才算穩妥」。《莊子》中把堯與桀等量齊觀，或者加以詆毀的地方不止《盜跖》一篇，《大宗師》中至少有兩處：「與其譽堯而非桀也，不如兩忘而化其道。」「意而子見許由。許由曰：『堯何以資汝？』意而子曰：『堯謂我：「汝必躬服仁義而明言是非。」』許由曰：『而奚來爲軹？夫堯既已黥汝以仁義，而劓汝以是非矣，汝將何以游夫遙蕩恣睢轉徙之途乎？』」《大宗師》屬《內篇》，公認爲莊子之作，該怎麼解釋呢？據此似乎很難說莊子的非堯思想是僞托的，那麼比莊子稍後的屈原在《哀郢》中予以駁斥而維護堯舜的崇高地位也就不足爲怪了。

最後必須指出，岡村教授全文不乏「如果」、「似乎」、「恐怕」、「大約」、「也許」、「推測」、「可能」之類的話，用來推翻屈原著作權的理由建築在這些靠不住的詞語上，當然是難以令人信服的。我們還是用劉勰《文心雕龍》的「不有屈原，豈見《離騷》」來回答吧，《離騷》、《哀郢》等楚辭的著作權，舍屈原其誰屬！

【附　註】

① 見《太史公自序》。

②③④ 見《漢書・司馬遷傳》。

⑤ 見日本瀧川資言《史記會注考證》卷六十五。

⑥ 見《太史公自序》。

⑦ 見《史記・屈原列傳》。

⑧　見《九章・惜誦》。

⑨⑪　見梁啓超《屈原研究》。

⑩　見《史記・屈原列傳》。

⑫　見梁啓超《屈原研究》。

⑬⑭⑮⑯　見王國維《文學小言》。

論《離騷》中竄入的文字問題

《離騷》中有兩句詩「曰黃昏以爲期兮，羌中道而改路」，洪興祖認爲是衍文，是由《九章・抽思》竄入的。他說：「一本有此二句，王逸無注；至下文『羌內恕己以量人』始釋『羌』義，疑此二句後人所增耳。《九章》曰：『昔君與我誠言兮，曰黃昏以爲期。羌中道而回畔兮，反既有此他志。』與此語同。」①洪興祖根據王逸作注凡第一次遇到難字總要釋義的體例，斷定這兩句爲後人所增，加之又從《抽思》篇中找到相同的詩句，因此他的判斷就更爲有力了。洪興祖所說有根有據，深得人們贊同。屈復並且還從文意與句式的運用上，進一步予以作證：「此二句與下『悔遁有他意』重。又，通篇皆四句，此多二句，明係衍文。」②確乎如此，全詩從頭至尾，都是四句一韻一小節，獨有這兩句夾在其間，有點不倫不類，且緊接著兩句「初既與余成言兮，後悔遁而有他」與之意思重覆，可見這兩句是王逸以後所竄入，而非《離騷》原有之詩句。但是能否據此推而廣之，懷疑《離騷》另有整段的詩句也是竄入的呢？有三組文字就被說成「全是多餘的」、「非常不諧和的文字」③。這是值得探討的問題。

一

第一組是以下八句：「民好惡其不同兮，惟此黨人其獨異。戶服艾以盈要（腰）兮，謂幽蘭其不可佩。覽察草木其猶未得兮，豈珵美之能當？蘇糞壤以充幃兮，謂申椒其不芳。」對於「民好惡」兩句，他們認爲與屈原描寫自己的詩句互相矛盾，說：「在

《離騷》裡屈原的人格是堅定獨立的，……與屈原對立的『時俗』或黨人正是占著多數，這是無可懷疑的。……『黨人』是『衆』，是『周容以爲度』的。屈原是『獨好修以爲常』而『不周於今之人』的。……而這一段裡的第一句卻反而說：『惟此黨人其獨異』！這眞是跟屈原抬扛了，我們想屈原自己何止於如此矛盾呢？」④

顯然，這裡將「惟此黨人其獨異」的「獨」字理解爲實詞了。事實上這句的「獨」並不是「孤獨」或「獨特」的意思，而是副詞，「唯獨」、「唯有」的意思。「民好惡」兩句意謂：一般人的好惡哪有什麼不同，只有這幫「黨人」偏偏兩樣。這裡的「民（人）」與「黨人」比較，「民」是多數，「黨人」是少數。但是既稱「黨人」，就不是指單個的人，而是指一幫人，也就是指朝廷上結黨營私、互相勾心鬥角的一批人，說得具體些，即是上官大夫、靳尙、子蘭等人。他們在朝中蒙蔽國君，把持朝政，堵塞言路，誣陷屈原，甚至拉攏、腐蝕屈原培養的學生，孤立屈原，他們不擇手段，無惡不作。對此，屈原在詩中憤怒地予以揭露與批判：「唯黨人之偷樂兮，路幽昧以險隘。」「衆皆競進以貪婪兮，憑不厭乎求索。羌內恕己以量人兮，各興心而嫉妒。」「衆女嫉余之蛾眉兮，謠諑謂余以善淫。」可見在朝廷上，「黨人」們盡管爭權奪利，勾心鬥角，但又勾結在一起，形成一股頑固的反動的勢力，共同圍攻屈原，而國君則「荃不察余之中情兮，反信讒而齌怒」，「憎慍惀之修美兮，好夫人之慷慨」⑤。由於國君昏庸，奸臣當道，於是就出現「時俗之工巧」、「競周容以爲度」的壞風氣。小人們善於投機取巧，都爭著苟合取容，還有誰來憂慮國家的安危呢？可是「吾獨窮困乎此時」，「幽獨處乎山中」的詩人毫不妥協，「吾不能變心以從俗兮，固將愁苦而終窮」⑥。「黨人」們最厲害的一著是拉攏、腐蝕詩人親手培育的芳草——

人才，使他們變質背叛：「蘭芷變而不芳兮，荃蕙化而爲茅」，「委厥美以從俗」。詩人寄予厚望的年輕學生們由於不注意自我修養，經不住「黨人」的誘惑，紛紛變質，投入「黨人」的懷抱，令詩人痛心疾首，徹底感到了孤獨，他喟嘆「世溷濁」、「世無人」、「舉世皆濁」、「衆人皆醉」，他寧願「伏清白以死直兮，固前聖之所厚」，要效法前賢，出污泥而不染，爲保持高潔的情操而不惜一死。

上面說得遠了，總之，我以爲「黨人獨異」是指奸臣們的愛憎好惡違背常理，混淆黑白，正如《懷沙》所說：「變白以爲黑，倒上以爲下。鳳凰在笯兮，雞鶩翔舞。」《卜居》所說：「蟬翼爲重，千鈞爲輕。黃鐘毀棄，瓦釜雷鳴。讒人高張，賢士無名。」所謂「黨人獨異」的「獨異」與表示少數的「孤獨」、「孤立」絲毫無涉。而詩人說自己「獨好修以爲常」兩句，謂一般人各有不同的愛好，唯獨自己則愛好修養習以爲常，這與「黨人獨異」有什麼矛盾呢？我們不能因爲兩句詩中都有一個「獨」字，就把「黨人」與詩人等同起來，混爲一談。在屈原的所有篇章中，詩人與「黨人」始終水火難容，勢不兩立。詩人處於孤立的地位，「黨人」則人多勢衆，詩人的孤傲、高潔的形象正是在同「黨人」的鬥爭中樹立起來的。當然，如果把「黨人」置於廣大的人民之間，自然是極少數，可惜詩人處於當時的歷史條件下，不可能有如此明確的認識，他只是感到被惡勢力所包圍的孤獨。我以爲「黨人獨異」句並不指「黨人」處於孤立地位，因此就與詩人的孤獨感產生矛盾；也不可能因爲用了一個「獨」字，就此顛倒了「黨人」之「衆」與詩人之「獨」的對立關係。如果以爲其間存在矛盾的話，也絕對是一種誤解，是對「獨」字的用法理解有誤而造成的。僅憑誤解就斷言「黨人」句爲竄入的文字，實在是難以令人首肯的。

這八句詩中，除了「黨人獨異」句外，其他七句也受到非議。有云：「《離騷》通篇以美人香草象徵生命的高潔，然而卻沒有單獨提到『玉』一類的話過，如『折瓊枝以繼佩』，『瓊』仍不過是形容『枝』而已，這正是《離騷》文字上的完整性，然則在這一段裡，像『蘇糞壤以充幃』，『戶服艾以盈要』的妙文，固未免見笑大方；而『豈珵美之能當』又何以見得便足以自高於『覽察草木其猶未得』呢？對於一般窮酸文人，『白璧一雙』當然比什麼草木都來得値錢，然而這可不就又露出了馬腳來嗎？何況『覽察草木其猶未得』的句子，也未免『直木無文』了。」⑦這段話有三層意思。第一層說詩人描寫高潔時，只用美人香草來象徵，而從不單獨用「玉」來形容的；第二層說「豈埕美」句與「覽察草木」句意義不完整；第三層說這些詩句缺少文采。這些意見固然有啓發人們進一步去思考鑽研的作用，但其理由卻並不充分。先說屈原在詩中是否就沒有單獨提到「玉」的詩句。不錯，美人芳草是《離騷》的比興象徵手法，出現在詩中的頻率相當高，不僅《離騷》如此，在別的篇章中也同樣如此。然而有沒有用「玉」來象徵詩人高潔的品質和情操呢？且把《離騷》中有關「玉」的詩句摘引於下：

駟玉虬以乘鷖。

折瓊枝以繼佩。

望瑤台之偃蹇。

豈珵美之能當。

何瓊佩之偃蹇。

折瓊枝以爲羞。

精瓊爢以爲粻。

雜瑤象以爲車。

鳴玉鸞之啾啾。

齊玉軑而并馳。

這十句詩都與「玉」有關，方面很廣，有的用以形容顏色之白，有的用以指玉製的器物，有的用來作爲裝飾品，有的用作食糧。不管屬於哪一種，都有比興象徵意義，都與「美德」、「香潔」之意有關。如王逸注「瓊佩」曰：「瓊佩，玉佩。佩瓊玉，懷美德。」⑧王夫之注「雜瑤象」句曰：「駕飛龍而乘象玉之輅，所以自旌高貴而殊於俗也。」⑨如果說「瓊枝」之「瓊」是形容「枝」的，不算「單獨」使用「玉」的例子，那麼這十句中「瑤台」之「瑤」、「瓊佩」之「瓊」、「瓊靡」之「瓊」、「瑤象」之「瑤」，難道都不算單獨用「玉」的例子嗎？特別是「瓊象」，指玉和象牙，是兩個并列的名詞，代表兩樣東西，不存在形容與被形容的關係。以上這些詞分明都是單獨用「玉」字的具體例證，只不過同「珵」字一樣，都是「玉」的異名罷了。如果再進一步考察《離騷》以外的作品，那麼會發現用「玉」的詩句還有不少。如：

撫長劍兮玉珥。

璆鏘鳴兮琳琅。

瑤席兮玉瑱。（以上《九歌・東皇太一》）

白玉兮爲鎮。（《九歌・湘夫人》）

玉佩兮陸離。《《九歌・大司命》》

援玉枹兮擊鳴鼓。《《九歌・國殤》》

被月月兮佩寶璐。（《涉江》）

同糅玉石。

懷瑾握瑜。（以上《懷沙》）

上述九句中的「璆」、「琳琅」、「瑤」、「瑱」、「璐」、「瑾瑜」皆爲「玉」的異名，無不與美德聯繫。王逸注「佩寶璐」曰：「寶璐，美玉。言腰佩美玉，德寶兼備，行度清白也。」注「懷瑾握瑜」曰：「瑾瑜，美玉也，言己懷持美玉之德。」可以毫不誇張地說，屈原除了以美人香草比喻賢德和高潔外，同時也以「玉」來象徵德行。以玉喻德，是先秦儒家審美觀的組成部分。《禮記．喪服》載子貢問孔子爲什麼君子以玉爲貴，孔子答曰：

> 君子比德于玉焉。溫潤而澤，仁也；縝密以栗，知也；廉而不劌，義也；垂之如隊（墜），禮也；叩之其聲，清越以長，其終詘然，樂也；瑕不掩瑜，瑜不掩瑕，忠也；孚（浮）尹（筠）旁達，信也。氣如白虹，天也；精神見於山川，地也。圭璋特達，德也。

這段話意謂：君子將玉與美德相比，說玉有多種美德：溫厚晶瑩而豐滿，就是仁；細致精密而堅定，就是智；方正而不傷人，就是義；形狀下墜就是禮；叩擊時發出清脆而悠揚的聲韻，終止時則毫無音響，就是樂；玉有缺點但不會掩蓋它本質的美好，它本質的美也不會遮掩缺點，這就是忠；玉的顏色像竹子的青色，光彩四溢，就是信。玉的光輝如太陽旁邊的白虹，具有天無所不復的德性；它的精美神采表現在山川之間，具有地無所不載的德性。朝廷聘問時，以玉製的圭璋爲禮物，就是因爲它具有美德的緣故。從孔子的話中可見玉具有仁、智、義、禮、樂、忠、信等多種美德的象徵意義，屈原顯然是接受這個說法的，因此在《離騷》中描寫自己無論吃的、用的、戴的、乘的，無不與玉有關，其中特別以玉佩最爲「可貴」（「惟茲佩之可貴」）。「和調度以自娛」，他戴上玉佩，走路時使玉聲和諧，發出鏗鏘的鳴聲，而樂在其中，這不就是「君子比德於玉」的形象表現嗎？正因爲玉佩可貴，「

黨人」就千方百計地「薆然而蔽之」、「嫉妒而折之」，加以摧殘和破壞。正因爲「黨人」如此醜惡，所以其好惡是非觀違背了常理，他們「戶服艾以盈要兮，謂幽蘭其不可佩」，人人腰裡纏滿艾蒿，反而說幽蘭不能佩戴在身上。據此，詩人予以質問譴責：「覽察草木其猶未得兮，豈珵美之能當？」謂他們連普通的草木都分辨不清，難道對美玉的評價倒能夠恰如其分嗎？香草和美玉雖然同是比興，但在程度上似有所差別，即香草更多的是用以表現外在的修飾，而美玉則顯示詩人內在的美德，所以這兩句詩在意義上是層層遞進的關係，前後緊密相聯，不可或缺。可見，說詩人不曾以「玉」來形容高潔的說法是不符合作品的實際情況的。說「覽察草木」句與「豈埕美」句缺乏完整的聯繫也是沒有根據的。

再來看這八句詩是否「質木無文」，沒有文采。如果把《離騷》中的詩句孤立地抽出來說一聲「質木無文」，是並不怎麼困難的，不僅「覽察草木其猶未得」一句而已，他如「覽相觀於四極兮」句，「覽」、「相」、「觀」都是看的意思，雖然汪瑗在解釋時，區別曰：「覽，視之遠也；相，視之審也；觀，視之遍也。重言之也。」⑩然而一句詩七個字，倒有三個字差不多，能夠說沒有「質木無文」之嫌嗎？不是顯得有點兒笨拙嗎？單獨地只看一句，確實也難說，而如果把它放回詩中，與上下詩句聯繫在一起，就容易理解了，它強調地表現了詩人仔細觀察、尋求美女的慎重態度，所以我們感到詩人非如此便不足以表達求女的迫切而又不肯遷就的心理。諸如此類的例子不必多舉。因此，我以爲從「民好惡」句到「謂申椒其不芳」八句與《離騷》全詩毫無隔閡，無論其意義、語言，還是表現手法，無不是「離騷」式的，是全詩的有機組成部分，而決不是可有可無，游離於全詩之外的竄入文字。

二

第二組十二句受到懷疑的詩句是：「欲從靈氛之吉占兮，心猶豫而狐疑。巫咸將夕降兮，懷椒糈而要之。百神翳其備降兮，九疑繽其并迎。皇剡剡其揚靈兮，告余以吉故。曰：『勉升降以上下兮，求矩矱之所同。湯禹儼而求合兮，摯咎繇而能調。』」這十二句被認爲非《離騷》原文的理由是因爲上有「索藑茅以筳篿兮，命靈氛爲余占之」，下有「靈氛告余以吉占兮，歷吉日乎吾將行」，上下聯成一氣，「可見求占於靈氛原是一個整段文章，然則中間何以會鑽出一個巫咸來呢？……既有靈氛又何必再有巫咸呢？」⑪似乎巫咸在這裡出現破壞了詩句的完整，完全沒有必要，因此是竄入的文字。

那麼，巫咸的出現是否顯得突然，是否與上下詩句不相協調呢？

《離騷》後半部分出現了女嬃、靈氛和巫咸三個人物，它們分別與主人公有一段瓜葛。先是女嬃對著主人公，表情是「嬋媛」，朱熹解爲「顧戀留連之意」⑫，就是對主人公很關心的樣子，接著她「申申其詈予」，即對主人公絮絮叨叨地加以規勸。女嬃的話雖然以一連串的問話組成，但口氣異常親切，她關心詩人的命運，因而勸其不要與朝中頑固派硬頂。對她的話，詩人當然是不能同意的，只是他不作正面回答，而是通過陳詞重華，說明德興暴亡的歷史教訓，借以表達他不顧個人安危而堅持實現美政的願望。其次，詩人求靈氛爲之占卜吉凶，兩人之間有問有答。詩人問靈氛，誰是眞正美好而值得去追慕的？靈氛勸他「勉遠逝而無狐疑」，到異國他鄉去尋覓知音，因爲朝廷上的「黨人」「蘇糞壤以充幃兮，謂申椒其不芳」，只會顛倒是非，排斥賢臣。詩人本該聽從他的「吉占」，但去國離鄉畢竟不是小事，因此不免「心猶豫而狐疑」，正在心有所疑、猶豫不決之際，聽說「巫咸將夕降」，巫咸晚上將有神附身，於是詩人便再次請其卜以決疑，這便是詩人與巫咸對話的由來。徐煥龍曰：「目擊楚事如此，未知遠逝何如？故欲從吉占，中心未決，猶豫狐疑。」⑬這段話說明了爲什麼「既有靈氛」，又出現巫咸的道理。

與巫咸之間的對話，詩人省去自己的提問，只寫巫咸的答話，寫法上有變化。巫咸也勸詩人「勉升降以上下」，要詩人及時到遠方去尋求同道，並列舉歷史上聖君賢臣相得的例子爲榜樣，以鼓勵詩人去效法。

女嬃、靈氛和巫咸三段話各有所側重。女嬃的話著重在是否堅持正道，是否與世俗同流合污的問題；靈氛與巫咸雖同樣勸詩人去國，仍各有重點。靈氛的話主要針對朝廷爲「黨人」所把持，而巫咸的話則重在君臣相得才能有所作爲的問題。這三方面的問題其實就是詩人內心思想鬥爭的形象表現。詩人在《離騷》前半段正面描寫自己的身世遭遇和朝政的黑暗，至於如何解決現實與理想的矛盾，是消極終身，還是去國離鄉進行新的追求？是與「黨人」妥協合流，還是堅持剛直、寧折不彎？詩人內心的鬥爭波瀾與苦悶矛盾於是便借助與女嬃、靈氛、巫咸三個巫覡人物的問題加以表白。這三人的身分同爲巫覡，只是女嬃爲女性，年事稍高，所以說話口氣儼若長者，非女性實不能當之。他們都是作品中人，是詩人塑造的替人排憂解難、占卜吉凶的巫覡，大可不必確證其是否眞人眞事。詩人爲什麼不描寫其他身分的人，偏要虛構男女巫祝呢？這當然是楚地重巫覡的民俗給予詩人以深刻影響所致；且巫覡自古以來即負有爲人占吉凶、決疑難的責任，詩人思想的鬥爭和內心的苦悶借助與巫覡的問答來表現眞是再恰當不過了。王邦采曰：

> 靈氛者，不必有其人，不必無其人，總是假托之詞，亦或實有其事，無用喋喋也⑭。

不僅靈氛一人如此，女嬃、巫咸，甚至作品中其他人，如蹇修、宓妃、二姚等等亦無不是如此。

再從表現手法來說，作品中往往采用一而再、再而三反覆遞進的寫法。小而言之，一句之中有以同義詞表達同一意思的，如前已提到的「覽相觀於四極」句。又如「索藑茅以筳篿」一句，正如汪瑗指出的：「既取藑茅而占之，又取筳篿而占之，再三反覆，欲其審也。」⑮如此用詞，無非反覆強調以示周詳而已。大而言之，一求宓妃，二求有娀氏，三求二姚，均告失敗，這是以比興手法象徵詩人尋求理想之君以實現美政願望的落空。詩人求女嬃，靈氛和巫咸爲自己卜吉凶，決去留，也同樣是變換筆法，深化主題，層層遞進地寫出詩人終於戰勝了自己的軟弱，決心爲祖國爲理想而獻身的精神。對於女嬃這段插曲，賀怡孫有過一段妙評，曰：

> 自「鯀婞直以亡身」，至「汝何煢獨而不予聽」八句，呢喃絮叨，無限親愛，酷肖婦人姑息口氣。無端插此一段作波瀾，妙甚！尤妙在不作答語，便接以「依前聖以節中」云云，蓋吾行吾意，付之不辯也。筆法高絕⑯！

這段話同樣可移用以評靈氛和巫咸兩段插曲。有了這樣三位巫祝的插曲，作品便憑添了一波三折之致。且三段的寫法不盡相同，富於變化，可謂「筆法高絕」！詩人的自我形象就是如此波瀾起伏地得到了表現。對這種寫法，司馬遷名之曰「一篇之中三致志」⑰，實爲精當之言！

由此看來，巫咸在靈氛之後出現，非但沒有「破壞了詩句的完整，完全沒有必要」，相反，很有必要，使得作品更爲完整，全詩融爲一體，完全符合「一篇之中三致志」的表現手法。可見，說巫咸這段是竄入的文字，是沒有道理的。

三

第三組受到懷疑的詩句是以下八句：「苟中情其好修兮，又何必用夫行媒。說操築於傅巖兮，武丁用而不疑。呂望之鼓刀兮，遭周文而得舉，寧戚之謳歌兮，齊桓聞以該輔。」其理由有二：其一說屈原是「少年得志」的貴族，決不會做「那些賣肉的、販牛的，忽然作了大官」的夢，他因遭貶斥而「遠道以自疏」，「這與『呂望鼓刀』等一連串的傳說，正是風馬牛不相及，而這正是一般文人的想頭，屈原既有沒有這個想頭，他如何會寫出這樣的文章來」；其二是屈原在《抽思》、《哀郢》等其他作品中並未提及這些人，倒是模仿《離騷》的《九辯》和《七諫》等作中出現了這幾位，可見其「正是後人的文章」⑱了。這兩個理由能否成立呢？

說屈原出身於貴族，而傅說、呂望、寧戚等都是出身低微者，這是事實，如果僅止於此，則兩者之間無法聯繫，確乎有點兒風馬牛不相及。然而傅說等都是自古以來儒家典籍中所稱頌的輔佐聖君治國的賢臣，並非無名之輩，而是有其輝煌的業績的。

詩人通過巫咸的口提到他們，是爲「苟中情其好修兮，又何必用夫行媒」提供範例。詩人前此三次求女都告失敗，就因爲「理弱而媒拙」、「導言之不固」，而想拋開媒理自荐吧，「欲自適而不可」，直接求女又覺不盡妥當。針對詩人這種爲世俗所拘泥的猶豫心理，巫咸於是便勸他大膽地追求「矩矱之所同」的聖君，像武丁得傅說，文王遇呂望，桓公用寧戚那樣，君臣一旦遇合，便如魚得水，國家得以大治。再看看這一段話在全詩中的作用就更容易理解了。

詩人在第一部分描寫身世遭遇時，第一次提到夏商周等「前王」，曰：「昔三後之純粹兮，固衆芳之所在。……彼堯舜之耿介兮，既遵道而得路；何桀紂之猖披兮，夫唯捷徑以窘步。……忽奔走以先後兮，及前王之踵武。」說明堯舜等能遵循正道，使得國家興盛；反之，桀紂不走正道導致敗亡。詩人要求楚王步武堯舜之後振興楚國，自己則願爲奔走效力。在第二部分陳詞重華時，詩人又一次提到他們，曰：「夏桀之常違兮，乃遂焉而逢殃。後辛之菹醢兮，殷宗用而不長。湯禹儼而祇敬兮，周論道而莫差：舉賢而授能兮，循繩墨而不頗。」這裡再次展示了桀紂以暴虐亡國和夏商周以德興國正反兩面的歷史教訓，強調提出周之得道在於「舉賢而授能」。但這裡尙未舉出具體的事例，這一點在第三部分通過巫咸之口得到了補充。武丁得傅說，文王得呂望，桓公得寧戚，就是「舉賢授能」的實例。無獨而有偶，這裡恰巧又是「一篇之中三致志」的寫法，詩人似乎有意在一篇三個部分都提及夏商周的聖君賢臣相得益彰的範例，而且一次比一次具體。有鑒於此，說這一段話是後人僞托而非詩人原作，因而必須將其從詩中剔除，怎麼能令人信服呢？

詩人提到伊尹、傅說等人，最主要的一點是希望國君應「舉賢授能」，楚王果然能做到「賢者在位，能者在職，國家閑暇」⑲，則楚國何至於面臨「皇輿之敗績」的危機，怎會出現「世溷濁而嫉賢兮，好蔽美而稱惡」，令詩人痛心疾首的怪現象呢？如果不從全詩上下文意作通盤考察，僅僅孤立地理解這些詩句，當然可能會產生「窮酸文人只想『平』步登天」……『青雲直上』」⑳

的想法，然而不能不說這樣的想法實在是極大的誤解。

當然，伊尹、傅說等人除了直接爲國君所賞職而得到信用，能大展懷抱建功立業這一共同點之外，確實還有另一相同之處，那就是他們的出身都很低微，或爲庖廚，或爲版築，或爲屠夫，或爲牛倌，詩人以「高陽之苗裔」的王族後代，怎麼偏偏舉以爲楷模呢？豈非使人大惑而不解嗎？

詩人在《離騷》中，一而再再而三地痛責把持朝政的權貴們爲「黨人」，在《九章》各篇中斥之爲「讒人」。他們結黨營私，蒙蔽國君，讒害賢人，引誘青年，顛倒黑白，爲所欲爲，直至把楚國引上幽昧而險隘的邪路，這些人的出身可謂高貴，但他們何德何能？而上古的伊尹、傅說等出身雖低，倒是有才有識，建功立業，美名傳世。兩相比較，孰優孰劣，何去何從，難道作爲楚國的君主不應考慮嗎？楚王如要改弦要張，就必須效法商湯文王，直接識拔如伊尹、呂望等賢人，而斥退危害國家的「黨人」。屈原雖出身於貴族，由於博聞強識，胸襟闊大，立志改革弊政，以「富國強而法立」爲己任，所以對於那些排斥異己，結黨營私，把持朝政，將國家引向邪路的貴族們深惡而痛絕，認爲他們是不可救藥的臭草惡物。他希望楚王能像武丁和文王那樣不拘一格地識拔人才來振興楚國，或者他自己能到楚國以外的地方去際遇武丁、文王那樣的聖君。可是使屈原遺恨千古的是「重華不可遻兮，孰知余之從容。……湯禹久遠兮，邈而不可慕也。」㉑詩人只能「曾歔欷余郁邑兮，哀朕時之不當」，慨嘆生不逢時。可見，詩人在《離騷》中列舉伊尹、呂望這些賢能者以寄托「舉賢而授能」的美政理想，揭露「黨人」的醜惡，熱烈呼喚「前王」，完全符合他的政治態度，是可以理解的。

認爲傳說、呂望等爲後人杜撰的另一理由是宋玉的《九辯》

和東方朔的《七諫》中有類似的句子，「我們在楚辭裡眞正屈原的作品上，如《抽思》、《哀郢》、《涉江》、《懷沙》等，從其中都找不出這一種想法，這正證明這想頭本不是屈原的。」㉒是否在屈原的其他作品中就絕對沒有類似的詩句呢？《九章．惜往日》中就有整整一段九組十八句寫到傅說、呂望等人。如果認爲這篇還算不上「眞正屈原的作品」，那麼《天問》總該是公認的屈原的作品了，其中就曾提到伊尹和呂望二人，曰：「帝乃降觀，下逢伊摯。何條放致罰，而黎服大悅？……成湯東巡，有莘爰極。何乞彼小臣，而吉妃是得？水濱之木，得彼小子。」「師望在肆，昌何識？鼓刀揚聲，后何喜？」傅說、寧戚二人雖不曾提及，但亦足以說明詩人在《離騷》中列舉這些上古賢臣不是偶然的孤立的，是詩人借以說明「舉賢授能」美政願望的主要內容。至於宋玉和東方朔作品裡有這些句子出現，不僅不能說明是後人的擬作，相反，倒證明其確爲《離騷》原句，宋玉和東方朔想望屈原之豐采，深受其影響，故在創作時一再直接引用其詩句，這有什麼奇怪的呢？

最後一點是關於韻腳的問題：「這裡的韻腳，如『迎』之與『故』，『同』之與『調』，正都大有問題。」㉓是否眞有問題呢？我們可以查閱明代音韻學家陳第的《屈宋古音義》，看看這些字是否押韻。陳第注「迎」曰：「音寤，迓也。」如此則與下面的「故」相押。又注「調」曰：「音同。《詩》：『弓矢既調，射夫既同。』『調』亦音同。」既然「調」古音「同」，那麼與上面的「同」字音韻相同，正是押韻的。可見，從韻腳來證明這些句子爲後人竄入亦難以成立。

綜上所述，我認爲「民好惡其不同兮」以下三段十四組二十八句文字與上下詩意並無矛盾牴牾之處，不能輕易地將其視作竄入句，相反地它們是《離騷》全詩的有機組成部分。它們或揭露「黨人」的醜惡，或具體表現詩人的美好願望，對深化詩的主題起作用，如果把它們判作竄入句而憑空加以刪削，其結果是難以想像的，全詩必然支離破碎，面目全非，不成其爲《離騷》了，因此，這是令人難以接受的。

【附　註】

① 見《楚辭補注》卷一。
② 見《楚辭新注》，《離騷纂義》引。
③ 見林庚《詩人屈原及其作品研究》。
④ 見《九章・哀郢》。
⑤ 見《九章・哀郢》。
⑥ 見《九章・涉江》。
⑦ 見林庚《詩人屈原及其作品研究》。
⑧ 見《楚辭章句》卷一。
⑨ 見《楚辭通釋》卷一。
⑩ 見《楚辭集解》，《離騷纂義》引。
⑪ 見林庚《詩人屈原及其作品研究》。
⑫ 見《楚辭集注》卷一。
⑬ 見《屈辭洗髓》，《離騷纂義》引。
⑭ 見《離騷滙訂》，《離騷纂義》引。
⑮ 見《楚辭集解》，《離騷纂義》引。
⑯ 見《騷筏》，《離騷纂義》引。
⑰ 見《史記・屈原列傳》。
⑱ 見林庚《詩人屈原及其作品研究》。
⑲ 見《孟子・公孫丑上》。

⑳ 見林庚《詩人屈原及其作品研究》。

㉑ 見《九章・懷沙》。

㉒ 見林庚《詩人屈原及其作品研究》。

㉓ 見林庚《詩人屈原及其作品研究》。

《離騷》太陽神說質疑

《離騷》題意應如何理解，歷來聚訟不已。從司馬遷以後，有多種說法。有以爲是遭遇憂患的①，有以爲是離別之憂的②，有以爲是牢騷的③，有以爲是楚國曲名的④，有以爲是離別蒲騷的⑤。前三說有相通之處，並無本質的不同。第四說，游國恩《楚辭概論》徵引《大招》「楚勞商只」，以爲楚地歌曲「勞商」亦即「離騷」，雙聲通轉。從屈原得到民歌的滋養，與楚歌血肉相連來推測，說屈原運用楚歌現成的曲調來抒寫其鬱塞不平之意自在情理之中，故謂離騷，就是抒寫憂患愁思、憤懣牢騷，是與全詩情調符合的。而第五種說法缺乏具體根據，是難以成立的。

近見不少文章提出太陽神新說⑥，尤爲別開生面，然而其說似乎脫離《離騷》實際過遠，令人不敢苟同。

一、戰國末期的楚國是蠻夷嗎

主張太陽神說者認爲詩中所提及的人物，從高陽、伯庸，直至巫咸、望舒等統統都是太陽神，所提到的禽鳥車馬等也都是太陽神所用之物，其中的花草樹木、山水河流無不與太陽神有關，而詩中的主人公則是太陽神的後裔，故這是以太陽爲題材，以太陽神自我爲中心的流連家國的悲歌，是太陽世家沒落的悲劇，等等。

《離騷》是否以太陽爲題材，屈原是否以太陽神自居，他的不幸遭遇是太陽世家的沒落造成的嗎？是「遠古的記憶」促使他創作的嗎？屈原是楚國原始巫術的代言人嗎？屈原是巫師嗎？戰國末期的楚國是否仍處於蠻荒階段，與西周初封時熊繹草創之時無異嗎？

楚國的先王「熊繹辟在荊山，篳路藍縷以處草莽，跋涉山林以事天子」⑦，這個時期比之中原諸侯國來，的確可算得上原始蒙昧。

周夷王時的熊渠爲了自立其子爲王，公開聲稱「我蠻夷也」。可是當周厲王之時，他害怕被討伐便主動地撤消了王位。周平王時，楚武王又打起「蠻夷」的稱號自立爲王，此後楚國之君便一直稱王，比其他諸侯國稱王要早三百多年，確是具有蠻夷之風。然而似不能據此就認爲楚國毫無文化教養，這不過是爲稱王找借口而已。事實上，楚國經過十幾代君主的開拓和辛苦經營，文明的程度與中原諸侯國的差距日漸縮短，到春秋中葉，已經與之並駕齊驅了，甚至在文化建設上還有領先的勢頭。

衆所周知，《詩》、《書》在春秋時已成爲政治教科書，是各諸侯國君臣必具之修養，楚國君臣自穆王之後，已是運用自如，比之中原諸侯國，毫不遜色。

突出例子之一，據《左傳・宣公十二年》載，晉楚邲之戰時，晉將反對攻楚，謂楚「德立刑行，政成事時，典從禮順，若之何敵之？」事實果如所說，晉軍大敗潰逃，楚軍大獲全勝。當晉楚兩軍對壘之時，令尹孫叔敖引用《詩・小雅・六月》的句子，搶先一步出擊，先聲奪人。獲勝後，楚臣潘黨向莊王建議「築武軍」、「收晉屍以爲京觀」，就是築營壘、埋屍封土以表彰顯示楚國的武功，歡慶勝利。楚莊王拒絕此議，他列舉《周頌》的詩句來說明周武王克商的目的是「止戈爲武」，謂「武有七德」，是爲了「安民、和衆、豐財」等，使百姓安居樂業，而不應炫耀武力，故稱「武非吾功」，要以周武王爲榜樣。當楚莊王準備納夏姬爲妃時，早有意於夏姬的楚臣申公巫臣引用《周書・康誥》「明德愼罰，文王所以造周」之語加以勸阻，楚莊王聽了也只好罷休。《國語・楚語上》載楚莊王向申叔時請教如何教育太子的問題，申叔時回答：

> 教之春秋，而爲之聳善而抑惡焉，以戒勸其心；教之世，而爲之昭明德而廢幽昏焉，以休懼其動；教之詩，而爲之導廣顯德，以耀明其志；教之禮，使知上下之則；教之樂，以疏其穢，而鎭其浮；教之令，使訪物官；教之語，使明其德，而知先王之務用明德于民也；教之故志，使知廢興者，而戒懼焉；教之訓典，使知族類，行比義焉。

申叔時這裡所說的教學內容完全屬於詩禮樂令、先王典籍等系統，絲毫看不出與中原諸侯國之間有何不協調的地方，可謂教子有方矣。盡管楚莊王亦曾問鼎之輕重，對周天子頗爲不敬，但這是擴張勢力企圖稱霸的政治野心，與民族文化心理之趨同並不矛盾，事實上中原齊、晉等國何嘗不是如此。

又如，楚靈王即位之初，有這樣的記載：

> 及即位，爲章華之宮，納亡人以實之，無宇之閽入焉，無宇執之，有司弗與，曰：「執人于王宮，其罪大矣。」執而謁諸王，王將飲酒。無宇辭曰：「天子經略，諸侯正封，古之制也。封略之內，何非君土？食土之毛，誰非君臣？故《詩》曰：『普天之下，莫非王土，率土之濱，莫非王臣。』天有十日，人有十等，下所以事上，上所以共神也。故王臣公，公臣大夫，大夫臣士，士臣皁，皁臣輿，輿臣隸，隸臣僚，僚臣僕，僕臣台，馬有圉，牛有牧，以待百事。今有司曰：『女胡執人于王宮，將焉執之？』周文王

之法曰：『有亡荒閱。』所以得天下也。吾先君文王作僕區之法，曰：『盜所隱器，與盜同罪。』所以封汝也。若從有司，是無所執逃臣也。逃而舍之，是無陪臺也，王事無乃闕乎？昔武王數紂之罪，以告諸侯曰：『紂爲天下逋逃主，萃淵藪。』故夫致死焉。君王始求諸侯而則紂，無乃不可乎？若以二文之法取之，盜有所在矣。」王曰：「取而臣以往，盜有寵，未可得也。」遂赦之⑧。

從這件事可見楚國執行的是周文王和楚文王制定的法律，楚國的等級名分制與其他諸侯沒有什麼不同。其次是楚國君臣熟知周武王克紂的故事，以殷紂無道失國爲前車之鑑。三是無宇引用《詩·小雅·北山》的詩句和《尚書·武成》的話爲例，說明靈王藏匿逃亡係違反古訓。楚靈王聽其所說有根有據，便同意無宇帶走看門人，同時赦免無宇闖宮之罪。

再就是楚靈王在乾溪打獵時，與子革有一段對話。靈王見左史倚相走過，便稱贊他是「良史」，謂其「能讀三墳、五典、八索、九丘」。但子革以爲他學問還有不夠淵博之處，西周穆王喜歡周遊天下，當時的祭公謀父作《祈招》之詩加以勸阻，穆王接受，故最後得以壽終正寢，沒有橫死於道塗，而左史倚相對《祈招》詩竟然不熟悉。靈王問子革是否熟知此詩，子革便立即念給靈王聽。靈王知道子革是借穆王知過即改之事來諷諫，勸其克制自己，不應沉湎於荒遊之中，所以接連幾天食不甘味、寢不安枕，但是他終於未能克制自己，只落得吊死乾溪的下場。孔子爲此深表惋惜⑨。這裡的左史倚相和子革都是楚國的文史專家，就連好細腰的楚靈王也有愧於周穆王的典故，而對自己的行爲感到不安。

另有突出的例子，就是孔子曾拜楚人老萊子爲師⑩。楚昭王曾準備以書社七百里禮聘孔子⑪，此事雖未成爲事實，但孔子帶了學生在楚國住過一段時間，聽過楚國隱者接輿高唱的「鳳兮」之歌，並不贊成避世退隱的做法。以他積極用世的態度，決不會只是住在館舍中享受招待，而必然會盡力宣傳自己的政治主張，教授門生。楚昭王禮聘孔子之舉很有可能在楚國掀起發揚儒學的小高潮呢。孔子的賢弟子中，就有言偃、公孫龍、任不齊等是楚人⑫，焉知不是孔子在楚國時招收進來的學生呢。其高足曾參更在楚國做過高官。《韓詩外傳》卷七：「曾子曰：吾嘗南遊於楚，得尊官焉，堂高九仞，榱題三圍，轉轂百乘。」

楚康王時，蔡國聲子對楚令尹屈建說到「楚材晉用」⑬的問題，說明楚國人才很多，可惜爲別國所用。所謂才，主要指政治才幹，而這種才幹是以學識爲基礎的，如果楚國沒有高度的文明，怎麼會人才輩出、吸引儒家創始人及其賢弟子到楚國來呢。

以上諸例，足以證明春秋中後期，楚國已經擺脫文化落後的面貌，而與中原各國同步，不分彼此了。

對於「蠻夷」之說，後來楚國人自己也是否認的。據《左傳·襄公十三年》載，楚共王死時大臣們議立謚號，令尹子囊請立爲共王，曰：

> 赫赫楚國而君臨之，撫有蠻夷，奄征南海，以屬諸夏，而知其過，可不謂共乎？請謚之共。

謂其王君臨光明偉大的楚國，安撫蠻夷，征服南海，使這些落後的地方成爲華夏的組成部分，足見楚國已與華夏文明融爲一體，並以此自豪。《左傳·定公四年》寫到楚昭王時，吳王闔閭破楚國，昭王出逃，申包胥赴秦乞師，稱吳爲「封豕長蛇」之國，並轉述昭王語，謂吳「夷德無厭」，是貪得無厭的蠻夷之邦。申包胥爲了求救，說話不免誇張。因爲在四十年前，吳公子季札聘問魯國時，觀樂聽詩，對風雅頌諸詩逐一加以評論，得到了孔子的贊賞，成爲儒家經典之詩論，哪有蠻夷之邦而有此大學問家，有這麼高度的理論修養！可見稱「蠻夷」者有其具體場景，未必能與落後蠻荒等同起來。

楚國君臣有時也自稱蠻夷，但是顯然並不以蠻夷自居，而是以此調侃對方，語含譏刺。如楚昭王大夫王孫圉赴晉國聘問，晉國大臣趙簡子與王孫圉有一場關於什麼是國寶的爭論。《國語・楚語下》：

> 王孫圉聘於晉，定公饗之。趙簡子鳴玉以相，問于王孫圉曰：「楚之白珩猶在乎？」對曰：「然。」簡子曰：「其爲寶也，幾何矣？」曰：「未嘗爲寶。楚之寶者，曰觀射父，能作訓辭，以行事于諸侯，使無以寡君爲口實。又有左史倚相，能作訓典，以叙百物，以朝夕獻善敗于寡君，使寡君無忘先王之業；又能上下說于鬼神，順道其欲惡，使神無有怨痛于楚國。又有藪曰云連徒洲，金木竹箭之所生也。龜珠角齒皮革羽毛，所以備賦，以戒不虞者也。所以共幣帛，以賓享於諸侯者也。若諸侯之好幣具，而導之以訓辭，有不虞之備，而皇神相之，寡君其可以免罪于諸侯，而國民保焉。此楚國之寶也。若夫白珩，先王之玩也，何寶之焉！……若夫嘩囂之美，楚雖蠻夷，不能寶也。」

作爲中原大國的晉臣趙簡子以玉爲寶，而王孫圉則以賢臣、良史和楚地物產爲寶，究竟何者關係國家之盛衰呢？楚國能發揮賢臣良史的輔佐作用，外以禮交接諸侯，內則以古爲鑑，修治德政，按時祭祀，上下協調，同時又有豐富的物產以備國用，這種以一國之政治、經濟爲盛衰的準則，比之以玉爲寶的價值觀，孰優孰劣，孰先進孰落後是十分顯見的。王孫圉結尾所說的「楚雖蠻夷」句，語氣中的調侃意味，聰明的趙簡子應能體會，他除了自嘆不如之外，還能再來炫耀寶玉嗎？

到了戰國，楚國逐漸吞併周邊諸國，成爲地廣人衆之大國，足以與秦齊抗衡，比起春秋時期，楚國更是人才濟濟，文化領域一派繁榮景象。孟子曾贊賞楚國大儒：「陳良，楚產也，悅周公仲尼之道，北學於中國，北方之學者，未能或之先也。」⑭孟子以爲陳良的學問成就遠遠超過北方學者，是青出於藍而勝於藍，對他十分佩服。此外，楚國的文史大家尚有道家環淵、鶡冠子、尸子、長盧⑮等，儒家馯臂子弘、鐸椒等，農家許行⑯等。《漢書・藝文志》中，另有數術學者甘公，兵家著作《楚兵法》等等。可是在這種背景下，孟子仍然稱楚人陳相、陳辛爲「南蠻鴂舌之人」⑪，不懂先王之道。這是不是楚國仍處於蠻夷階段的例證呢？需知罵人之語是不足爲憑的。陳相、陳辛弟兄二人原來是儒家陳良的學生，後來改換門牆信奉農家許行之說，故孟子憤極，遂罵陳相兄弟爲「南蠻」，如此而已！比屈原稍晚的荀子是趙人，是當時最有威望的大學者，最後定居於楚國，終老於蘭陵，說明這位大學者爲楚國高度的文明所吸引。

在楚國學術文化已達到相當高的基礎上崛起的屈原及其追隨者宋玉、唐勒、景差的辭賦作品，其意義不僅顯示出「楚人之多才」⑱，也是戰國時期文化高漲的產物，標志著自春秋以來南北文化逐漸融滙而成的華夏文明已到了前所未有的高峰，更是中華民族文化已經形成的反映，是在文學作品中對中國統一的強烈渴望與呼喚。

二、從屈賦的傳說故事看屈原的先王觀

另一個需要討論的問題，是屈原辭賦中所涉及的諸多神話傳說以及先王前賢等等，是有所寄托，還是僅僅記錄了原始材料？

他們是詩歌形象的有機組成部分，還是原始記錄的堆砌？作者究竟是詩人還是巫師？

神話學、民俗學、宗教學、人類學等諸多學科的研究者，都或多或少地從屈原的辭賦中引徵所需的材料，從中探討初民的原始面貌，了解先秦南方人民的民俗風情，諸如巫風昌熾、圖騰崇拜等，誠如《詩經》亦爲人們提供三千多年前黃河流域人民的生活圖景一樣。但是作品本身畢竟只是提供了形象化的材料，決不能將之當作人類學、神話學、民俗學一類著作來看待。

不管高陽、堯舜、鯀禹等等，其原始形態是否就是太陽神的化身，出現在屈賦中的他們，當是早已經過改造的歷史人物，而且還是納入儒家系統的歷史人物，已由神變而爲祖宗了。

堯舜禹湯周的古史系統在春秋中葉就已形成，而爲諸侯各國所公認，經過儒家學派的大力宣傳之後，更爲深入人心，這是「爲統一全中國起見，極力主張消弭各個氏族集團的個別的傳統，特別是個別氏族傳統而倡導出整個中國民族的大公祖以爲統一的基礎，道家捧出黃帝，儒家捧出堯舜，墨家捧出夏禹，都是這個用意」⑲。《國語·魯語上》曰：

> 黃帝能成命百物，以明民共財；顓頊能修之；帝嚳能序三辰以固民；堯能單均刑法以儀民；舜勤民事而野死；鯀障洪水而殛死；禹能以德修鯀之功；契爲司徒而民輯；冥勤其官而水死；湯以寬治民而除其邪；稷勤百谷而山死；文王以文昭；武王去民之穢。故有虞氏禘黃帝而祖顓頊，郊堯而宗舜；夏后氏禘黃帝而祖顓頊，郊鯀而宗禹；商人禘舜而祖契，郊冥而宗湯；周人禘嚳而郊稷，祖文王而宗武王。

這是柳下惠說的一番話。他反對臧文仲祭祀海鳥的荒唐行爲，以爲海鳥「非是族也，不在祀典」，且於國無功，不應祭祀，他列出黃帝、顓頊、帝嚳、堯、舜、禹、湯、周系列祖宗，認爲他們都是爲國爲民立有大功者，是爲民所瞻仰的聖君賢人，應當作爲國典加以祭祀，從而爲國爲民祈福。臧文仲信服其言，以爲「季子之言，不可不法也，使書以爲三策」，將柳下惠所說作爲法典寫在簡策之上。可知當時人就已相信黃帝、顓頊、帝嚳是華夏的祖先了⑳，堯舜禹湯周的古史系統先於孔子就已形成了。

屈原在辭賦中所稱道的古史系統並沒有超出柳下惠所說的範圍，與孔孟所宣傳的亦毫無二致。屈原謂自己是「帝高陽之苗裔」，他確信顓頊帝是楚人的祖先，絲毫沒有頌揚太陽神之意味。

在《離騷》的一開頭就提出自己的祖先來，這種寫法也並非毫無來歷。《荀子・禮論》曰：

> 禮有三本：天地者，性之本也；先祖者，類之本也；君師者，治之本也。無天地焉生，無先祖焉出？無君師焉治？

荀子的時代與屈原相差無幾，所說的道理屈原當然也是知道的，那麼他在詩中先述祖先，次及皇考也就不足爲怪。日本學者淺野通有的一段話頗有啓發性，謂：「所謂的自叙傳在散文中有，在滕文中也有，而《楚辭》的自叙傳是韻文。它大致上具有三個特點，首先是使用第一人稱的構思，其次是訴說和祖先之間的關係，再就是毫無保留地叙述自己的優點長處。」㉑淺野這裡所概括的三個特點，可謂語簡意賅，深中肯綮。《尚書・金縢》寫周公在武王生病時，願以身代武王，他築壇禱告，在冊文的祝詞中寫道：「惟爾元孫某，遘厲虐疾；若爾三王，是有丕子之責於天，以旦代某之身。予仁若考（孝），能多才多藝，能事鬼神。」便是一面表明與武王的兄弟關係，一面自誇仁孝才藝，完全具備以身替代的條件。在《離騷》中，詩人從祖先、皇考寫到自己的降生，從內美到外修，全面地誇說自己的德行，毫不掩飾，正是源自《尚書·金縢》的寫法。

荀子在《不苟篇》中說：「君子崇人之德，揚人之美，非諂諛也；正義直指，舉人之過，非毀疵也；言己之光美，擬於舜禹，參於天地，非誇誕也。」這段話幾乎可看作《離騷》的題解。《離騷》直接崇揚堯舜禹湯周的詩句多達十句：「彼堯舜之耿介兮，既遵道而得路。」「湯禹儼而祗敬兮，周論道而莫差。」「湯禹儼而求合兮，摯咎繇而能調。」「說操築於傅岩兮，武丁用而不疑。呂望之鼓刀兮，遭周文而得舉。」如將上下有關詩句包括在內，則數量更多。而在贊美他們的同時，詩人總是譴責夏桀、殷紂之「猖披」、「窘步」、「常違」等亡國亡身的倒行逆施。爲了重視先王的美政，詩人也自贊可與日月爭光的修能賢德，並揭露黨人「偷樂」、「貪婪」、「嫉妬」等惡行。總之，詩中出現的高陽、堯舜等等，詩人是將他們作爲祖先、先王的歷史人物來對待的，看不出有什麼太陽神的影子。而桀紂則是作爲堯舜等聖君明主的對立面引用的。在先秦的典籍中，將先王與桀紂加以正反對比，作爲歷史教訓的例子，多得不可勝數，亦非屈賦所獨創。《離騷》中的主人公就是以詩人自己爲原型的典型形象，有其明確的身分，他是被讒人詆毀，忠貞不二的、與楚王有血緣關係之臣，這種寫法是詩人在學習前賢的基礎上發展完善而成的。

在《離騷》、《天問》、《九章·惜誦》中多次提到的鯀，詩人以爲他是「婞直」而被帝堯誅殺的，因此爲其鳴不平，深表同情，與《尚書·堯典》所寫結局相同，而原因則有異，但先秦典籍對鯀之被誅已經有了不同的記載。《山海經·海內經》以爲當洪水滔天之時，鯀不待帝命「竊帝之息壤以堙洪水」，偷了帝堯的一種能夠不斷生長不耗滅的土壤去塡塞洪水，故帝堯便命令祝融把鯀殺死在羽郊。《韓非子・外儲三十四》則以爲：「堯欲傳天下於舜，鯀諫曰：『不祥哉，孰以天下而傳之匹夫乎？』堯不聽，舉兵而誅殺鯀於羽山之郊。」謂鯀直言反對帝堯把天下傳給舜，爲堯所殺。韓非時代在後，但其所記的故事是早就流傳於世的。這兩本書所記雖有差異，但在違背帝命這點上卻是一致的，屈原詩中所寫，當不出二書所載。鯀的故事在先秦各諸侯國，早已廣爲人知，不僅止於楚國一地。前面所引柳下惠便是將鯀與舜、禹等並列，作爲應予祭祀的祖宗神，「取其勤事而死也」㉒。有關鯀死後的歸宿在《左傳・昭公七年》中有一段故事：

> 鄭子產聘于晉，晉侯疾，韓宣子逆客，私焉曰：「寡君寢疾于今三月矣，并走群望，有加而無瘳。今夢黃熊入于寢門，其何厲鬼也？」對曰：「以君之明，子爲大政，其何厲之有？昔堯殛鯀于羽山，其神化爲黃熊以入于羽淵，實爲夏郊，三代祀之。晉爲盟主，其或者未之祀也乎？」韓子祀夏郊，晉侯有間，賜子產莒之二方鼎。

子產僅說「堯殛鯀於羽山」，至於爲什麼要殺鯀則沒有說明，這且不論，而子產說到鯀死後化爲黃熊之事卻是連《山海經》中也未見記載，故彌足珍貴。子產說鯀的神靈成爲夏代祭祀之神，而晉侯患病就是因爲沒有祭鯀所致，於是晉侯聽從子產之言，派韓宣子去祭祀，這才痊愈。《天問》有「阻窮西征，豈何越焉？化爲黃熊，巫何活焉」之言，所問之事與子產所說相同。子產是鄭國大臣，與柳下惠一樣也是將鯀當作祖先神來看待的，謂夏商周三代都祭祀他。如此看來，鯀不單是楚國的祖先，也是各諸侯國共同的祖先，晉國是諸侯國之一，當然也不得失禮，否則就會受到懲罰，久病不愈。以屈原爲代表的楚人心目中的鯀與春秋時期子產所說的鯀毫無分別。

先秦各國對待祭祀的態度是很嚴肅的，決不會當作兒戲。前所引魯國臧文仲欲祭海鳥，就被柳下惠批評，以爲不是同一族類，不可亂祭。這條禮法規則各國都是遵守的。《左傳·僖公十年》載晉國大臣狐突的話曰：「神不歆非類，民不祀非族。」《左傳·僖公三十一年》載衛國寧武子的話曰：「鬼神非其族類，不歆其祀。」他們的時代都早於子產，子產當然知道有這麼一條規則，他要晉侯祭祀鯀，就是承認他是共同的祖先，故必須按時祭祀，而並無祭祀太陽神以祈福、祈年之意。那麼屈原詩中的鯀怎麼會變成楚國敬仰的太陽神了呢？我以爲詩人一再提到鯀婞直身亡之事，與「荃不察余之中情兮，反信讒而齌怒」意思相通，責問堯賞罰不公，同情鯀之不幸，與自己受到的誣枉情形彷彿，因此屈原絲毫沒有將鯀當作太陽神的意思在內。

《左傳·襄公四年》載晉悼公之時，魏絳對晉悼公說到夏代一段權力鬥爭的故事：

> 昔有夏之方衰，后羿自鉏遷于窮石，因夏民以代夏政，恃其射也，不修民事，而淫于原獸，棄武羅、伯困、熊髡、尨圉，而用寒浞。寒浞，伯明氏之讒子弟也。伯明后寒棄之，夷羿收之，信而使之，以爲己相。浞行媚于內而施賂于外，愚弄其民，而虞羿于田，樹之詐慝，以取其國家。外內咸服。羿猶不悛。將歸自田，家眾殺而亨之，以食其子。其子不忍食諸，死于窮門。靡奔有鬲氏，浞因羿室，生澆及豷，恃其讒慝詐僞，而不德于民。使澆用師，滅斟灌及斟尋氏。處澆于過，處豷于戈。靡自有鬲氏收二國之燼，以滅浞而立少康。少康滅澆于過，后杼滅豷于戈。有窮由是遂亡，失人故也。

謂后羿代夏爲政，仗著會射箭，不修民事，信用寒浞爲相。羿終日沉湎于游獵，浞則愚弄其民，慫恿家衆殺羿，並將其烹煮。寒浞占有羿妻，生子澆與豷，後來少康滅澆，少康之子滅豷，使夏政得以復興。當時晉悼公也喜歡打獵，魏絳引《夏書》這段故事進行諷諫，說明國君不修德政就有滅亡的危險。後來的伍子胥也說到少康娶二姚爲妻，布德服衆，終於復國，使夏政中興之事，用以勸諫吳王夫差㉓。屈原在《離騷》中用十四句詩列舉夏啓縱樂、五子內哄、后羿淫游、寒浞殺羿、有澆縱欲、夏桀亡國等故事，說明「亂流其鮮終」的道理。《天問》中從后羿至夏桀，共有二十八句之多，雖然全用提問式來寫，但比《離騷》更詳盡地寫出了其間爭鬥的過程，以問代答，清楚地表明失道者亡、得道者昌的治國之道，與《離騷》「固亂流其鮮終」的意思一脈相通。

從以上例子可見在春秋時期，各諸侯國公認顓頊、堯舜、鯀禹等先王爲共同的祖先，以桀紂荒淫失國爲前車之鑑，楚國君臣亦有此共識，故屈原詩篇所云先王得道和桀紂失國也正是這種認識的形象體現。如果以爲《離騷》以太陽爲題材，是太陽神頌歌，而詩人是太陽神之後裔，那麼就必須以同一標準來評價柳下惠、子產、魏絳等的話，除非他們所說並無政治意義，而只是在那裡贊頌太陽神，魯國、鄭國、晉國等大臣也只是太陽神圖騰的崇拜者而已。

三、《離騷》是性崇拜嗎

從《離騷》太陽神說派生出來的另一說法，以爲《離騷》寫的是「一個古老的性愛母題」，詩人是「太陽神的苗裔」，三次求女是「性崇拜」，表現了「陰陽交媾觀」，佩帶花草是爲了「滋陰壯陽，有益生殖」，這一切都是「在歌頌一種偉大的性力，即生殖繁衍能力」，因此，「這是一種性崇拜」。㉔似乎《離騷》的字裡行間無往而非性，是以詩歌形式寫出來的房中術。

按照這種邏輯來推衍，是否凡書中出現花草蟲魚、陰陽女性之類便都是性崇拜呢？這樣的話，我們似乎也可以從諸子的論著中找出例子來，從而把它們納入「性崇拜」的行列。如《論語》中有接輿高唱「鳳兮鳳兮」之歌，不就是一種性崇拜嗎？因爲近人早就論定先秦有以鳥、魚之類來象徵性的習慣，那麼孔子所說的「鳳鳥不至」、「逝者如斯」，是否在嘆息自己的性無能，於是便只好飲酒吃肉來「滋陰壯陽」呢？至於孟子說什麼「不孝有三，無後爲大」則似更是性崇拜的具體例證了。如此說來，好像沒有什麼著作能夠擺脫一個性字了。難道能如此簡單地不看對象、不問作品的實際、不管時代和作家的思想，就貿然地得出這樣的結論嗎？顯然是不行的。

確實，世上有關性愛的文學作品車載斗量，難以數計。我國第一部詩歌總集《詩經》中，據近人考證研究，就有相當多的詩記載了男女間較原始的性愛習俗和場景，其中有些代表性愛的隱語一直流傳在民間。這些流傳在三千年前的民歌雖經後人編纂潤色，仍然保留了原始的風貌。但是距離《詩經》時代已有七八個世紀之久的戰國末年，生活在楚國的屈原，以其貴族後裔的高度文化教養，除了接受南北民歌的優良傳統之外，在思想風貌上已不可同日而語。即使是描寫愛情傳說的《九歌》，雖然具有濃郁的祭歌與民歌的風味，也是婉轉有致，若隱若現，朦朧恍惚，富於詩情畫意，不像風詩那麼直露赤裸。至於《離騷》，分明與詩人本人的生活遭遇、愛憎感情密切相關，他爲什麼以太陽神自居？又爲什麼要歌頌生殖能力以繁衍子孫？楚國衰敗的症結何在？是楚國人口稀少需要繁衍嗎？是楚王沒有後代需要祈子嗎？

比屈原晚生幾十年的韓非在《五蠹》篇中對人口問題有過一

段驚世駭俗之論，曰：「今人有五子不爲多，子又有五子，大父未死而有二十五孫，是以人民衆而貨財寡，事力勞而供養薄，故民爭，雖倍賞累罰而不免於亂。」韓非以爲人口繁殖過快會造成窮困禍亂，所論雖然沒有擊中要害，但較之孟子「無後爲大」的杞人憂天之論來，不知要高明多少倍。生在孟子和韓非之間的屈原在多方面深受孟子的影響，還不至於爲繁衍人口、爲提高國人的生殖能力而奔走呼號吧，除非有足夠的證據說明屈原是專門從事祭祀的巫師，或者他的思想水平尚處在《詩經・大雅・生民》所反映的那個原始的時代。

當時的楚國在戰國七雄中，土地最大，人口最多，帶甲之兵有一百萬，連秦將白起也說「是時楚王恃其國大」㉕。懷王時接連打了幾個敗仗，死傷士兵數以萬計，但對於楚國來說，遠未瀕臨兵員稀少的境地。試看幾十年後秦始皇開頭用李信帶兵二十萬攻楚，未能取勝，後來起用老將王翦率軍六十萬，費了九牛二虎之力才終於消滅楚國，可見以爲屈原在詩中千方百計歌頌生殖能力，實在缺少現實根據。至於楚懷王的子嗣，除了子蘭之外，還有太子橫，就是後來即位的頃襄王，已是後繼有人，還有什麼必要再去求子嗣呢？那麼是詩人自己需要祈子嗎？也不對，因爲屈原有兒有女（據《長沙府志》，其女名綉英；《蘄州志》謂其子死後爲「黑神」），無有絕嗣之虞。

如果詩人眞的在作品中表現性崇拜的話，那爲什麼要反覆傾訴楚王「信讒」、「數化」、「不悟」，又一再揭露黨人「貪婪」、「馳騖」、「嫉妒」呢？爲什麼如此痛恨讒人，爲什麼贊美堯舜禹湯周？又爲什麼揭露「忠不必用兮，賢不必以」㉖、「變白以爲黑兮，倒上以爲下」㉗、「讒人高張，賢士無名」㉘等醜惡現實？爲什麼希望「國富強而法立」㉙，甚至願爲國而「體解」、

「九死其猶未悔」呢？難道這些都與太陽神有關，與性愛有關嗎？莫非堯舜禹湯等都是生殖之神，而桀紂都是性無能的祖宗嗎？

爲了證成性崇拜說，論者據《本草綱目》所載，認爲《離騷》中所寫的江離、僻芷、秋蘭、留夷、薛荔、芙蓉等香草皆「具有滋陰壯陽、有益生殖的特殊功能」㉚。所論異想天開，令人瞠目結舌！

屈原引用這些草類眞是著重於它們的性效用嗎？果如所論，那麼《離騷》中與蘭蕙等處於對立地位的茅、艾、菉葹等應如何理解，它們都是抑制性功能的草類嗎？詩中這些句子怎麼理解呢：

> 民好惡其不同兮，惟此黨人其獨異。戶服艾以盈要兮，謂幽蘭其不可佩。
>
> 蘭芷變而不芳兮，荃蕙化而爲茅。何昔日之芳草兮，今直爲此蕭艾也？豈其有他故兮，莫好修之害也。

這些詩句清楚地表明蘭芷荃蕙爲芳草，而蕭艾與茅草則爲惡草，由於芳草不肯修養保持其高潔芬芳，故墮落與惡草爲伍，與它們同流合污。

如果不作這樣解釋，何妨也來仿效性崇拜說，也來查閱《本草綱目》，看看茅草、菉葹、蕭艾的藥性如何，是否與蘭蕙等是不同的異類。

先看茅草，李時珍指出其爲「婦人良方」，茅根可治「婦人月經不勻」。與芙蓉主治「漏胎下血」，秋蘭「調月經」具有同樣的醫療價值。而「婦人良方」四個字分量不輕，似比芙蓉、秋蘭更勝一籌。再看菉葹。《離騷》有「薋菉葹以盈室兮，判獨離而不服」句，菉葹被公認爲惡草，至今未見有人把它們列入芳草的名單。菉與葹是兩種草，葹草便是《詩經．周南．卷耳》所寫的卷耳，又名枲耳，《本草綱目》謂其「葉搗絞汁溫服」，可治

「產後諸痢」，其果實「可救飢」，其子「可作燒餅食，亦可熬油點燈」。按照《本草綱目》所寫，實在沒有理由將它們列爲惡草，因爲它們不僅可治婦女病，還可在荒年起到活命的作用！

再來看艾草，其藥性之好簡直是《離騷》中所有草類所難以企及的。《本草綱目》謂其無論煎汁還是晒乾均有妙用，幾乎可包治百病，如：「炙百病，可煎服，止吐血下痢」、「婦人漏血」、「使人有子」、「治帶下」、「妊娠風寒」、「妊娠下血」、「妊娠胎動」、「婦人崩中」、「產後瀉血」、「產後腹痛」、「婦人面瘡」等等。艾草渾身是寶，艾實可用爲「明目」、「壯陽」、「暖子宮」。艾子與乾薑拌和可治「百惡氣，其鬼神速走出」。有一種千年艾煎服，更可治「男子虛寒，婦人血氣諸痛」。試加比較，屈原眞要是性崇拜，需要滋陰壯陽、有益生殖的話，那麼艾當是第一號首選藥，而且男女咸宜，《離騷》中挑得出第二種草來與之抗衡嗎？直到今天，中醫以針炙著稱，就是指用金針刺激與艾絨薰灼人體的經絡穴位以治病，不僅在中國本土綿延數千年，而且遠播全球，有聲譽日隆之勢。艾還另有妙用也應一提，宗懍《荊楚歲時記》：

> 五月五日，四民並蹋百草，又有斗百草之戲。采艾以爲人，懸門户上，以禳毒氣。

端午節將艾草扎成人的模樣懸掛在門上，可消毒氣驅鬼神保平安，至今仍流行於民間，這更非其他芳草所能比擬。從草的藥性來衡量《離騷》中所寫草類，眞該爲茅艾平反，譴責屈原無端貶低委屈它們爲惡草才是。但誰都知道這樣做是荒謬的，與詩意背道而馳，會造成新的冤案。詩人將它們寫入詩中，使它們成爲詩篇形象的組成部分，決不可能是從它們的藥性爲出發點的。屈原不是醫生，不是在開什麼治療性無能的藥方。如果一定要說是治病開方子也未嘗不可，他是針對楚國的衰敗開出振興朝政的藥方。楚政黑暗的關鍵在於「哲王不悟」，不能識別忠奸，不能舉賢授能，不能實行美政。而一班黨人則既互相勾結陷害忠臣，又貪婪偷樂，馳鶩追逐，無惡不作，使國家陷於衰敗之地。治療之方，就是反其道而行之，效法先王之美政，以桀紂爲前車之鑑，用賢服善，如此則楚國大有希望，振興有日。

持性崇拜論者對此置之不顧，一心將詩意納入性的範疇，以爲屈原處處追求滋陰補陽之房中術以期繁衍子嗣，這正如方枘而圓鑿，格格難入，怎麼都說不通。凡作品中有花草禽鳥美人之類，就與性愛聯繫起來，都成爲最原始的性崇拜，那還得了！需知「一陰一陽之謂道」，世上萬物非陰即陽，百草均可入藥，不是有利於陰，就是有利於陽，或者藥性中和，男女咸宜。可惜的是，屈原不是闡釋易理，也不是寫類似《本草綱目》一類的醫書，他是在創作詩篇，有其明確的寫作意圖和題旨，他是有高度文化教養的貴族後裔，是歷經政治磨難的逐臣。他的辭賦體現了當時所能達到的最高藝術成就，也是當時華夏文明的最高標志，根本不是什麼原始文化的記錄，或是什麼「遠古的記憶」的記錄。

詩人寫詩時，李時珍的大著遠未問世，要比屈原晚一千多年。先秦時對百草的藥性尚缺少系統的總結，而針灸倒是很風行的，扁鵲就是戰國時的名醫，就是靠針灸救活許多病人的。照此說來，屈原爲什麼不歌頌艾的功效呢，艾不是可以「使人有子」，能治不育之症嗎？我以爲詩人將芳草與惡草對立，將荃蕙與茅艾視作兩類不同的草，正如王逸指出的是「引類譬喻」、「善鳥香草，以配忠貞；惡禽臭物，以比讒佞」㉛。他從表現手法著眼加以歸納，是符合詩歌創作規律的。反之，就無法解釋前面所提到的矛盾，即艾作爲首選藥物在作品中卻成爲反面憎惡的對象。詩人以蘭蕙代表高潔，是取其香味濃郁、高雅宜人的特點，以茅艾代表惡濁，是取其多生於荒野之地爲人所不喜的特點，如此而已，豈有他哉！

如上所說，《離騷》性崇拜之說是不能成立的。

四、先秦諸侯國均重祭祀

再次是有關巫風問題。論者莫不以爲楚國巫風獨盛，尤其是楚懷王更烈於其他諸侯國，確實，有關記載不少，如：

《呂氏春秋・異寶》曰：

荊人畏鬼，而越人信禨。

《漢書・地理志》曰：

楚……信巫鬼，重淫祀。

《漢書・郊祀志下》：

谷永說上曰：「……楚懷王隆祭祀，事鬼神，欲以獲福助卻秦師，而兵挫地削，身辱國危。」

可見楚國巫祀之盛況。然而這是只知其一不知其二，巫祀之風不僅楚國爲盛，其他各國亦莫不如此，可以認爲這是各諸侯國的共同之處。前面所引柳下惠、子產等都不是楚人，而是魯、鄭、晉等中原人，而柳下惠所說的必須祭祀自黃帝至周文王的話更有代表性。有關祭祀的原因和祭祀的對象，《禮記・祭法》概括曰：「夫聖王之制祭祀也，法施於民，則祀之；以死勤事，則祀之；以勞定國，則祀之；能御大災，則祀之；能捍大患，則祀之。」根據這些原則，故自黃帝至周代的聖賢均爲祭祀對象，此外，尙有「日月星辰，民所瞻仰也；山林川谷丘陵，民所取材用也」，亦在祭祀之列。所說與柳下惠之言略同。至於如何祭祀，也有嚴格的等級制度，不能隨心所欲。魯僖公三十一年，魯君進行郊祀，就被認爲不合禮法，「魯郊非禮也」，因爲「天子祭天，諸侯祭土」㉜，魯君以諸侯的等級只能祭土，郊祀是祭天，當然屬於僭越之舉。《漢書·郊祀志》將先秦奉行的祭法概括爲：

天子祭天下名山大川，懷柔百姓，咸秩無文。五岳視三公、四瀆視諸侯。而諸侯祭其疆內名山大川，大夫祭門、戶、井、灶、中霤五祀，士庶人祀考而已。各有典禮，而淫祀有禁。

這裡具體規定天子、三公、諸侯、大夫、士庶各有祭祀的範圍，不能僭越，否則，便稱爲「淫祀」。《國語·楚語下》中觀射父對答楚昭王問時，早就說到祭祀的這種等級區別：「天子遍祀群神品物，諸侯祀天地三辰，及其土之三川，卿大夫祀其禮，士庶人不過其祖。」從這段話可知楚國一向就遵守先王所制定的祭祀制度。楚莊王就是嚴格遵守這種制度的模範。記載了不少先秦史實傳聞的《韓詩外傳》卷三曰：

楚莊王寢疾，卜之，曰：「河爲崇。」大夫曰：「請用牲。」莊王曰：「止。古者，聖王制祭不過望，睢、漳、江漢，楚之望也，寡人雖不德，河非所獲罪也。」遂不祭，三日而疾有瘳。孔子聞之，曰：「楚莊王之霸，其有方矣。制節守職，反身不貳，其霸不亦宜乎！」

楚莊王嚴守諸侯只能祭祀國境內山川的規定，認爲黃河不屬楚境，故哪怕得病也不肯僭越去祭河。後來楚昭王生病時也遵守祭典而不肯祭河㉝。這兩代楚君都得到了孔子的贊賞。祭典不僅按等級規定祭祀的範圍，而且連祭物也有等級區別。《國語·楚語下》曰：

屈到嗜芰。有疾，召其宗老而屬之，曰：「祭我必以芰。」及祥，宗老將荐芰，屈建命去之。老曰：「夫子屬之。」

> 子木曰：「不然。夫子承楚國之故，其法刑在民心，而藏在王府，上之可以比先王，下之可以訓後世。雖微楚國，諸侯莫不譽。其祭典有之曰：國君有牛享，大夫有羊饋，士有豚犬之奠，庶人有魚炙之荐，籩豆脯醢，則上下共之，不羞珍異，不陳庶侈，夫子不以私欲干國之典。」遂不用。

屈到是屈原的祖先，楚康王時任莫敖，因酷好菱角㉞，臨終時囑咐家臣要用菱角來祭他，家臣準備照做，但屈到之子屈建反對，仍主張按國典，也就是按國君、大夫、士庶等級規定的祭物來祭祀，不能從個人的欲望出發而違背國典，所以不聽父命。這件事與晉國大臣魏顆不聽其父臨終以愛妾殉葬之囑，而是取其父生前之語改嫁其父妾㉟，兩者間有異曲同工之處。

有意思的是楚懷王與秦作戰時，希望通過隆祭祀事鬼神以卻秦師，而楚的敵國秦亦用同樣的辦法來為自己一方祈福。《秦詛楚文》便是一個顯例。據郭沫若和姜亮夫考釋，謂此文係秦昭王令宗祝詛咒楚懷王違背盟約，屢次引六國之兵侵秦，故請求皇天上帝及巫咸等神靈保佑秦師，收復失地，打敗楚師㊱。楚懷王當時是怎樣祈求「獲福佑、卻秦師」的，由於缺乏實物為證，不甚了然，而秦昭王詛咒楚懷王、祈求皇天上帝降福，則為後人提供了秦人亦頗重「淫祀」之實例。其實敵對雙方作戰時以祀神來祈福，早在春秋時就習以為常了，因為「國之大事，在祀與戎」㊲，祭祀與打仗並列作為國家大事，故春秋六大戰役中無不有卜卦、問神、夢鬼等情事的記載。到了戰國衰世，此風益烈。祭祀皇天上帝本是天子的專利，而戰國時代各國早已藐視周天子的存在，故不守祭祀之典亦不足為奇，但秦昭王擅自祀天總應算在「淫祀」之列。不過到秦始皇統一中國後，封禪泰山卻只能是皇帝的專權，未見有其他任何臣下敢於犯此大禁忌的，這是時代不同，封建中央集權制已經確立的表現。

那麼，怎樣來理解屈原作品中所表現出來的濃厚的巫風呢？《離騷》中有與女嬃、靈氛、巫咸的答對，《招魂》中請求巫陽招魂，《卜居》中與鄭詹尹問難，《九歌》則爲祭神之樂歌，《天問》的種種提問多具占卜形式等等，神靈鬼怪無所不包，而這些則構成了楚辭獨特的風貌。其實這也是不難理解的。郭沫若在《屈原研究》裡分析思想家與藝術家的差異，以爲藝術家以形象反映生活，往往沿用習慣上的東西，雖然明知其並不科學。說得極是。屈原一方面在思想上尊崇先王的美政，作爲改革楚國弊政的榜樣，另方面修治個人的品德，用以對抗時俗的污染，同時在藝術表現形式和表現手法上吸取民歌的營養，由於他長期放逐，漂泊民間，自然深受民歌熏陶。如果說屈賦中有某些「遠古記憶」的印迹，那首先是民歌中遺存大量的遠古記憶，保留大量的民風習俗，而且其生命力之強、影響之深遠往往令人驚詫，這對於有敏銳的藝術感受力的詩人來說，當然是取之不盡、用之不竭的寶庫。詩人在創作時吸取當時人們所熟知的現成的材料和形式爲自己所用，有一個藝術化和去蕪取精的過程，每篇作品均有其明確的題旨。如對《離騷》，不管人們在理解上有多麼大的差異，但對司馬遷在《屈原本傳》中所說的話還是信服的：「屈平疾王聽之不聰也，讒諂之蔽明也，邪曲之害公也，方正之不容也，故憂愁幽思而作《離騷》。」這段話也就是詩人在《惜誦》中所說的「發憤以抒情」的意思，詩人就是痛恨於楚王之昏庸，讒人之邪惡，自己的忠而被謗，信而見疑，故發抒內心之憤懣愁思而爲詩篇。除此之外，怎能理解詩中噴薄而出的強烈的愛憎呢？似乎至今尙無強有力的高論能夠推倒屈原的自述和司馬遷之說，因爲他們說的話確實符合詩篇的實際。《離騷》中所引先王、傳說、風雲雷電等等無不是表現思想感情的一種藝術手段。如果說其中有一些與原始太陽神圖騰有關，那也只是用來寫出光明與邪惡的鬥爭，美善與醜惡的對比，以突出詩人對理想的追求，正如司馬遷所說的那樣：「上稱帝嚳，下道齊桓，中述湯武，以刺世事。」㊳

又如對《九歌》的理解，最有說服力的仍然是王逸之注：「九歌者，屈原之所作也。昔楚國南郢之邑、沅湘之間，其俗信鬼而好祠，其初必作歌樂鼓舞以樂諸神。」他指出《九歌》成因之二大要素，一是楚地之巫風，二是創作權歸屈原。他雖未說及屈原創作加工的情況，但既然承認其爲「屈原之所作」，自然就含有作者個人的心血在內，而不是將其當作原始記錄來看待。這二大要素不能缺一，否則就不會有現存的《九歌》。保存神話傳說最多的《天問》，先問天地山川、日月星辰等自然之謎，後問夏商周三代興衰之迹。不論有關自然之謎尚有多少未曾解開，但此篇之重點肯定是歷史的教訓，而不是單純的神話傳說的記錄，與《山海經》一類書之客觀實錄迥然有別。何況其所用的夏商周材料與《離騷》所寫別無二致，這是形象思維與理性思考緊密結合的產物。尤其要指出的是對楚國的歷史著重自靈王至昭王一段，指名道姓的先賢只提一個人，那就是楚成王的令尹子文，將他放在篇末，意味實在深長。結尾四句曰：「何環穿自閭社丘陵，爰出子文？吾（語）告堵敖以不長，何試（誠）上自予（紓），忠名彌彰？」據林庚《天問論箋》考證，這裡說的是子文毀家紓難，輔助成王興楚之事，所論深中肯綮。前兩句指子文具有傳奇色彩之出生，與《左傳・宣公四年》所載相同：

初，若敖娶于䢵，生鬭伯比。若敖卒，從其母畜于䢵，淫于䢵子之女，生子文焉。䢵夫人使棄諸夢中，虎乳之。䢵子田，見之，懼而歸，夫人以告。遂使收之。楚人謂乳「穀」，謂虎「於菟」，故命之曰「斗穀於菟」，以其女妻伯比，實為令尹子文。

謂子文係其父鬬伯比與䢵君之女私通所生，因爲被丟在雲夢澤中吃老虎的奶活了下來，所以名叫斗穀於菟，後來成爲楚成王的令尹。

《天問》結末兩句謂子文告訴成王應以其兄堵敖爲王時間不長作爲借鑑，故終於使楚國大治，子文因而得以忠名昭著永留史冊。《左傳》中對子文如何治國有簡略的交代：「自毀其家，以紓楚國之難。」㊴《國語·楚語下》對其爲人有一段記載：

昔鬬子文三舍令尹，無一日之積，恤民之故也。成王聞子文之朝不及夕也，於是乎每朝設脯一束，糗一筐，以羞子文。至於今令尹秩之。成王每出子文之祿，必逃，王止而後復。人謂子文曰：「人生求富，而子逃之，何也？」對曰：「夫從政者，以庇民也，民多曠也，而我取富焉，是勤民以自封，死無日矣。我逃死，非逃富也。」

謂子文從政不求個人爵祿，而是兢兢業業，家無餘財，處處以百姓的溫飽爲念，他不肯接受成王的厚賜，謙稱是「逃死」而已，其高潔之志操於此可見。對楚成王時的盛況，《史記·楚世家》謂：「於是楚地千里。十六年齊桓公以兵侵至陘山，楚成王使將軍屈完以兵禦之，與齊桓公盟。」屈原的祖先屈完以一席義正詞嚴的話語說退齊桓公與管仲問罪之師，使其與楚立盟而還，這件事影響極大。成王時楚勢強盛，爲其後莊王的霸業奠定了基礎，其首功應歸於子文之克己奉公與無私的奉獻。屈原在《天問》中特地用他來作結尾，其意就是寄希望於楚王，應對自己給予信任，知過必改，則振興楚政還是很有希望的。詩人的積極用心與期待之意難道不是很清楚地表現出來了嗎？

春秋後期楚國文化盡管早已與華夏文明融爲一體，而社會上包括朝廷和民間卻仍然盛行巫風，屈原生活其間，運用現成的藝術形式和廣泛流傳的神話傳說作爲表現手段，因而其作品保存了不少遠古的足印。而其他諸侯國則沒有如此幸運，他們未能誕生如屈原這樣偉大的作家，因此後人無從窺見其風貌特色，於是巫祀之風就成爲楚國的特產了。這樣說並無抹煞楚辭所反映的楚事、楚地、楚語、楚聲等地方特徵之意，而是說不能過分強調楚辭的差異，而漠視其與中原文化相同之面，尤其不應將詩人融會吸收楚地習俗的詩歌創作混同於原始文化、遠古記憶的實錄。文明與原始在文學藝術中並不是互相排斥的，相反地是互相滲透的，還因此使作品更爲光彩奪目。一部文學史不知有多少偉大的文學家都是這樣做的，而作爲我國文學史上第一位出現的文學家老祖宗的屈原首開其端，這正是其偉大卓越之處。

綜上所述，竊以爲屈原是運用神話傳說作爲詩歌的表現手段，形象地突現作品的題旨，反映其理想、追求和愛憎，而不是在創作神話，也不是在記錄神話。正由於不是有意地創作或記錄神話，而是在進行詩歌創作，所以保存在屈賦中的神話傳說就不那麼系統和完整。後人可以根據其中的片斷來研究太陽神崇拜的原始面貌，但決不能因此而斷定詩作的主旨是在歌頌什麼原始圖騰，這是極大的誤解，似乎離題太遠了！

【附　註】

① 司馬遷《史記・屈原列傳》：「離騷者，猶離憂也。」班固《離騷贊序》：「離，猶遭也；騷，憂也。」

② 王逸《楚辭章句》卷一：「離，別也；騷，愁。」「記放逐離別，

中心愁思。」③　《漢書·揚雄傳》：「旁《惜誦》以下至《懷沙》一卷，名曰《畔牢愁》。」韋昭訓爲「牢騷」。

④　游國恩《楚辭概論》：「《離騷》乃是楚國當時的一種曲名。」

⑤　《李嘉言古典文學論文集·〈離騷〉叢說》：「《離騷》即離開騷那個地方。」「《離騷》爲離開蒲騷。」

⑥　《一曲太陽家族的悲劇》，《求索》1987年第5期。《論〈離騷〉自我形象的太陽神性》，《陰山學刊》1990年第1期。《〈離騷〉異質同構說》，《北京大學研究生學刊》1990年第1期。

⑦　見《左傳·昭公十二年》。

⑧　見《左傳·昭公七年》。

⑨　見《左傳·昭公十二年》。

⑩　見《史記·仲尼弟子列傳》。

⑪　見《史記·楚世家》、《說苑·雜言》。

⑫　見《史記·仲尼弟子列傳》。

⑬　見《左傳·襄公二十六年》。

⑭⑯⑰　見《孟子·滕文公上》。

⑮　見《史記·孟子荀卿列傳》。

⑱　見劉勰《文心雕龍·辨騷篇》。

⑲　見郭沫若《屈原研究》。

⑳　見范文瀾《中國通史簡編》第1冊。

㉑　見馬茂元主編《楚辭資料海外編·關於〈楚辭〉的座談會》。

㉒　見韋昭注《國語·魯語上》。

㉓　見《左傳·哀公元年》。

㉔　參見《〈離騷〉異質同構說》，《北京大學研究生學刊》1990年第1期。

㉕　見《戰國策·中山策》。

㉖ 見《涉江》。

㉗ 見《懷沙》。

㉘ 見《卜居》。

㉙ 見《惜往日》。

㉚ 見《〈離騷〉異質同構說》，《北京大學研究生學刊》1990年第1期。

㉛ 見《楚辭章句》卷一。

㉜ 見《春秋公羊傳》。

㉝ 見《左傳・哀公六年》。

㉞ 參見吳仁杰《離騷草木疏》卷一「芰」曰：「《字林》：楚人名菱曰芰，可食。《國語》屈到所嗜，俗云菱角是也。」

㉟ 見《左傳・宣公十四年》。

㊱ 參見《郭沫若全集考古編・詛楚文考釋》、姜亮夫《楚辭學論文集・秦詛楚文考釋》。

㊲ 見《左傳・成公十三年》。

㊳ 見《史記・屈原列傳》。

㊴ 見《左傳・莊公三十年》。

「離騷」是「離別蒲騷」嗎？

李嘉言釋「離騷」爲「離開騷那個地方」。謂騷，指地名蒲騷，以爲屈原「在漢北時很可能住在蒲騷。《離騷》應是當他離別蒲騷時所作」①。但這只是一種推測，他並沒有提供具體的論據。隨後有王廷洽在《〈離騷〉題義新解》中進而加以具體論說②，他認爲屈原作品中有《涉江》、《哀郢》和《懷沙》三篇，其題目均爲動賓詞組，地名取省稱，即涉江爲渡過長江，哀郢爲哀傷郢都，懷沙爲懷念長沙，故離騷亦可類推爲離開蒲騷之意，並引用《左傳》的記載，斷定蒲騷爲屈原之故鄉，故離騷也就是告別故鄉。這種說法距離史實過遠，需要認眞考查一番。

王廷洽引用《左傳》有關屈瑕的事迹後，得出結論說：「從這一事實中我們可以推想，屈原的祖先屈瑕因爲在蒲騷打了大勝仗，楚王就把蒲騷封賞給他，或讓他駐守在那裡，或者說楚武王爲了表彰屈瑕的功績，就把他的屍體葬在蒲騷，並且建立祠廟來紀念他。……在詩人屈原看來，那裡便是自己的故鄉。」爲了弄清事實，有必要把《左傳》有關屈瑕的文字引錄於下，《桓公十一年》載：

> 春，楚屈瑕將盟貳、軫。鄖人軍于蒲騷，將與隨、絞、州、蓼伐楚師，莫敖患之。鬬廉曰：「鄖人軍其郊，必不誡，且日虞四邑之至也。君次于郊郢以御四邑，我以銳師宵加于鄖，鄖有虞心而恃其城，莫有鬥志，若敗鄖師，四邑必離。」莫敖曰：「盍請濟師于王？」對曰：「師克在和，

不在眾，商周之不敵，君之所聞也。成軍以出，又何濟焉？」莫敖曰：「卜之。」對曰：「卜以決疑，不疑何卜？」遂敗鄖師于蒲騷，卒盟而還。

《桓公十二年》載：

秋，楚伐絞，軍其南門。莫敖屈瑕曰：「絞小而輕，輕則寡謀，請無扞采樵者以誘之。」從之，絞人獲三十人。明日，絞人爭出，驅楚役徒于山中，楚人坐其北門，而覆諸山下，大敗之。爲城下之盟而還。

這裡，首先需要弄清楚的問題是屈瑕到底有多大的戰功。在蒲騷之役中起主要作用的是誰？顯然是鬬廉而非屈瑕。屈瑕先是爲鄖國與隨、絞、州、蓼四國的聯盟而擔憂（「莫敖患之」），繼而欲向楚王求援（「盍請濟師於王」），末了又要占吉凶（「卜之」），可見他對此役毫無把握。而鬬廉，則從敵我雙方的心理狀態、作戰條件等等一一予以剖析，可謂知己知彼，胸有成竹，頗有軍事家的膽識。最後的結果確實不出其所料。如果這一仗沒有鬬廉的話，則其結果難以設想。文中「遂敗鄖師於蒲騷」句，主語省略，如加以補足，顯然主語應是鬬廉。從鬬廉說的「君次于郊郢以禦四邑，我以鋭師宵加於鄖」來看，打鄖人的分明是鬬廉，而屈瑕的任務是與貳、軫兩國會盟，所以有的書上將這一段的標題稱爲「鬬廉敗隕師」③，有的書上將此句譯爲「鬬廉擊敗了鄖國軍隊於蒲騷」④。當然，如譯作「屈瑕和鬬廉在蒲騷打敗了鄖人」亦無不可。但無論怎樣理解，這次勝仗主要歸功於鬬廉而非屈瑕卻是不可抹殺的事實。

屈瑕的戰功主要表現在戰勝絞人之役上。他利用絞人國土狹小，國人浮躁以及無謀的弱點，設計打敗絞人，班師回國。

由於在絞國打了勝仗，屈瑕在後來的伐羅之役中輕敵驕傲，剛愎自用，終於遭到了慘敗，在荒谷自縊身亡。《左傳・桓公十三年》載：

> 春，楚屈瑕伐羅，鬬伯比送之。還，謂其御曰：「莫敖必敗。舉趾高，心不固矣。」遂見楚子曰：「必濟師。」楚子辭焉，入告夫人鄧曼。鄧曼曰：「大夫其非眾之謂。其謂君撫小民以信，訓諸司以德，而威莫敖以刑也。莫敖狃于蒲騷之役，將自用也，必小羅，君若不鎮撫，其不設備乎？夫固謂君訓眾而好鎮撫之，召諸司而勸之以令德，見莫敖而告諸天之不假易也，不然，夫豈不知楚師之盡行也。」楚子使賴人追之，不及。莫敖使徇于師曰：「諫者有刑。」及鄢，亂次以濟。遂無次，且不設備。及羅，羅與盧戎兩軍之，大敗之，莫敖縊于荒谷，群帥囚于冶父，以聽刑。楚子曰：「孤之罪也。」皆免之。

蒲騷之役中有鬬廉為屈瑕釋疑解惑，並且打頭陣，這才取得勝利，勝利果實當然歸他這個主帥所獨享了。再加上伐絞之得勝，他便更加驕傲起來，在外表舉止上就顯得趾高氣揚了。這次伐羅他甚至發布命令不准手下進諫，否則即處以極刑。他是楚武王的兒子，又是統帥，挾兩次作戰得勝之威，誰敢冒死進諫？只好由他去獨斷專行。難怪出征之初鬬伯比就從他的背影看出了不祥之兆，情不自禁地告訴趕車的御者，又趕緊請求楚武王給予支援。連楚武王的夫人鄧曼也知道屈瑕為了伐羅之勝而驕傲輕敵，如此去指揮是很危險的。及至楚武王明白過來，派人去追，為時已晚。果然，楚師在渡鄢河時亂了陣腳，又毫無防備，終於為羅國與盧戎兩軍夾擊，一敗塗地。一個志得意滿的人到了這步田地就只能自殺了。嚴格地說，屈瑕的功與過相比，恐怕還是過大於功呢！根據這些事實，《新解》怎麼會得出「屈瑕因為在蒲騷打了大勝仗，楚王就把蒲騷封賞給他，或讓他駐守在那裡，或者說楚武王爲了表彰屈瑕的功績，就把他的屍體葬在蒲騷，並且建立祠廟來紀念他」的「推想」呢？屈瑕因戰敗而自殺，談不上「以死勤事」、「以勞定國」，楚武王憑什麼要「建立祠廟來紀念他」呢？實在不可思議。後來在城濮之戰中打了敗仗的楚軍統帥子玉也因戰敗而自殺，他也曾屢建戰功，子文就是因爲子玉「帥師伐陳」有功，而讓他代替自己爲令尹的；他還曾「帥師滅夔」，戰功卓著，遠勝屈瑕。照《新解》的邏輯推理，也應該「建立祠廟來紀念他」了，可是未見記載，難下斷語。可以這樣說，春秋時期並無打了敗仗還要加以「紀念」的實例，倒是有打了敗仗而引咎自責的高明之君。楚武王對這次失敗責怪爲「孤之罪」，因事先沒有告誡屈瑕，後來的秦穆公在殽之戰中因不聽蹇叔之諫而使秦軍被打敗，他也作了沉痛的自責。這兩位國君都有反躬自省的精神，不失爲明主。

由於《左傳》中沒有記載屈瑕死後如何安葬，葬在何處等，人們難免會發揮想象加以推測，但是推測總要有所根據。否則，必然是站不住腳的。

其次要弄清的是蒲騷的歸屬問題。蒲騷原非楚地，而是鄖國地名，在今湖北省應城西北。隕國爲子爵之國，故地在今湖北省安陸縣境，後爲楚國所滅，成爲楚國的土地。那麼，鄖國何時亡於楚？蒲騷是否爲屈瑕的封地？楚滅鄖的確切時間已不可考，但是這一次蒲騷之役似尚未滅掉鄖國，也沒有占領蒲騷，因爲屈瑕最後是「卒盟而還」。作者沒有交代有否駐軍，更沒有寫楚武王將其封賞給屈瑕。按照事實，我們前面已指出此次戰役得以勝利主要歸功於鬬廉，楚武王作爲楚國歷史上第一位稱王的國君，還不至於分不清功績的主次而隨便封賞屈瑕的。何況此時也並未將蒲騷據爲楚有，因此，「楚王就把蒲騷封賞給他」的說法是沒有根據的。至於說屈瑕在荒谷自殺，楚武王卻把他的屍體葬在蒲騷，更加令人難以置信。荒谷是楚地，為什麼非要把屈瑕的屍體大肆張揚地搬到蒲騷去埋葬？蒲騷到底是誰的封地，似乎難以找到確切的記載了，但是《左傳》、《國語》上卻有鄖國是鬬伯比家族領地的記載，也許能給我們以啓發：

> 初，若敖娶于䢵（即「鄖」），生鬬伯比。若敖卒，從其畜于䢵。淫于子䢵子之女，生子文焉。䢵夫人使棄諸夢中，虎乳之。䢵子田，見之，懼而歸，夫人以告。遂使收之。楚人謂乳穀，謂虎於菟，故命之曰鬬穀於菟，以其女妻伯比，實為令尹子文。（《左傳·宣公四年》）

> 王（楚昭王）奔鄖，……鄖公之弟懷，將弒王，曰：「平王殺吾父（按平王于昭公十四年，「殺鬬成然，使鬬辛居鄖」），我殺其子，不亦可乎？」……鬬辛與其弟巢以王奔隨。（《左傳·定公四年》）

> 鬬且（楚大夫）曰：「……若莊王之世，滅若敖氏，唯子文之後，至於今處鄖，為楚良臣。（《國語·楚語下》）

> 吳人入楚，昭王奔鄖。鄖公之弟懷將弒王，鄖公辛（鬬辛）止之。……鄖公曰：「……吾先人以善事君，成名于諸侯，自鬬伯比以來，未之失也。今爾以是殃之，不可。」懷弗聽，曰：「吾思父，不能顧矣。」鄖公以王奔隨。（同上）

《左傳》與《國語》的記載事實相符，互為補充，說明鄖國與屈瑕無緣，倒與鬬伯比有淵源關係。原來鄖國是鬬伯比的外家，而鄖國君是他的岳父，他與鄖女的私生子子文後來「毀家紓難」，輔佐成王振興楚國，成為楚史上赫赫有名的令尹，屈原曾在《天問》的末尾熱情贊頌子文為楚國建立了功勛。由於鬬伯比和子文同鄖國有此血肉關係，所以我以為楚滅鄖後即將鄖作為鬬伯比或子文的封地（可能就是子文為令尹時楚成王封賞給他的），直至昭王時，他們的後代鬬辛仍然為鄖尹。既然鄖是鬬家的封地，而蒲騷原屬鄖國，因此，完全有可能也劃歸鬬家所有。總之，蒲騷不可能是屈瑕的封地，更非屈瑕的葬地，所以也就不可能成為屈原的故鄉。

《新解》認為：「《亂辭》告訴我們，詩人終於離開了故都，離開了故鄉，出發遠遊了。……《離騷》則是詩人為實現崇高的理想而告別可愛的故鄉而作。」這種說法與《離騷》詩意並不符合。

《離騷》第一部分一百二十八句，以內心獨白的形式寫詩人的生平志向及其與當朝權貴的矛盾鬥爭；第二部分二百四十五句則以設問設答的寓言體寫出內心的苦悶。通過這兩方面的描寫，表現了詩人熱愛祖國、堅持節操、為理想而獻身的崇高思想品質。其中，有是否離國遠遊的思想鬥爭，卻實在看不到有什麼告別故鄉的成分。在作品的後半部分，有三處說到「故宇」、「舊鄉」、「故都」的，茲引於下：

(1)何所獨無芳草兮，爾何懷乎故宇。

(2)陟升皇之赫戲兮，忽臨睨夫舊鄉。

(3)國無人、莫我知兮，又何懷乎故都。

(1)是詩人命靈氛占卜，靈氛勸勉詩人不必留戀楚國，應當到遠方去追求理想賢君以實現自己的懷抱。(2)是屈原準備聽從他的勸告帶著浩浩蕩蕩的車隊遠逝時從高空向下俯視的一剎那情景。(3)是結尾所表現的對楚王的絕望情緒。這三處詞語略異，顯然是為了押韻，實際上都是指祖國楚國而言，並無專指故鄉的特定含義。楚國現實政治黑暗溷濁，因此引起了詩人內心的思想鬥爭，既然楚國現實無可作為，那麼楚國之外是否有成湯文武一類的賢君呢？

女嬃、靈氛、巫咸於是便被塑造出來與詩人問答，從而把詩人內心的苦悶通過設問設答的方式形象地表現出來了。女嬃的責罵，靈氛與巫咸的勸勉實際上都是他內心的苦悶與尋求出路的形象再現。當他決定離開祖國而準備遠逝時，只有到這時，他才知道自己眷戀祖國之情遠勝去國之志，這是一種無可抗拒的深情。當理想與現實無法調和時，便產生了追隨先賢的念頭。因而到了國都破滅，眼看楚國即將淪亡的時刻，他赴水以身殉國是必然的結果。可見，在《離騷》中所表現的不是告別故鄉，而是詩人與現實政治的鬥爭和是否離開祖國的思想鬥爭，而結論也在結尾宣布，即「吾將從彭咸之所居」，並不像《新解》所說的是「終於離開了故鄉，離開了故都，出發遠遊了」。這裡所用的「終於」、「了」等詞都表示已出現了某種結果，這顯然與詩意不副。正確的說法應當是：「詩人終於沒有離開故都，沒有離開祖國，也沒有出發遠遊。」

如此說來，是否屈原詩中就不提故鄉，或者說他就沒有故鄉呢？不是，屈原在詩中曾經提到過故鄉。《新解》舉出《哀郢》爲例，認爲其中所說的故鄉即指蒲騷。

《哀郢》篇爲何而作，雖有種種不同的說法，但王夫之所說與本篇詩意最爲切近，他認爲《哀郢》是詩人「哀故都之棄捐，宗社之丘墟，人民之離散」，是爲「楚之社稷人民哀」。不過，其時詩人並不在郢都，沒有可能與人民一起逃難，他早就在襄王即位之初就因令尹子蘭和上官大夫的進讒，而被「頃襄王怒而遷之」⑤，流放出去了，此後就過著放逐的生活。所以當他於襄王二十一年聽到秦軍攻破郢都、楚王遷都陳城的消息時，不禁悲慟欲絕，發出憤激的執問：「皇天之不純命兮，何百姓之震愆？民離散而相失兮，方仲春而東遷。」正如司馬遷所說：「夫天者人之始也，父母者人之本也。人窮則反本，故勞苦倦極未嘗不呼天也，疾痛慘怛未嘗不呼父母也。」⑥首都的陷落意味著祖國的危亡，所以他發出了痛徹心肺的呼號！對故都的哀痛，勾起了他當年無罪而被放逐離開郢都的回憶。詩人描寫了當年放逐的情景之後，總結了楚國失敗的原因，那就是他在《離騷》中曾經描寫過的，關鍵在於君王親讒人而遠賢臣，以至於國勢衰竭而一發不可收拾。這就是郢都終於淪陷的症結所在。在結尾部分，詩人再次表白自己對故鄉也就是對故都、祖國的忠誠與熱愛。這就是《哀郢》的內容梗概。篇中有對故鄉的描寫，且看下列各句：

去故鄉而就遠兮，遵江夏以流亡。出國門而軫懷兮，甲之朝吾以行。發郢都而去閭兮，怊荒忽其焉極？

去終古之所居兮，今逍遙而來東。羌靈魂之欲歸兮。何須臾之忘反。背夏浦而西思兮，哀故都之日遠。

鳥飛返故鄉兮，狐死必首丘。信非吾罪而棄逐兮，何日夜而忘之。

從以上詩句看，我以爲屈原的故鄉就是郢都。試看「去故鄉……其焉極」六句，詩人明指離開郢都就是離開故鄉。「發郢都而去閭」句，更說明郢都就是詩人的故里。何謂「閭」，《說文》曰：「里門也。」可見郢都是屈氏世代居住之地，因爲是故鄉，所以詩人稱之爲「終古之所居」。他用「鳥飛返故鄉，狐死必首丘」來比喻自己對故鄉，也就是對祖國的深情。由於郢都既是楚國的首都，又是他的故鄉，所以詩中時而稱「故都」，時而稱「故鄉」。回過頭去看《離騷》，把詩人展開思想鬥爭是否離開祖國說成爲是否離開故鄉的思想鬥爭也未嘗不可，不過卻不能只說成爲「告別故鄉」。鄉與國在屈原看來是一回事，本不必分得那麼清楚的。

王逸在《章句》中認爲屈原的祖先屈瑕「受屈以爲氏」，這個說法還是可信的。而「屈」這個地方究在何所，恐怕一時難以考辨，不過屈原以郢都爲故鄉，不是沒有道理的。楚自文王即建都郢都（令湖北省江陵縣），屈瑕在文王即位前自殺，他們同爲武王之子，他的兒子屈重承瑕而爲莫敖，當然也會隨之舉家遷郢，此後世代居郢，郢都於是就成爲屈原的故鄉，這是順理成章的事。不能因爲屈瑕曾在蒲騷打過一次勝仗，就以此爲據硬把蒲騷派作屈原的故鄉，這實在只是一種大膽的推想，而缺乏使人信服的根據。

至於屈原作《離騷》的緣起，還是司馬遷交代得最清楚：「屈平疾王聽之不聰也，讒諂之蔽明也，邪曲之害公也，方正之不容也，故憂愁幽思，而作《離騷》。」這是與《離騷》的主題相符合的。

「離騷」這個題目到底是什麼意思？自漢代以來見仁見智，衆說紛紜⑦，這個問題今後恐怕還會繼續討論下去，新見也會層出不窮。但無論怎樣理解，有一點是確定無疑的，即論說必須有根有據，引用史料必須盡量尊重事實，來不得半點隨意性。

【附　註】

① 參見《離騷叢說》，原載《河南師大學報》1982年第5期，後收入《李嘉言論文集》。

② 參見《藝文志》第2輯，山西人民出版社1983年10月出版。

③ 見廣益書局刊行《批注春秋左傳句解》上册。

④ 見李宗侗注釋《春秋左傳今注今譯》上冊，臺灣商務印書館出版。

⑤⑥ 見《史記·屈原列傳》。

⑦ 據《文史哲》1990年第6期周建忠《〈離騷〉題義解說類覽及反思》一文統計,有關《離騷》題義的解釋凡27說。

論《離騷》中的女嬃與「子蘭」

屈原偉大的抒情長詩《離騷》中的女嬃是什麼人，歷來爭論不休；「余以蘭爲可恃兮」的「蘭」究竟是不是子蘭，也各有不同的說法。這兩個問題性質相似，頗有加以探討的必要。

一、女嬃非屈原親人辨

前人對女嬃的身份有如下各種說法：王逸以爲是屈原之姊，鄭玄以爲是屈原之妹，賈逵則認爲是女子的泛稱，汪瑗認爲是比喻黨人的賤妾，李陳玉認爲是使女，周拱辰認爲是女巫①。近人有下列不同意見：郭沫若主張是屈原的「女伴」②，姜亮夫贊成「賤妾」說③，游國恩認爲是作品中假設的人物，是師傅保姆一類老太婆④，也有以爲是屈原之母的⑤。

以上種種說法幾乎包羅萬象，把屬於女性的身分全都說到了。其中以女嬃爲屈原的親人——姐姐或女伴的說法影響較大，他們的主要根據是「申申其詈予」一句，能夠不停地責罵屈原、關心他命運的，當然是女伴、老大姐一類人無疑了。

仔細琢磨，周拱辰和游國恩的意見比較接近詩篇的原意，但他們似乎都有不夠完整的地方。說女嬃是女巫，就身份來說，是對的，然認爲是現實中的人物，似太拘泥；說女嬃是假設的人物，抓住了文學作品的特點，很對，但以爲是師傅保姆之類，則又不然。我認爲女嬃是詩人虛構的女性形象，她的身份與靈氛、巫咸相似，是代表神靈的女巫之類。

《離騷》在指名道姓時有一個現象值得注意，就是只限於歷史人物。聖君如堯舜禹湯、文武桓穆；賢臣如伊、呂、比干、彭咸；昏君如啓羿桀紂；奸臣如浞、澆、妹嬉、褒姒等等，都是直呼其名，或歌頌，或貶斥，表示了鮮明的愛憎。在屈原作品所提到的歷史人物中，距離最近的是楚成王的令尹子文，他距屈原生活的時代也在三百年之上。對自己的親屬，他提到了父親的名字，「朕皇考曰伯庸」，此外，沒有再提母親、妻室、兄弟、子女之名。是不是他只有父親，而沒有其他親人呢？當然不是，不提不等於沒有。那麼，爲什麼不提呢？這也不是沒有緣故的。王逸注「皇考」曰：「皇，美也；父死稱考也。」《禮記·曲禮》：「生曰父。」「死曰考。」「皇考」指死去的父親。可見，當時詩人的母親、妻兒都還活在人世，所以就沒有寫進詩篇。傳說材料中就曾提到過屈原是有妻室兒女的：

> 《襄陽風俗記》云：屈原五月五日投汨羅江，其妻每投食于水以祭之。原通夢告妻，所祭皆爲蛟龍所奪。龍畏五色絲及竹，故妻以竹爲粽，以五色絲纏之。今俗,其日皆帶五色絲，食粽，言免蛟龍之患。⑥
>
> 綉英墓，在縣西花園洞，相傳屈原女⑦。
>
> 黑神，……舊志以爲三閭大夫子⑧。

自然，這些都只是傳說，只能作爲參考，不是信史，但至少有一點應引起注意，即詩人的妻子應該是關係最親密的人，他們命運相關，爲何《離騷》中沒有提到，卻要搬出一位賢姊呢？可見，說女嬃是屈原賢姊，不過是王逸的推測之詞，同以上有關妻兒的傳說一樣，並不十分可靠，實在不足爲憑。

從《離騷》的結構例體來看，女嬃也不可能是屈原的賢姊或親人。《離騷》的內容由三部分組成。第一部分寫詩人的出身志向、忠而被謗以及矢志不屈的鬥爭精神，這是從正面抒寫詩人的懷抱、意志和境遇；接著第二、三部分，詩人變換筆調，改用設問設答的方式進一步描寫自己的性格和追求。女嬃責備他不該與衆不同，而不考慮後果，這樣下去，可能遭受不幸。詩人沒有正面回答女嬃的責罵，而是到虞舜面前訴說自己的衷情，歷述了桀紂荒淫嬉遊而亡身危國，禹湯文武舉賢授能而興國的歷史教訓。詩人的意見得到了虞舜的肯定，於是便上下求索，進行了一系列的追求。三次求女都受到了挫折，主要是沒有合適的媒人，所以一無成就，正說明他在現實生活中被讒人誹謗中傷而處於孤立的境地。何去何從呢？詩人帶著這個問題求教於靈氛和巫咸。靈氛爲他算卦，勸他「勉遠逝而無狐疑」，去國遠遊，但他「心猶豫而狐疑」，便又去請巫咸爲之決疑。巫咸的話與靈氛說的主旨相同，也是勸他「勉升降以上下兮，求矩矱之所同」，並舉出夏商周列朝一些聖君賢臣相得的例子，勸他抓緊時機尋找明君，以實現美政。靈氛和巫咸的話是有根據的，因爲現實政治的黑暗已到了令人難以容忍的地步，連他辛勤培養依靠的人才——芳草都背叛變質了。這個打擊太大了，他決心聽從靈氛的勸告，去國遠遊了。最後，由於熱愛故土的感情超過了去國遠遊的想法，他終於沒有走，而選擇了悲劇的結局。靈氛和巫咸爲何人，一般沒有什麼爭議，都認爲他們是神巫一類人，而與靈氛、巫咸同時出現的女嬃卻被說成是詩人的親人，豈不顯得特別而不協調？我意女嬃與靈氛、巫咸一樣，當都是神巫。《離騷》第二、三部分出現的三個神巫，三次求女說明了詩人在結構上極爲講究，詩篇顯得勻稱。

從女嬃所說的話來看，其動機與靈氛、巫咸類似，都是勸詩人好自爲之，審時度勢，權衡得失，可行則行，不可行不必強行。

他們從不同的角度提出看法。這樣，詩人便借此進一步表白自己高尚的情操和執著的追求，正是「一篇之中三致志」的表現方法，這就更加突出了詩人的自我形象。在寫法上，女嬃與靈氛、巫咸唯一的區別是有「嬋媛」、「申申其詈予」的表情動作，似乎只有親人才會如此關切詩人，才會絮絮叨叨地規勸他。其實不然。詩人要考慮前途大事，自然是去請教可以信賴的富有閱歷的年長神巫，女嬃、靈氛、巫咸就是這樣的對象。作爲女性神巫，用親切而責備的長者口吻「嬋媛」、「申申其詈予」，完全是合情合理的。楚地巫風甚盛，遇事求神問卜，習以爲常，《離騷》中出現的三個神巫不過是典型化的表現手段而已。何況，這個女嬃非同一般，還是一位富於才智的女巫呢。《說文解字注》引鄭注《周易》云：「須，有才智之稱。」可見屈原向女嬃請教決非偶然。女嬃、靈氛、巫咸說話的口氣如出一轍，也反映了他們的相同身份。女嬃有「孰云察余之中情」、「夫何煢獨而不予聽」等語，語氣十分親密；靈氛亦有「孰云察余之善惡」的話，口氣也表示得異常親熱。靈氛和巫咸說話時雖然沒有點明「申申其詈予」的情景，但從他們說話的語氣來看，責勸和關心之情實不亞於女嬃。

其實，女嬃和靈氛、巫咸說的話是詩人內心世界的形象表現。而對黨人的圍攻、誹謗和國君的昏庸不明，究竟還要不要堅持節操，繼續鬥爭？是去國遠遊，還是懷戀故土？怎樣表明自己的心迹和決心？對於這些問題，《離騷》就是通過與女嬃等神巫的設問設答來表現的。如此一波三折，富於想象，更增添了詩篇的浪漫主義色彩，當然要比寫眞人眞事生動形象得多，詩人的自我形象也更爲豐滿了。

由此看來，女嬃、靈氛、巫咸三神巫是詩人根據描寫的需要而虛構出來的，他們僅僅是詩篇中的藝術形象，而不是現實生活中的眞人眞事。

利用虛構的人物進行設問設答，前人稱之爲寓言、寓名，春秋戰國諸子散文中常常運用，尤以富有浪漫主義色彩的《莊子》最爲突出。俞樾《古書疑義舉例．寓名例》云：

> 莊、列之書多寓名，讀者以爲悠繆之誤，不可爲典要。不知古立言者自有此體也。雖《論語》亦有之，長沮、桀溺是也。……以爲二人之眞姓名，則泥矣。《孝經正義》引劉炫《述義》曰：炫謂孔子自作《孝經》，本非曾參請業而對也。……故假曾子之言，以爲對揚之體，乃非曾子實有也。……莊周之斥鷃笑鵬、罔兩問影；屈原之漁父鼓枻、太卜拂龜；馬卿之烏有、亡是；揚雄之翰林、子墨；寧非師祖制作以爲楷模者乎？

確如俞樾指出的那樣，假設問答是《莊子》用得很多的一種表現手法。如《人間世》的支離疏、《齊物論》的南郭子綦、《德充符》的王駘、叔山無趾、女偊等等，都是想象之詞、富言中的人物。屈原和莊子一樣具有浪漫氣質，他吸收諸子散文的表現方法，恐怕也受到《莊子》（莊子生年略早於屈原）的影響。他運用假設問答的手法來提高楚辭的表現能力，使楚辭的容量增加，豐富多彩，得以反映廣闊的思想內容和複雜的心理感情。屈原在《離騷》中初步運用了設問設答的方法，後來在《卜居》、《漁父》中更進而用問答式散文體來描寫他內心的痛苦和高潔的胸懷。這種體裁後來經過宋玉的創作實踐，形成了固定的賦體格式，最終爲漢賦所採用，並加以發展擴大。因此劉勰《文心雕龍．詮賦》認爲「賦也者，受命於詩人，拓宇於楚辭也」，指出賦從楚辭演變而成，而《離騷》實肇其端始。

二、蘭、椒非人名辨

《離騷》第三部分有句云：

余以蘭爲可恃兮，羌無實而容長。

委厥美以從俗兮，苟得列乎衆芳。

椒專佞以慢慆兮，樧又欲充夫佩幃。

既干進而務入兮，又何芳之能祇。

固時俗之流從兮，又孰能無變化？

王逸注：「蘭，懷王少弟，司馬子蘭也。」「椒，楚大夫子椒也。」王逸以爲「蘭」、「椒」都是實指，屈原是在批判子蘭和子椒的背叛。班固在《離騷序》中有「責數懷王，怨惡椒蘭」的話，也承認椒、蘭爲實指。顧炎武也同意王逸的說法⑨。陳瑒《屈子生卒年月考》曰：「按《離騷》云：『蘭無實而容長，椒專佞以慢慆。』直指蘭椒之名，以斥其事。」也同意王逸的說法。

我認爲子蘭其人是否存在，似乎值得懷疑。

子蘭的名字見於《史記．屈原列傳》，說子蘭是「懷王稚子」，「長子頃襄王立，以其弟子蘭爲令尹」。

劉向《新序．節士篇》也提到子蘭之名：「張儀之楚，貨楚貴臣上官大夫、靳尚之屬，上及令尹子蘭、司馬子椒；內賂夫人鄭袖，共譖屈原。」兩書都肯定有子蘭其人。

但是，《戰國策》則不見子蘭之名。奇怪的是同是司馬遷寫的《史記．楚世家》中也沒有提到子蘭。據《楚世家》，懷王前期任令尹的是昭陽：

（懷王）六年，楚使柱國昭陽將兵而攻魏，破之于襄陵，得八邑。又移兵而攻齊，齊王患之。陳軫適爲秦使齊，齊王曰：「爲之奈何？」陳軫曰：「王勿憂，請令罷之。」

> 即往見昭陽軍中，曰：「願聞楚國之法，破軍殺將者何以貴之？」昭陽曰：「其官爲上柱國，封上爵，執珪。」陳軫曰：「其有貴于此者乎？」昭陽曰：「令尹。」陳軫曰：「今君已爲令尹矣，此國冠之上。……今君相楚而攻魏，破軍殺將，功莫大焉，冠之上不可以加矣。……」昭陽曰：「善。」引兵而去。

《戰國策》中也有六處提到昭陽的名字，時間都在懷王六年至十二年間，而後期的令尹是誰，卻不見記載。另外，《楚世家》頃襄王十八年，也曾提到過「昭子」：「楚欲與齊、韓連和伐秦，因欲圖周。周王赧使武公謂楚相昭子曰：……」這裡的「楚相昭子」不知是否爲昭陽。《戰國策》中有時亦稱昭陽爲昭子。從懷王六年至頃襄王十八年，前後共四十三年，估計這裡的「昭子」是別一個姓昭的人，但也有可能就是昭陽。不過，無論如何不會是子蘭。

那麼，從懷王十三年至襄王十七年間是誰擔任令尹呢？可能有這麼幾種情況，終懷王之世都是昭陽任令尹；頃襄即位，撤換昭陽，以其弟子蘭爲令尹，後又改命「昭子」爲令尹；頃襄王十八年前都是「昭子」任令尹。由於《史記》和《戰國策》沒有交代，以上情況都是可能存在的。這個昭陽在懷王時究竟站在上官大夫一邊，還是贊成屈原的主張，一時很難判斷。是否可以說，屈原本傳中所說的子蘭，或許根本就不存在，不過是子虛烏有一類人物呢？

其次要討論的是《屈原本傳》中所說的子蘭即使確有其人，是迫害、排陷屈原的讒人，然《離騷》中所說的「蘭」、「椒」等似非指斥其人，而只是以蘭椒等芳草作比喻泛指而已。這可以從上下文的語氣聯貫來分析。

《離騷》在開頭描寫自己的出身志向以及忠而被謗、受到楚王的貶斥後寫道：

> 余既滋蘭之九畹兮，又樹蕙之百畝。畦留夷與揭車兮，雜杜衡與芳芷。冀枝葉之峻茂兮，願俟時乎吾將刈。雖萎絕其亦何傷兮，哀眾芳之蕪穢。

這裡的蘭蕙顯然是比喻美好的人才。詩人在受到「讒人」的排陷後，便致力於人才的培養，他像園丁種植蘭、蕙一樣地培養人才，熱烈希望它們「枝葉之峻茂」，成長壯大，將來為國家效力。可是這些經他辛勤培育的人才卻「荒穢」變質了，這是多麼令人悲哀啊。在第二、三部分，女嬃責勸他遠禍全身，靈氛和巫咸又勸他去國遠遊，那麼，要不要離開故國呢？他想到「黨人」對他的「嫉妒」，想到「時繽紛以變易」，時世紛亂，變化無常，因此他覺得「又何可以淹留」，不能久留。所謂「變易」，具體地說，就是蘭芷荃蕙等的變質：「蘭芷變而不芳兮，荃蕙化而為茅。何昔日之芳草兮，今直為此蕭艾也？」昔日精心培養的芳草，以為可以依靠的人才，由於「讒人」的引誘，時俗的敗壞，再加上他們自身的不肯修養，終於背叛變質，投入了「讒人」的懷抱，與世俗同流合污。群小的嫉妬中傷，國君的反覆無常，已經使詩人發出「哀朕時之不當」的嘆息，現在蘭芷變質，椒樧背叛，使他更陷於孤立的境地，希望破滅，前途暗淡，這是多麼巨大的打擊，叫他如何不痛心疾首？這後面的蘭椒變質與前面的蘭蕙變質正是前後聯貫的，它們都是指詩人精心培育的人才，只是前面著重寫如何培育，後面則寫它們的變質。從人才的培育到變質，可以看出世俗力量之強大和讒人的惡毒，詩人孤立無援的境遇更加襯托了鬥爭的艱苦，也就預示著最後的悲劇結局的不可避免。在這樣情況下，他才決定聽從靈氛的勸告，「吾將遠逝以自疏」，去國遠遊。可見前面所說的蘭蕙也就是後面的蘭椒，它們前後一貫，都是比喻美好的人才，而不可能前面的蘭是比喻，後面的蘭爲直指子蘭其人。誠如張鳳翼所說：「此言蘭，下言椒，指賢人之改節者。舊注直以爲指子蘭、子椒，然則下文揭車、江離，又誰指哉？」⑩

再從子蘭與屈原的關係來看，《屈原本傳》中沒有透露他們原來有過什麼親密的關係，只是簡略地提到懷王末年，秦昭王約會懷王於武關會見，屈原力諫，而子蘭卻勸說懷王赴約。頃襄王即位後，令尹子蘭聽說屈原怨恨他勸諫懷王赴約，「聞之大怒，卒使上官大夫短屈原於頃襄王，頃襄王怒而遷之。」因此，王夫之指出：「按子蘭，懷王之子，勸王入秦者，素行愚頑，固非原之所可恃。」⑪這話很對。子蘭同上官大夫、靳向、鄭袖等人一樣，是詩人所痛恨的「黨人」、「讒人」、「邑犬」之類，他們把持朝政，阻斷君門，橫隔在屈原與楚王之間，使屈原投訴無門，橫遭冤屈誣枉。對這樣的人，屈原難道會把他當作依靠的對象嗎？

屈原的政治生涯和遭遇有一個急遽變化的過程。當他爲左徒時，「入則與王圖議國事，以出號令；出則接遇賓客，應對諸侯，王甚任之」，當時該是怎樣地顯赫！一定有不少人與他唱和，做他的助手。等到上官大夫加害於他，懷王對他「怒而疏」時，屈原免不了要受到勢利小人的冷嘲熱諷，當初那麼信任的同道此時可能會有各種表演，有的悄然離去，有的可能出賣良心，落阱下石，與上官大夫等人同流合污，沆瀣一氣。這本爲世俗之常，但卻非屈原始料所及，所以詩人深惡痛絕，在《離騷》中特爲「三致意」，痛加貶斥，表示極度憎惡之情。經過這一番大起大落的遭遇，屈原看透了世俗人情的醜惡，便把對群小的批判與憎惡熔鑄在詩句中，運用比喻的手法描寫出來。朱熹說得好：

> 此辭之例，以香草比君子，王逸言之是矣。然屈子以世亂俗衰，人多變節，故自前章蘭芷不芳之後，乃更嘆其化爲惡物。至於此章，遂深責椒蘭之不可恃以爲誅首，而揭車、江離亦以次而書罪焉。蓋其所感益以深矣，初非以爲實有是人，而以椒、蘭爲名字者也。而史遷作《屈原傳》，乃有令尹子蘭之説，班氏《古今人表》又有令尹子椒之名，既因此章之語而失之，使此詞首尾横斷，意思不活。王逸因之又訛以爲司馬子蘭、大夫子椒，而不復記其香臭物之論。流誤千載，遂無一人覺其非者，甚可嘆也！使其果然，則又當有子車、子離、子榝之儔，蓋不知其幾人矣！

朱熹根據《離騷》比興的表現手法的特點，進而推論《屈原本傳》中所稱的子蘭爲太史公的附會之詞，頗有道理，富有啓發性。王夫之也認爲「且以椒，蘭爲二子之名，則榝與揭車、江離，又何指也？此五類芳草，皆以喻昔之與原同事而未入於邪者，當日必有所指，而今不可考爾。原方任事之日，競附於正人之列，君信邪棄忠，則旦夕改而黨佞，庸人之恒態也。」⑫如果把蘭椒當作只是針對子蘭、子椒個別人，反而難以體會詩人的憤怒和痛心，也難以充分理解詩中所揭露的當時社會普遍存在的醜惡現實。詩人是用蘭蕙等芳草變質來比喻那些貪圖個人安逸、見利忘義、背叛事業的人們，充分展示了楚國朝政的黑暗、國君的昏庸和詩人的絕望，詩人最後的「從彭咸之所居」的選擇與這種痛苦絕望之情有著直接的關係。

總之，運用比興象徵手法來表現詩人的愛憎好惡，寄托詩人對黑暗政治的批判與對理想的追求，這是《離騷》浪漫主義精神的最顯著的特色。把蘭椒指實爲具體的人名，顯然與比興的表現手法格格不入。《離騷》全詩所塑造的詩人自我形象就是運用這種手法寫成的。如詩人的穿戴是：

扈江離與辟芷兮，
紉秋蘭以爲佩。
制芰荷以爲衣兮，
集芙蓉以爲裳。

飲食是：

朝飲木蘭之墜露兮，
夕餐秋菊之落英。
折瓊枝以爲羞兮，
精瓊靡以爲粻。

用品是：

攬茹蕙以掩涕兮，
沾余襟之浪浪。

追求的美女是上古傳說中的「宓妃」、「有娀之女」、「二姚」。委托的媒人是「令蹇修以爲理」、「令鴆爲媒」，車從人馬有「望舒」、「飛廉」、「鸞皇」、「雷師」、「豐隆」、「飛龍」、「瑤象」。如此等等，都是現實生活中所沒有的，然而它們卻是藝術的眞實，令人信服地形象地寫出了詩人熱愛祖國、胸懷高潔、愛憎分明、寧折不彎，爲眞理而獻身的抒情形象。

【附　註】

① 以上均見游國恩主編《離騷纂義》引。

② 《屈原研究》。

③ 《屈原賦校注》。

④ 《楚辭論文集・楚辭女性中心說》。

⑤ 龔維英《女嬃爲屈母說》，《貴州社會科學》1982年3期。

⑥ 見《太平寰宇記》卷一四五《風俗》條。

⑦ 見《長沙府志》卷十六《益陽縣》條。

⑧ 見《蘄州府志》卷二十六《鬼神》條。

⑨ 參見《日知錄》。

⑩ 見《離騷纂義》引。

⑪ 見《楚辭通釋》卷一。

⑫ 見《楚辭通釋》卷一。

《離騷》三求女解

《離騷》中有三次求女，即求宓妃、有娀氏和二姚的情節，一般都承認這是有所寄托，有比興象徵意義的。然而，「此辭難通處，無如中間求女三節。」①「其難讀者莫如《離騷》一篇，而《離騷》之尤難讀者在中間見帝求女兩段。」②三求女究係何所指，衆說紛紜，莫衷一是。我以爲三求女寄寓了詩人尋求聖君明主的理想。

一

《離騷》的內容概括言之有兩個方面：一是詩人的美政理想與黑暗現實之間的矛盾，二是由此而產生的詩人內心世界苦悶鬱結的感情波瀾。

詩人有高尙的品德修養，有效法三代改良弊政的理想願望，有與讒人鬥爭到底的決心。他的心靈是這樣美好，願望是這麼崇高，他熱愛楚國，忠於楚王，欲推動楚王改革朝政，疏遠讒人而致力於楚國的振興，從而實現夏商周三代大一統的理想境界。可是客觀的現實情況如何呢？先是「黨人偷樂」、「謠諑」誹謗，結黨營私，繼而楚王輕信謠言而站到了黨人的一邊，對忠心耿耿的詩人疏遠，不守成約，出爾反爾。在楚王與讒人的高壓下，連詩人親手培植起來的人才——蘭芷椒蕙等香草也變質不芳，終於與讒人同流合污了。全詩就是這樣圍繞詩人的美好理想與黑暗現實的矛盾鬥爭而展開的，詩人的苦悶與鬱憤之情得到了充分的抒發。在楚王與讒人兩者之中，詩人是把讒人作爲直接的鬥爭對象而予以揭露的，憤怒地痛斥他們的胡作非爲。以憎惡之筆寫其卑劣之態。對楚王，則以忠言進諫，寄予希望，促其醒悟。他表白自己對楚王的忠誠，恨其昏庸不明。顯然，詩人是把楚王與讒人區別開來的，對前者是無情地揭露，有力地鞭撻，高度地蔑視；而對後者，則採取規勸、諷諫的態度，希望他能從讒人的包圍中擺脫出來，因此詩人列舉夏商周三代興衰的歷史，總結出德興暴亡的規律，提供給楚王一面歷史的鏡子，讓他去借鑑對照。可以說，楚王是詩人的希望所在。《史記・屈原列傳》指出屈原「眷顧楚國，繫心懷王，不忘欲反，冀幸君之一悟，俗之一改也，其存君興國而欲反覆之，一篇之中，三致志焉。」這段話也精闢地道出了《離騷》的題旨。

屈原要改革政治，振興楚國，實現統一中國的理想，唯一依靠的對象是楚王，有了他的支持，才有可能實現「舉賢而授能兮，循繩墨而不頗」的「美政」，才能「苟得用此下土」，取得統一中國的勝利。而如果得不到楚王的支持，這一切就將成爲泡影。在屈原的心目中，楚王只是受到了讒人的蒙蔽，輕信讒言：「衆女嫉余之蛾眉兮，謠諑謂余以善淫」，「荃不察余之中情兮，反信讒而齌怒」，「怨靈修之浩蕩兮，終不察夫民心」《惜往日》中也說：「遭讒人而嫉之，君含怒而待臣兮，不清澂其然否。蔽晦君之聰明兮，虛惑誤又以欺。弗參驗以考實兮，遠遷臣而弗思。」楚王是如此糊塗昏憒，倒向讒人一邊，詩人無法進言，只能「曾歔欷余郁邑兮，哀朕時之不當。攬茹蕙以掩涕兮，沾余襟之浪浪。」詩人痛感生不逢時。那麼，是否就此罷休，放棄與讒人的鬥爭，放棄對理想政治的追求呢？在現實世界裡得不到的，可否在幻想世界裡尋求呢？於是詩人借助豐富的想象，以求女的形式寓求賢君之意，把我們帶進神話的境界，開始了他的「路曼曼其修遠兮，吾將上下而求索」的艱苦歷程。

在三求女之前先有一個前奏曲，那就是詩人在望舒、飛廉的前呼後擁下上天庭求帝女：「吾令帝閽開關兮，倚閶闔而望予。」這裡沒有具體寫出是否求帝女，但下文即有「忽反顧以流涕兮，哀高丘之無女」詩句，聯繫上文帝閽拒關來看，分明是求帝女而受阻，因此詩人痛恨道：「世溷濁而不分兮，好蔽美而嫉妬。」那帝閽與讒人毫無二致，同樣嫉妬他，排斥他，拒他於門外，所以他才發出「哀高丘之無女」的嘆息。這裡的「高丘」，指太帝之居所，劉夢鵬《屈子章句》卷一謂：「高丘，即《淮南子》所稱最上一重丘，太帝之居，原所欲上征開關者。」說明「哀高丘之無女」，就是對求帝女不得其門以入的不平遭遇而發的。

天上既沒有美女可求，詩人便轉而折取瓊枝爲佩飾，「相下女之可詒」，追求下界的美女。第一次是求宓妃，結果失敗了，原因有二：一是媒人蹇修沒有完成使命，二是宓妃「雖信美而無禮」。第二次是求有娀氏美女，這次找了兩位媒人——鴆鳥和雄鳩。可是鴆鳥慣於說謊，欺騙詩人說有娀氏不美；雄鳩則態度輕佻而不誠實，難以信托，而高辛氏卻找到了鳳凰這個稱職的媒人，搶先一步聘定了有娀氏。於是詩人又進行了第三次的努力，追求有虞氏二姚。然而這次卻只有追求的想法，不曾行動，因爲「理弱而媒拙」，求女就此罷休。詩人又用「世溷濁而嫉賢兮，好蔽美而稱惡」來總結他追求失敗的原因。在帝宮門前他一阻於帝閽，在三求女的過程中，他再阻於媒理，情況竟是驚人地相似，所以詩人發出的慨嘆，語言上也是大同小異。「世溷濁而不分兮，好蔽美而嫉妬」，同「世溷濁而嫉賢兮，好蔽美而稱惡」，詞語略異，而憤激之情相同。三次所求美女都是古代傳說中的人物，在追求失敗後，詩人寫道：「閨中既以邃遠兮，哲王又不寤。」直截了當地點明求女爲求君之意。對此，王逸在章句中注得最清楚。他說：

> 言君處宮殿之中，其閨深遠，忠言難通，指語不達，自明智之王，尚不能覺悟善惡之情，……何況不智之君，而多闇蔽，固其宜也。

三求女之後，接著還有一段夏商周三代聖君賢臣遇合興國的事例，實際上是求女即求君的形象化的詮釋。詩人通過巫咸之口說道：「苟中情其好修兮，又何必用夫行媒。」這分明是針對上文求女過程中媒人從中作梗而言。詩人爲找不到合適的媒理而苦惱，「欲自適而不可」，自己爲傳統習俗所束縛，不能徑直地去找有娀氏和二姚，終於三求女而三無成。這樣巫咸才勸詩人「勉升降以上下」，遠離故國到遠方去追求賞識自己的明君。詩人既有「內美」，又不斷地修養自己，何愁不遇禹湯文王那樣的聖明之主，「兩美其必合」，何必求媒理作合呢？

三求女失敗後，詩人從神話世界回到了現實中，眼看讒人們妬賢嫉能，自己所培植的人才全部倒向了讒人的懷抱，詩人決心「聊浮游而求女」。這次他作了充分的準備，但眷顧祖國之情使他不忍離去。他知道現實也好，幻想也好，聖君明主是難以遇合的了，因此在尾聲中，他嘆息「國無人莫吾知」，「既莫足與爲美政兮，吾將從彭咸之所居」，就是感憤於國君的不能了解自己，以至於理想無法實現；《惜往日》中有「不逢湯武與桓繆兮，世孰云而知之」的詩句，則說得更明白了。沒有國君的支持，失去了依靠的對象，他的美政理想落空，唯有效法彭咸，以一死殉國了。可見，詩人對楚王的關係，經歷了從直諫到怨恨，從追求到幻滅的過程，其間詩人的愛憎好惡的感情波瀾皆由此而生。朱熹

《楚辭集注》卷一以爲詩人「欲游春宮，求宓妃，見佚女，留二姚，皆求賢君之意也。」指出詩人是通過求女的情節來表現他對聖君明主的渴望，對理想政治的追求的。這樣理解，符合詩篇的題旨。

二

《離騷》爲自傳式抒情詩，雖有一定的叙事成分，但與以叙事爲主的叙事詩迥然有別，「依詩制騷，諷兼比興」③，它運用了比興手法來揭露黑暗，表現對理想政治的追求。然而我們掌握這個特點，卻不能作隨心所欲的解釋。詩人在創作時，也並非心血來潮，信手拈來，而是有其確定的含義的。「美女」究竟比喻象徵什麼？我們不妨引出來看看。詩中提到「美」、「美人」、「女」的地方凡十二句：

①恐美人之遲暮　　②衆女嫉余之蛾眉兮
③哀高丘之無女　　④好蔽美而嫉妬
⑤相下女之可詒　　⑥好蔽美而稱惡
⑦兩美其必合兮　　⑧豈惟是其有女
⑨孰求美而釋女（汝）　⑩委厥美以從俗兮
⑪委厥美而歷茲　　⑫聊浮游而求女

其中⑩⑪的「美」字均指美質、美德，②中的「衆女」與讒人同義，可以不論。其他句中的「美人」、「女」、「美」都是美女的意思，不是比喻國君，就是指自己。如果說「美人」是指賢臣的話，那麼詩人自己就是典型的賢臣。「兩美其必合兮」句則兼指自己與國君。可見詩中凡以「美人」指人，則比較確定地或指國君，或指自己（指稱賢臣也可以，不過必須是包括詩人在內的賢臣）。

爲什麼以美女比喻明君呢？朱熹以爲《詩經》中《簡兮》篇的「西方美人」，「托言以指西周之盛王，如《離騷》亦以美人目其君也。」又曰：「賢者不得志於衰世之下國，而思盛際之顯王，故其言如此，而意遠矣。」④說明《詩經》中早有以美女喻君之先例。孔子曾要求其子孔鯉學習《周南》、《召南》，曰：「女爲《周南》、《召南》矣乎？人而不爲《周南》、《召南》，其猶正牆面而立也與？」⑤孔子以爲一個人如果不學二南，就好比面對牆壁而立，什麼也看不見。那麼，二南二十五篇就如此重要，非學不可嗎？二南是南方民歌，其中有一部分就是楚地民歌，大都描寫男女相思愛戀之情，大膽熱烈，質樸無華，充滿了生活情趣。而孔子及其儒家一派則從他們的政治主張出發作了引伸解釋，強調《詩經》的教化作用。《詩大序》以爲「《關雎》樂得淑女以配君子」。劉疏：「二南皆言夫婦之道，爲王化之始。」儒家歷來主張治家與治國之理相通，故有修齊治平之說，「室家之道修，則天下之理得」⑥孔子要求孔鯉學習二南，道理恐怕就在此。我認爲屈原在辭賦中運用求女的寫法（亦有自比美女者），其用意亦本於儒家的闡釋，以男女室家之好比喻君臣之遇合，求女之失敗正是不遇明主的象徵，故詩人只能「哀朕時之不當」，遺恨千古。

求女的寫法，可能也有「其志潔，故其稱物芳」的意思。美女是美好的象徵，詩人將舉賢授能的「美政」理想寄托在楚王身上，故用最美好的形象喻指賢君，但願楚王成爲美好的化身，像堯舜禹湯一樣聖明，成就大一統的事業，於是詩人就把對明君的願望化作對美女的執著追求，把政治理想寄寓於抒情的形象中表現出來。

屈原是我國文學史上第一位「發憤以抒情」的大詩人，是「

中國文學家的老祖宗」（梁啓超語），是我國文學創作從自發走向自覺的第一位文學家，他具有高度的文化教養，有詩書史籍可資借鑑，又多年流放民間，得到民歌的滋養，故在創作的表現手法上能博采衆長，集其大成，達到了當時所能達到的最高成就。如諸子書中的寓言問答式寫法，虛字的運用，《詩經》中比興手法，方言俗語的運用，反覆咏嘆的結構方法等等，屈原均將其吸收融化進辭賦創作中。不能設想，如果屈賦中只是直露地寫其政治主張，與讒人的鬥爭，楚王的昏庸，朝政的腐敗等等，其藝術感染力將會怎麼樣。如今屈賦運用美人香草的比興，與女嬃、靈氛等的寓言問答等豐富多樣的表現手法，遂使作品既具有強烈的批判現實的意義，又富於含蓄婉轉的抒情色彩，有一波三折之致。誠如前人所說，《離騷》兼有風雅之長，字字珠璣，金相玉質，驚采絕艷，達到「其稱文小，而其指極大，舉類邇而見義遠」⑦的境地。前人不明其意，以爲「若以宓妃、佚女、二姚，皆求賢君之意，夫不求宓犧而求其女，不求高辛而求其妃，不求少康而求其二姚，⑧這是不了解抒情詩特點的說法。

《離騷》中有直接叙事和議論的地方，如夏商周三代興亡盛衰和聖君賢臣相得的歷史事例，就是直截地表達詩人的政治主張的，但是更多的是以婉轉含蓄的比興手法和豐富而奇特的浪漫主義想象來表現的。如飲露餐菊、佩蘭衣荷等等，並非眞的不食烟火，不穿衣帛，而是以此象徵詩人的高潔情操，衆醉獨醒，出污泥而不染的偉大品格。三求女則尤爲突出地將比興象徵同浪漫主義精神融合在一起，寫出了詩人在幻想的境界尋找賢君明主，以便爲實現美政理想尋找支持者，也就是寄托了詩人對理想的追求。所以每當他求女失敗後，都要發出「世溷濁而不分兮，好蔽美而嫉妬」，「世溷濁而嫉賢兮，好蔽美而稱惡」的怒斥聲；在求女完全失敗後，他用「閨中既以邃遠兮，哲王又不寤。懷朕情而不發兮，余焉能忍而與此終古」作爲小結，這就明白地道出了詩人期待楚王醒悟而終於不得的鬱憤。忽而天上，忽而地下，時而寫現實，時而寫幻想的境界，《離騷》將這些令人眼花繚亂的情景交錯穿插起來，使政治性和抒情性統一在完整的詩篇中，塑造了具有熱烈的愛憎、執著的追求理想的詩人的抒情形象。「詞賦之體與叙事不同，寄托之言與莊語不同，往往恍忽汗漫，翕張反復，迴出於蹊徑之外，而曲終乃歸於本意」⑨這或許就是《離騷》寫三求女的特點吧。

三

特別值得注意的是詩人對媒理的態度《離騷》中提到媒理的詩句有：

解佩纕以結言兮，吾令蹇修以爲理。

吾令鴆爲媒兮，鴆告以不好。

雄鳩之鳴逝兮，余猶惡其佻巧。

其他詩篇中也提到：

既惸獨而不群兮，又無良媒在其側。

道逴遠而日忘兮，願自申而不得。

理弱而媒不通兮，尚不知余之從容！

路遠處幽，又無行媒兮。（以上《九章・抽思》）

令薜荔以爲理兮，憚舉趾而緣木。

因芙蓉以爲媒兮，憚褰裳而濡足。

登高吾不説兮，入下吾不能。

媒絕路阻兮，言不可結而詒。（以上《九章・思美人》）

男女婚姻需要媒理說合，君臣之間也需要有類似媒理的中間人來溝通，兩者相似，故此詩人以男求女的婚配來比喻自己對國君的追求。詩人筆下出現的媒理都是些什麼人？可說一個合適的也沒有。三求女中，擔當媒理的鴆鳥從中挑撥，說有娀氏不美；另一個雄鳩則輕佻不可信，令人憎厭。至於蹇修如何呢？據聞一多《古典新義・楚辭校注》曰：

> 案：《路史后記》注一引《文選》五臣本「蹇」作「謇」，最是。謇吃也。……蓋謂令蹇吃之人爲媒，結言而往求彼美，必難勝任；亦後文理弱媒拙、導言不固之意也。求宓妃則蹇修不良于言，求有娀則鴆鳩皆讒佞難任，求二姚又理弱媒拙。三求女而三無成，總坐無良媒故爾。

聞一多指出媒理在求女過程中的關鍵性作用，有良媒則求女可望成功，反之就遭到失敗，一事無成。進一步引伸，就是指自己爲楚王疏遠貶斥，遠離朝廷，「閨中既以邃遠兮，哲王又不寤」，無由表達衷曲，楚王又不肯醒悟，就是沒有良媒爲之溝通的緣故。雖說前賢有無媒而與明主遇合的故典，但那只是遙遠的歷史，美好的願望，可遇而不可求。那麼，所謂的「理弱」、「媒拙」，不言而喻就是指楚王左右的侍臣（當然也包括楚王的寵姬在內）在作怪。「理」與「媒」，也就是《離騷》中所說的「黨人」、「帝閽」等的同義詞。試想楚王爲這些群小所包圍，他怎麼能聽到詩人的聲音？詩人的「美政」理想又怎能實現？正因爲詩人要追求美女找不到良媒，而擔當媒理的只有鴆、鳩一類惹是生非的輕浮之徒，所以才落到了悲慘的境地。《離騷》尾聲中，詩人發出了「國無人莫我知兮」的嘆息，就是指自己難遇明主而言，也就是《九章，懷沙》「重華不可遻兮，孰知余之從容」，「湯禹久遠兮，邈不可慕也」的意思。可見，求女爲求君之說順理成章，求女就需良媒，用以比喻追求賢君需要左右賢臣來引荐溝通，這不是同時又含有求賢臣的意思在內嗎？如此理解，還能把《離騷》的上下文聯成一個整體，又可與屈原的其他作品貫通。體現了詩人從忠君到怨君、恨君，終至於絕望的思想脈絡。

但是，求女如作求臣解，則全詩顯得滯礙難通。王逸在《章句》卷一「哀高丘之無女」下注道：「女以喻臣。」而在「忽反顧以游目兮，將往觀乎四荒」下注曰：「言己欲進忠信以輔事君，而不見省，故忽然反顧而去，將遂游目往觀四遠之外，以求賢君也。」忽而說求臣，忽而說求君，自相矛盾。朱熹《楚辭辯證上》批評他：「王逸說往觀四荒處已云欲求賢君，蓋得屈原之意矣。至上下求索處，又謂欲求賢人與己同志，不知何所據而異其說也。」王逸的自相矛盾正是由於他沒有緊扣詩篇的題旨，沒有把全詩加以聯貫理解而造成的。詩人要實現「美政」理想，只有爭取國君的支持，別無他途。如果楚王聖明，能夠不斷修養自己，辨別忠奸，分清是非，接受進諫，就會舉賢授能，「昔三後之純粹兮，固衆芳之所在」，那麼讒人再多，也無所售其奸；否則，即使有了賢才，也會像那些變了質的芳草一樣，成爲蕭艾，「委厥美以從俗兮」，隨波逐流地加入讒人的隊伍，只能使詩人感到痛心疾首而已！

至於以求女爲通君側、諷鄭袖，似比求臣說距離詩意更遠。詩中已經把包圍在楚王周圍的奸佞稱爲「衆女」、「黨人」而加以揭露痛斥，又何必通過三求女來表現呢？且詩中所寫鴆、鳩等媒理又何所指、怎樣理解呢？爲什麼詩人對媒理的態度如此憎惡，難道他們不就是靳尙、鄭袖之流的化身嗎？還是蔣驥說得好：「《離騷》以女喻君，以芳草喻賢臣，首尾一線，不相混淆。」⑩《離騷》全詩前後一貫，比喻對象比較確定，毫無牴牾之處，而是層層深入，具有「一篇之中三致志」的特點。

【附　註】

① 見何焯《義門讀書記》。

② 見王邦采《離騷滙訂》序。

③ 見劉勰《文心雕龍・比興》。

④ 見《詩集傳》卷二。

⑤ 見《論語・陽貨》。

⑥ 見《漢書・匡衡傳》。

⑦ 見《史記・屈原列傳》。

⑧ 見徐文靖《管城碩記》，《離騷纂義》引。

⑨ 《四庫全書總目》評顧天成《離騷解》語。

⑩ 見《山帶閣注楚辭・余論》。

為「計極」進一解

《離騷》中有「計極」二字，號爲難解，自漢代以來，言人人殊。人們根據上下文雖能領會其意，然而總難以準確地予以解釋。

第一種解釋，謂「計極」，即計謀之最之意。

王逸《楚辭章句》卷一：

計，謀也。極，窮也。……觀察萬民忠佞之謀，窮其眞僞也。

洪興祖《楚辭補注》卷一：

計，策也。極，至也。

觀民之策，此爲至也。

朱熹《楚辭集注》卷一：

計，謀也。極，窮也。

見民之計謀，于是爲極。

他們三人的意見小有不同，基本上一致。

第二種解釋，謂「計極」爲度數、標準之意。

王夫之《楚辭通釋》卷一：

計極，計其興亡得失之度數也。

蔣驥《山帶閣注楚辭》卷一:

極，標準也。

第三種解釋，謂「計極」爲計謀之究竟之意。

徐煥龍《屈辭洗髓》卷一：

計極，人事計謀之究竟。

朱駿聲《離騷補注》卷一：

計，讀爲既，實爲訖，猶終也，謂興亡之究竟。

當代一些注釋本參考上述古注發表各自之見。有釋爲路徑、道路的；有以爲是要求、願望的；有以爲是標志、準繩的；有以爲是推究、究竟的。諸說中以湯炳正先生之說最爲獨特。在《屈賦新探》之《民德・計極・天命觀》一文中，湯先生不僅以爲「計」係「所」之誤，且以爲「極」當釋爲「亟」，並據《方言》，謂「亟，愛也」，故解爲：「是『民之所極』意即『民之所敬愛者』。」湯先生以此說爲出發點，進一步深入論說屈原之民本思想，對我們理解《離騷》極富啓發，但他如此解釋「計極」二字，卻是值得商榷的。

湯先生之所以作出這樣的解釋，是因爲「由於既找不到訓詁上的確鑿根據，又缺乏史籍上的堅實證據，故只得以字作解，望文生義。」事實是否如此？實則先秦古籍中「計極」二字並非只見於《離騷》，《荀子・富國篇》中亦有「國計之極」之語，與《離騷》「民之計極」相仿。「民之計極」，猶「民計之極」，如「國計之極」，亦猶「國之計極」一樣。且看荀子之文，謂：

古之明主必謹養其和，節其流，開其源，而時斟酌焉。潢然使天下必有餘，而上不憂於足，如是，則上下俱富，交無所藏之，是知國計之極也。……以國持之而不足以容其身，夫是之謂至貪（據王先謙考「貪」係「貧」字之誤），是愚主之極也。

這段話中兩個「極」字用法一樣，都是表示程度的，有最高極限或極端之意。「國計之極」，指國家財富之大計；「愚主之極」，指君主愚昧到了極點。這裡的「之」字爲句中助詞，「國計之極」、

「愚主之極」，是亦可倒文爲「國之極計」、「極愚之主」。

荀子文中「國計之極」可與「離騷」中「民之計極」互參，是知「計」作計謀解，用爲名詞；「極」作極限、極端解，爲表程度之副詞，可用作補語，亦可用作狀語。如此看來，王逸、洪興祖、朱熹的解釋並非一無是處，而是有其正確之處。他們釋「計」爲「計謀」、「計策」都是對的，而王逸釋「極」爲窮盡，則不夠準確。洪興祖和朱熹雖同意王逸之說，但在串釋時對「極」的說法卻不同於王逸，謂「觀民之策，此爲至也」、「見民之計謀，於是爲極」，可見洪、朱二人認爲「極」有表示程度的極限、極端之意。

我認爲洪興祖和朱熹的詮釋是正確的，其餘諸說都未能切中原意，而將「計極」改爲「所極」，又將「極」釋爲「亟」，就不免有逞臆之嫌。

伍子胥·介之推·申徒狄

——兼論《惜往日》《悲回風》之真偽

屈原《九章》中的《惜往日》和《悲回風》兩篇，古今多有懷疑其為偽作者，他們的根據主要就是這兩篇都引用了伍子胥、介之推和申徒狄三人。那麼搞清這三人的來龍去脈關係到兩篇作品的眞僞，故不能不辨。且看他們的說法。

一、魏了翁《經外雜抄》卷二：

子胥挾吳敗楚，幾墟其國，三閭同姓之卿，義篤君親，決不稱胥以自況也。

《九章·涉江》言「賢不必用兮，忠不必以。五子逢殃兮，比干菹醢。」此正引奢、尚而言。王逸陋儒，顧以爲胥，又繆矣！《悲回風》章云：「吳信讒而弗味兮，子胥死而後憂。」吳之憂，楚之喜也，置先王之積怨深怒，而憂仇敵之憂，原豈爲此哉！

二、許學夷《詩源辨體》曰：

《惜往日》有「不畢辭而赴淵兮，惜壅君之不識。」《悲回風》有「驟諫君而不聽兮，任重石之何益。」非屈子口語，疑唐勒、景差之徒爲原而作，一時失名，遂附入屈原賦中。

三、近人劉永濟之說與魏了翁相同，其《屈賦通箋》卷五曰：

此文（指《涉江》）伍子，《章句》指爲伍子胥，後世注家無異說。考子胥因勸吳王伐越不從，賜劍而死。子胥於

> 吳誠忠矣，然教吳伐楚，殘破郢都，鞭平王之屍，自此之後，吳楚構兵不休，貽害楚國甚大，實乃楚之逆臣，屈子決無以忠許之之理。此伍子當屬伍奢。奢因諫平王不應信費無忌之讒而疑太子建，爲平王所殺，謂之爲忠，允無愧色。
>
> 《惜往日》有「子胥死而後憂」，《悲回風》有「從子胥而自適」語，適足證此二篇非屈作。

茲就以上諸家之說加以討論。

一、伍子胥是逆臣還是忠臣

伍子胥之事發生在春秋末年，即在魯昭公二十年（前522）至魯哀公二十二年（前484）之間，也就是楚平王七年至楚惠王五年之間。《左傳》與《國語》均有記載，司馬遷綜合二傳所載，再加上親自調查收集到的傳聞材料寫成本傳。據三書所寫，尤爲令人注目的是伍子胥奔吳之動機與目的。當伍尚得知楚平王要召他們兄弟二人去才能赦免父親伍奢的消息時，便勸說弟弟曰：

> 爾適吳，我將歸死。吾知不逮，我能死，爾能報。聞免父之命，不可以莫之奔也，親戚爲戮，不可以莫之報也。奔死免父，孝也。度功而行，仁也。擇任而往，知也。知死不辟，勇也。父不可棄，名不可廢，爾其勉之，相從爲愈。

這是《左傳·昭公二十年》的記載。伍尚對弟弟的智慧和能力有透徹的了解，故兄弟二人作了明確的分工，自己爲父送死，弟弟爲父報仇。自己送死是盡孝，是不怕死，是謂勇；而弟弟比自己聰明，能幹出一番事業，知難而上，爲父報仇，這就是仁，是謂智。自己赴死是從父之命，弟弟報仇是揚父之名。伍子胥同意兄長之說，遂出奔吳國。他們的父親伍奢得知後也毫無責怪之意，只是說：「楚君大夫其旰食乎？」意謂伍子胥必將攪擾楚國不得安寧，以致楚國之君臣從此不遑飲食了。

對於伍子胥的奔吳，當時輿論並未加以譴責，認為他不忠於君父，是叛國行為。伍子胥逃走前曾對好友申包胥說：「我必復楚。」謂自己此一去一定要報復楚國殺害父兄之仇。申包胥並不予以勸阻，只是說：「勉之！子能復之，我必能興之。」①一個說要報復，一個則定要復興楚國，兩人各行其是，互不干擾，客客氣氣地分手。十六年後伍子胥隨吳軍攻破郢都，據《史記》本傳，謂「伍子胥求昭王。既不得，乃掘楚平王墓，出其屍，鞭王三百，然後已。」鞭屍的情節《左傳》與《國語》無載，但此事在漢初即已廣泛流傳。《淮南子・泰族訓》曰：「闔閭伐楚，五戰入郢，燒高府之粟，破九龍之鐘，鞭荊平王之墓，舍昭王之宮。」曾為淮南王劉安寫傳的司馬遷不會不知道其事，何況他還曾深入吳楚故地實地採訪呢，故將此情節寫入伍子胥本傳中。至此，伍子胥總算實現了報復之願。不僅如此，「吳以伍子胥、孫武之謀，西破強楚，北威齊晉，南服越人。」②吳國因有伍子胥、孫武的輔助，得以躋身於強國之列，大有稱霸之勢。不久，闔閭為越王勾踐所傷而死，夫差即位後致力於戰射，為父報仇，大敗越軍，勾踐以厚幣卑辭求和，伍子胥力諫不聽，為夫差所不喜。又因夫差一心伐齊，不以越國為念，而伯嚭乘間中傷，伍子胥一再諫阻，終於觸怒夫差，竟賜以屬鏤劍，令其自殺。伍子胥憤極，臨死預言吳必滅亡。《左傳・哀公十一年》載子胥曰：「樹吾墓檟，檟可材也，吳其亡乎！」《國語・吳語》則曰：「將死，曰：『以懸吾目於東門，以見越之入，吳國之忘也。』王慍曰：『孤不使大夫得有見也。』乃使取申胥之屍，盛以鴟夷，而投之於江。」《史記》本傳則將上述記載同時予以錄用，不僅如此，司馬遷還在贊語中表明自己的態度，曰：

> 怨毒之于人甚矣哉！王者尚不能行之于臣下，況同列乎？向令伍子胥從奢俱死，何異螻蟻。棄小義，雪大恥，名垂于後世，悲夫！方子胥窘于江上，道乞食，志豈嘗須臾忘郢邪！故隱忍就功名，非烈丈夫孰能致此哉？

對伍子胥之鞭屍報復行為，司馬遷不僅未有微詞，相反還投了贊成票，加以贊美，認為這是棄小義，雪大恥，垂名後世之壯舉，不是烈丈夫是難以做到的。或許有人以為這是司馬遷本人受到漢武帝腐刑之污辱而借以發洩私憤的創作，那麼不妨考察一下伍子胥同時代及戰國時人是怎樣評價的。

孔子是伍子胥同時代人，伍子胥被賜自殺時孔子還活著，他的反映如何？《荀子・宥坐篇》曰：

> 孔子曰：女以知者為必用邪？王子比干不見剖心乎！女以忠者為必用邪？關龍逢不見刑乎！女以諫者為必用邪？吳子胥不磔姑蘇東門外乎！

孔子這段話亦見於《韓詩外傳》卷七和《說苑・雜言》。同時代另一位賢者蘧瑗有一段與楚王的對話。《說苑・善說》曰：「伍子胥生於楚，逃之吳，吳愛而相之，發兵於楚，墮平王之墓。」孔子的高足子貢也有評說。《史記・仲尼弟子列傳》曰：

> 子貢曰：吳王為人猛暴，群臣不堪，國敝以數戰，士卒弗忍，百姓怨上，大臣內變，子胥以諫死，太宰嚭用事，順君之過以安其私，是殘國之治也。

他們認為伍子胥的出逃是楚平王的迫害造成的，而在吳受到闔閭的重用，得以發揮才能，破郢報仇是應有之義。夫差一反乃父之志拒諫飾非應予譴責，子胥以諫死，遂成為直諫的典型，故寄予無限同情，認為他足堪與比干、關龍逢并列。從他們的話語亦可見伍子胥直諫而亡之事已廣泛流傳。《史記》本傳謂：「吳人憐之，爲立祠於江上，因命曰胥山。」當時不止「吳人憐之」，伍子胥也得到了諸侯各國普遍的同情。

《荀子》等書所載孔子之言還可與屈原《涉江》結尾部分互相印證。《涉江》曰:

> 忠不必用兮，賢不必以。伍子逢殃兮，比干菹醢。與前世皆然兮，吾又何怨乎今之人！

這幾句詩與孔子所說的話在內容上大同小異，只是在語言表達上有所不同，一爲散文，一爲詩篇，孔子舉例多而屈原則略舉二人。可見《涉江》中所稱之「伍子」非伍子胥而誰？魏了翁稱其指「伍奢」只是一種揣測，並無文獻實例爲據，是以不足憑信。伍奢爲小人離間橫遭平王殺害，誠爲潑天大冤，自可稱爲忠臣，值得人們同情，但當時及後人卻很少提及，因爲他可敬而不可學。伍奢除了束手就死之外，並無政績可言，有什麼值得稱道的呢！而伍子胥則不同，他烈烈轟轟，憤而出亡，輔佐闔閭幹成了一番事業，而且言出必果，爲父兄報了仇，故他的大名流傳人口，常爲同時代及後人所稱引。孔子、遽瑗和子貢把伍子胥當作直諫之臣，而到了戰國，他已演變成爲忠臣的代表人物了。茲略引如下：

《莊子・外物》：

> 人主莫不欲其臣之忠，而忠未必信，故伍員流于江，萇弘死于蜀，藏其血三年而化爲碧。

《盜跖》：

> 世之所謂臣忠者，莫若王子比干、伍子胥。子胥沉江，比干剖心，此二子者，世謂忠臣也，然卒爲天下笑。自上觀之，至于子胥、比干，皆不足貴也。
>
> 比干剖心，子胥抉眼，忠之禍也。

《史記·張儀列傳》：

陳軫曰：昔子胥忠于其君而天下爭以爲臣，曾參孝于其親而天下願以爲子。

《戰國策·秦三》：

范雎曰：伍子胥橐載而出昭關，夜行晝伏，至于陵水，無以餌其口，膝行蒲伏，稽首肉袒，鼓腹吹篪，食于吳市，卒興吳國，闔閭爲伯。使臣得進謀如伍子胥，加之以幽囚，終身不復見，是臣之說行也，臣又何憂？

《戰國策·燕二》：

（樂毅）曰：昔者伍子胥說聽於闔閭，而吳王遠迹至郢；夫差弗聽也，賜之鴟夷而浮之江。故吳王夫差不悟先論之可以立功，故沉子胥而不悔，子胥不蚤見主之不同量，是以至于江而不改。

《荀子·君子篇》：

吳有伍子胥而不能用，國至于亡，倍道失賢也。

《荀子·成相篇》：

世之禍，惡賢士，子胥見殺，百里徙穆公任之，強配五伯，六卿施。

周幽厲，所以敗，不聽規諫，忠是害。嗟我何人，獨不遇時，當亂世，欲衷對，言不從，恐爲子胥身離凶，進諫不聽，剄而獨鹿，棄之江。

《史記·李斯列傳》：

昔者桀殺關龍逢，紂殺王子比干，吳王夫差殺伍子胥，此三臣者，豈不忠者，然而不免于死，身死而所忠者非也。

《史記·季布列傳》：

忌壯士以資敵國，此伍子胥所以鞭平王之墓也。

《史記・淮南列傳》：

> 臣聞子胥諫吳王，吳王不用，乃曰臣今見麋鹿游姑蘇之台也。

《史記・滑稽列傳》：

> 上觀許由，下察接輿，策同范蠡，忠合子胥，天下和平，與義相扶，寡偶少徒，固其常也。

莊子、陳軫、荀子、李斯等先秦人物以及漢初之人，幾乎異口同聲稱伍子胥爲忠臣賢士，卻並無一人譴責他爲背叛楚國之逆臣。只是莊子從道家無爲思想出發，以爲忠臣徒然召禍，故不足爲貴，但他是承認伍子胥爲忠臣的，並透露說他是「世謂忠臣」的消息，可見伍子胥是人們所公認的忠臣。將伍子胥與比干並稱，自孔子以來已成爲慣例，所以更能證明屈原《涉江》所云「伍子」爲伍子胥已是無庸置疑之事實。可見魏了翁謂「伍子」爲伍奢，是以後例古之詞，缺少根據。對於同一歷史人物的評價，古人與後人可謂大異其趣。在魏了翁看來，伍子胥係楚人楚臣，縱使平王冤殺其父，自己逃走躲難也就罷了，何至於引敵兵進攻自己的祖國，甚至還掘其墓而鞭其屍，如此過分，豈非叛國逆臣，如再加上不肯從父俱死一點，則更是不忠不孝，還值得贊美嗎？劉永濟更稱伍子胥爲「逆臣」，正是以後人之忠孝觀來衡量，但是這樣說卻恰恰無視當時具體的歷史背景。當時的社會風氣和價值觀並非如此。春秋戰國時各諸侯國只不過是臣屬於周天子的屬國，相互間征戰也好，聯合也好，表面上總是尊奉周天子的共主地位的，即使到了戰國末期，各國早已把周天子撇在一邊，但爲了爭得一統天下的資格，都爲爭奪人才而廣開門路，故人才的流動司空見慣。一些思想家如孔子、墨子、孟子、荀子等無不游說列國，宣傳自己的政治主張。先秦的典籍中似未見有責備他們去國游說之語，就說明四海之內莫非周天子之土地，普天之下無非周天子之臣屬，人們在諸侯國之間來去自由，合則留，不合則去。「一國不容即便出走他國，也是春秋、戰國時代很流行的一種風氣。」「這正表明當時的一般具有見識的人所懷抱的大一統思想的實踐。」③

在諸子中，莊子因爲不願受官場的束縛，追求逍遙自由的生活，故蔑視爵祿，敝屣富貴。他曾嘲弄同鄉人曹商使秦得到秦王車乘之贈爲「所治愈下，得車愈多」④，係以奉承獲得歡心。他拒絕楚王之重聘，以爲這不過是將自己暫且當作「衣以文綉、食以芻菽」的犧牛豢養而已。莊子對伍子胥的忠諫而死，雖然沒有嘲弄之意，還含有一絲同情，然而終究以爲伍子胥死得不值，不足爲法。不過莊子倒也並不在乎伍子胥是否跑到吳國去幫助敵人打敗楚國這件事。莊子對同鄉好友惠施跑到魏國爲相，也曾嗤之爲鵷鶵得腐鼠，倒不是爲了惠施之出仕他國，而是不贊成惠施迷戀於祿位。因此莊子無有去國遠遊的記錄，是他根本不屑出仕之故。

在去國這個問題上屈原既不同於孔孟，也有別於莊子。他始終固守鄉國，除了接受派遣出使齊國之外，未曾越出國門一步，無論楚王如何待他，盡管思想上也有過去國遠遊的念頭，但再三思量之後，仍然留戀故國，「鳥飛返故鄉兮，狐死必首丘」⑤，不肯另謀高就。但他對那些建立功業者，則並不計較他們是否爲去國者，所以在《涉江》中他將伍子胥與比干並舉，因爲兩人在忠而得禍與直諫喪生上是相同的。在《惜往日》中，詩人譴責吳王夫差之執迷不悟，同情伍子胥之慘死，在《悲回風》裡詩人進而欲沉江追隨伍子胥之後。三篇詩中一再提到伍子胥決不偶然，其間的思想脈絡是一貫的。《涉江》爲公認的屈原作品，其中說到伍子胥，則《惜往日》與《悲回風》爲何不可以再次舉以爲例呢！在《涉江》中稱「伍子」者，因結尾係四字句，爲了與比干對舉，自然可以省稱爲「伍子」，這在先秦是毫不足怪的。而在另兩篇裡，則爲六字句，故稱名而不稱姓，這亦未嘗不可。屈原之贊伍子胥，完全不考慮其是否背叛楚國這一點。子胥出走是平王造成的，曲在平王，子胥鞭屍係平王咎由自取，這已成爲當時人的共識，屈原亦不例外。屈原只注重子胥輔佐吳國強盛，力諫夫差和越以至最後慘死，吳國也隨之滅亡，其情其景與屈原之處境頗爲相似。楚王之和秦，認敵爲友，朝中一班小人播弄其間，自己忠諫被逐，如此等等，簡直就是步趨夫差之後，則楚國之滅亡只是時間問題。何況白起破郢已成事實，故《惜往日》和《悲回風》接連引用伍子胥更是自然了。

《涉江》篇裡引用伍子胥是重要的內證，足以證明《惜往日》、《悲回風》之贊伍子胥並非出自他人之手。另外尚有《天問》篇亦可爲證，其結尾部分有曰：「勛闔夢生，少離散亡。何壯武厲，能流厥嚴。」「荊勛作師，夫何長？」「吳光爭國，久餘是勝。」屈原對闔閭歷經磨難而能成功，特別是屢次打敗楚國極其贊賞，故標舉其事迹以爲榜樣。闔閭成功的關鍵就在於能信用伍子胥、孫武等賢人。可見屈原並不以爲伍子胥挾吳敗楚是什麼叛逆的行爲，相反倒認爲這是他助吳以建功立業的標志。屈原爲什麼在《天問》的篇末，除了舉楚國先臣令尹子文之外，特別突出闔閭呢？顯然有其現實意義，即希望楚國君臣效法闔閭和子胥，同心協力，奮發圖強，像闔閭那樣崛起，或者進而超過當年的吳國，使楚國得以重振雄風。

吳楚在春秋後期確爲仇敵之國，但戰國初吳爲越所滅，後皆歸楚，融入楚國的版圖，至屈原之時早已不存在什麼仇敵的觀念了，而歷史的教訓則後人不妨引以爲鑑，故詩人在作品中反覆稱引吳子胥爲例。

在是否去國這個問題上，詩人思想上是很矛盾的，有過激烈的思想鬥爭，然而他從不以自己的不肯去國爲高出同類之壯舉，他引以爲自豪的是自己的人格修養與道德品質。後人對屈原的留戀鄉國之深情，盡可以贊之爲愛國，但卻不能反過來斥責那些建功他國者爲叛國分子。對於先秦階段的歷史人物，在是否去國的問題上還是採取模糊的態度爲宜。屈原之反覆稱引伍子胥，是將他作爲忠臣的典範，贊賞他嫉惡如仇，忠於吳王至死不渝，故堪與比干並列。而司馬遷對伍子胥的贊語亦具有典型意義，是先秦、漢初人對伍子胥的總結性評價，符合歷史實際，絕非只是一己之私見。

二、介之推和申徒狄值得推崇嗎

《惜往日》和《悲回風》中尚有介之推和申徒狄二人頗有爭議。先看與介之推有關的詩句。《惜往日》曰：

> 聞百里之爲虜兮，伊尹烹于庖廚。呂望屠于朝歌兮，寧戚歌而飯牛。不逢湯武與桓繆兮，世孰云而知之？吳信讒而弗味兮，子胥死而後憂。介子忠而立枯兮，文君寤而追求。封介山而爲之禁兮，報大德之優游。思久故之親身兮，因縞素而哭之。

《悲回風》曰：

> 求介子之所存兮，見伯夷之放迹。心調度而弗去兮，刻著志之無適。

在這兩篇詩中，介之推被作爲忠臣賢人，與伊尹、呂望、伯夷、百里奚、寧戚、伍子胥並列，而《惜往日》篇有關介之推的詩句有六句之多，比之其他六位只有一句、兩句多了幾倍，可見在這些忠臣賢人中，介之推是作爲重點人物來引用的。

否定《惜往日》和《悲回風》爲屈原所作者即據此以爲兩篇皆僞作。有云：

介之推是不足爲法的，傳說本身贊揚的是能改正錯誤的晉文公，而不是心胸狹隘的介之推。介之推因晉文公忘記他的功勞便怨氣沖天，忿忿然離去，可見他于個人得失看得太重。

他（屈原）雖放廢，心懷社稷，與介之推不考慮文公初立，國家多事，只因個人未得志而逃走的思想也完全兩樣⑥。

這樣的說法似乎與《左傳》、《史記》所載不盡符合。

《左傳》與《史記》有關介之推的事迹不妨引錄於下：

《左傳・僖公二十四年》：

晉侯賞從亡者，介之推不言祿，祿亦弗及。推曰：「獻公之子九人，唯君在矣。惠、懷無親，外內棄之，天未絕晉，必將有主，主晉祀者，非君而誰？天實置之，而二三子以爲己力，不亦誣乎？竊人之財，猶謂之盜，況貪天之功以爲己力乎？下義其罪，上賞其奸，上下相蒙，難與處矣。」其母曰：「盍亦求之，以死誰懟？」對曰：「尤而效之，罪又甚焉！且出怨言，不食其食。」其母曰：「亦使知之若何？」對曰：「言，身之文也；身將隱，焉用文之？是求顯也。」其母曰：「能如是乎？與汝偕隱。」遂隱而死。晉侯求之不獲，以綿上爲之田，曰：「以志吾過，且旌善人。」

《史記・晉世家》：

文公修政，施惠百姓，賞從亡者及功臣，大者封邑，小者尊爵。未盡行賞，周襄王以弟帶難出居鄭地，來告急晉。

> 晉初定，欲發兵，恐他亂起，是以賞從亡未至隱者介子推。推亦不言祿，祿亦不及。推曰：「獻公子九人，唯君在矣。惠、懷無親，外內棄之；天未絕晉，必將有主，主晉祀者，非君而誰？天實開之，二三子以爲己力，不亦誣乎？竊人之財，猶曰是盜，況貪天之功以爲己力乎？下冒其罪，上賞其奸，上下相蒙，難與處乎！」其母曰：「盍亦求之，以死誰懟？」推曰：「尤而效之，罪有甚焉。且出怨言，不食其祿。」母曰：「亦使知之，若何？」對曰：「言，身之文也；身欲隱，安用文之？文之，是求顯也。」其母曰：「能如此乎？與女偕隱。」至死不復見。介子推從者憐之，乃懸書宮門曰：「龍欲上天，五蛇爲輔。龍已升雲，四蛇各入其宇，一蛇獨怨，終不見處所。」文公出，見其書，曰：「此介子推也。吾方憂王室，未圖其功。」使人召之，則亡。遂求所在，聞其入綿上山中，于是文公環綿上山中而封之，以爲介推田，號曰介山，「以記吾過，且旌善人。」

比較二書所記，基本事實一致，《史記》則寫得更具體而詳細，開頭部分加了一段背景，說明當時政務繁忙，又逢國家多難，故晉文公沒有及時封賞介之推。當介之推隱退之後，再加寫了隨從爲介之推抱打不平，晉文公這才醒悟，趕快派人去找，並作了解釋。《史記》加寫的這兩段正好彌補了《左傳》交代之不足，這是司馬遷在《左傳》所載的基礎上將見聞材料加以補充而成的，使有關介之推的事迹顯得更爲完整而具體，當是可信的。

那麼，從二書所載能否得出「傳說本身贊揚的是能夠改正錯誤的晉文公，而不是心胸狹隘的介子推」的結論呢？我以爲二書所載並沒有如此愛憎分明。《史記》所介紹的背景說明客觀原因，晉文公確是情有可原，他後來也是如此爲自己辯解的，但他始終沒有主動想起介之推來，而是因爲介之推隨從懸書宮門才知道自己漏封了功臣，這才急急忙忙找人、封田、旌善、志過。二書確有表揚文公知過能改的意思，但介之推卻並非「心胸狹隘」的反面人物。如果不存偏見，而是具體分析其言行，就知道他正是受到二書作者表彰的忠臣賢士。《史記》稱「是以賞從亡未至隱者介之推」，可見他在晉文公即位之初已隱居不出，未曾在朝中露過面。他的隨從稱「五蛇爲輔」、「四蛇各入其宇」。《史記索隱》謂：「五蛇即五臣：狐偃、趙衰、魏武子、司空季子及之推也。」除了之推外，另外四人都已受封，「大者封邑，小者尊爵」，其中以狐偃最爲突出。早在公子重耳在秦人護送下入晉的路途中，狐偃就已迫不及待地邀功請賞了。《史記・晉世家》：

> 文公元年春，秦送重耳至河。咎犯曰：「臣從君周旋天下，過亦多矣。臣猶知之，況于君乎？請從此去矣。」重耳曰：「若反國，所不與子犯共者，河伯視之！」乃投璧河中，以與子犯盟。是時介之推從，在船中，乃笑曰：「天實開公子，而子犯以爲己功而要市于君，固足羞也。吾不忍與同位。」乃自隱渡河。

這裡，狐偃與介之推的態度是多麼鮮明的對比！狐偃表面要走，實則爲要挾請功，介之推看不下去，鄙視狐偃，謂其貪天之功爲己有。爲了避免再看到類似無恥之事，遂「自隱渡河」，從此與重耳君臣等分手了。至於介之推隱於何處，則未見交代。介之推這一段插曲不見於《左傳》，而《史記》在介之推名字前加「隱者」二字由來即在於此。可見《史記》比《左傳》文字更爲縝密。

等到晉文公入晉即位，自然就大封狐偃等「四蛇」了，而介之推作爲隱者，被文公置諸腦後也就不足爲奇了。《左傳》和《

史記》二書雖然沒有描寫狐偃等人是怎樣受封的，但我們從介之推的話語中仍然可以略窺一二。「二三子以爲己力」，也就是「貪天之功爲己有」，討賞爭功的在黃河上只有一位狐偃，而在朝中，恐怕就要演出百醜圖了。可以想見當時這班隨從之臣是怎麼樣地互相攀比、傾軋的情景。介之推連一個狐偃都看不下去，又怎能容忍群醜爭賞的局面呢？所以他憤怒地譴責朝中「下冒其罪，上賞其奸，上下相蒙」，表示「難與處矣」，堅決不與朝中君臣共同相處，上山隱退，一走了之。介之推不僅罵臣下冒功，也罵晉文公濫封濫賞。如果說介之推是「怨氣沖天」而「忿然離去」的話，恐怕不是爲了一己的私利，而是怨這些人沆瀣一氣，恬不知恥，故羞與爲伍，連話也懶得再說。眞要去說明自己的意見，豈非有「求顯」之嫌？自己豈非也成爲狐偃一類貪天之功爲己有的人了嗎？介之推正是從晉文公「祿亦不及」這一點上領悟到祿位對人的毒害，使人變得可鄙而又可恥，因此決心從此不問世事，隱於山中。至於他的隨從，以爲「四蛇各入其宇，一蛇獨怨」，說之推怨氣沖天，這只是隨從的看法，並不代表之推，實際上他未能領會主公的眞實思想，是以小人之心度君子之腹而已。倒是之推的母親，經過與兒子的三問三答，徹底搞清了兒子的想法，同意了兒子的決定，於是隨兒子一起隱於山中。也難怪隨從不明白主人的意思，因爲他沒能聽到母子之間的對話。

《左傳》和《史記》所載之傳說固然贊揚晉文公知過能改，但更主要的是表彰介之推敝屣爵祿、不戀名位的高潔之志。倒是詩人屈原在《惜往日》、《悲回風》中，一方面將介之推與伊尹、伯夷等忠臣賢人並列，同時將重點放在晉文公的知過能改這一點上。這是詩人爲了表達詩篇的主旨而靈活運用典故的表現。吳王夫差相信讒言賜死伍子胥，結果導致身死國亡，到了這種地步才知道後悔於事何補？而晉文公則不同，他對介之推固然有未能封賞之過錯，但最後總算醒悟過來，封山報恩，痛哭哀悼，不失爲明主，因此後來得以稱霸。將這兩件事、兩位國君比較一下，吳王夫差不足爲法，而晉文公則可起而效之。對於楚國來說，擺在面前的不也就這麼兩條路嗎？究竟是學夫差，一錯到底呢，還是效文公，做錯事知道幡然醒悟呢？自己是忠而被謗，信而見疑，朝廷上一班讒人把持朝政，蒙蔽國君，個人的處境與子胥和之推有什麼兩樣！自己一死何足惜，就只希望楚王能以晉文公爲榜樣，改正錯誤，則楚國還是可圖的。

屈原對於國君做錯事能否改正這個問題看得很重，《離騷》有「哲王又不悟」句，《天問》結尾部分有「悟過改更，我又何言」句，都表明詩人寄希望於國君之醒悟改過，哪怕已決心赴死之前一刻，仍然抱有痴心。《惜往日》中引用晉文公之事例正是這種痴心的表現，從《離騷》到《惜往日》都是一以貫之。故以爲介之推在史書上是一位計較個人得失的小人，其思想行爲與屈原大相徑庭，實在是天大的誤會。退一萬步說，介之推在晉文公即位之初因爲未得封賞而口出怨言，處在當時的歷史條件下似亦未可厚非，何況他是針對一班隨從之臣邀功請賞、赤裸裸地爭名奪利的醜態呢。他不願與這班人同流合污，一走了之，有什麼可以指責的呢？如果他眞是爲了祿位，故作姿態，並非眞心隱退，那麼後來文公找他，就該出山，何必弄假成眞，寧肯死也不出來呢⑦！心胸狹隘之人能連命都不要嗎？我以爲介之推最後的結局是寧爲玉碎不爲瓦全，是不肯隨波逐流，保持高潔的表現，與《漁父》篇所說的「安能以身之察察，受物之汶汶者乎」、「安能以皓皓之白，而蒙世俗之塵埃乎」的境界彷彿。不過，之推不是死於水，死法與屈原不同而已。

再來考察申徒狄其人其事。申徒狄僅在《悲回風》中出現一次，有曰：

望大河之洲渚兮，悲申徒之抗迹。諫君而不聽兮，重任石之何益。

這裡所說的申徒狄的事迹並非杜撰，而是以前人的記載傳說爲根據的。

申徒狄活動的時代不像伍子胥、介之推那麼確定，一說他是成湯時人，一說他是殷紂王時人，一說爲六國時人。但有一點是可以肯定的，即有關申徒狄的傳說早在屈原之前就已廣泛流傳於世，並已有記載。

《莊子・大宗師》曰：

若狐不諧、務光、伯夷、叔齊、箕子、胥余、紀他、申徒狄，是役人之役，適人之適，而不適其適者也。

《莊子・外物》曰：

堯與許由天下，許由逃之。湯與務光，務光怒之。紀他聞之，帥弟子而蹲于窾水，諸侯吊之。三年，申徒狄因以踣河。

《莊子・盜跖》曰：

申徒狄諫而不聽，負石自投于河，爲魚鱉所食。

據前兩條所寫，申徒狄似乎是殷初之人。郭慶藩《莊子集釋》卷二十六謂申徒狄與紀他「并隱者，聞湯讓務光，恐其及己，與弟子蹲踞水旁。諸侯聞之，重其廉素，時往吊慰，恐其沉沒。狄聞斯事，慕其高名，遂赴長河，自溺而死。」指出申徒狄是隱者，怕湯讓位給自己，爲了保持廉素而自沉於河。據《莊子・盜跖》，則是「諫而不聽，負石自投於河」，郭慶藩《集釋》對「諫而不聽」難以解釋，謂「未詳所據」，不知道諫的是哪一位君王，諍諫的內容如何。莊子對於儒家所稱頌的伯夷、叔齊等人統統作為批判的對象，同時也把申徒狄包括在內，認為他們絕命輕生，是不愛惜自己生命的行為，故「無異於磔犬流豕操瓢而乞」，不足為法。但莊子批判之語卻為我們提供了一個不容否認的事實，即申徒狄在先秦時頗有名聲，早已與伯夷、叔齊等人一同聞名於世。

除《莊子》外，《荀子・不苟篇》亦論及申徒狄，曰：

> 君子行不貴苟難，說不貴苟察，名不貴苟傳，唯其當之為貴。故懷負石而赴河，是行之難為者也，而申徒狄能之，然而君子不貴者，非禮義之中也。

荀子以為「苟難」、「苟察」、「苟傳」皆為君子所不取，就是反對隨便求難做之事，隨便求敏察捷辯，隨便求邀名傳世，一切言行都應適當，符合禮義。用這樣的標準來衡量申徒狄，荀子也不甚贊同申徒狄自沉，只是他與莊子有區別。莊子以保命長壽為人生宗旨，以為申徒狄自沉而死違背了個人之自由發展，故不足取。而荀子則一方面以為申徒狄所為超出一般人，不是普通人都能做到的，同時又認為他的行為太過分了，不適當，違背了禮義規範的中庸之道。

此外，漢初尚有《淮南子・說山訓》也提到申徒狄，有曰：「申徒狄負石自沉於淵，而溺者不可以為抗。」《史記・鄒陽列傳》曰：「是以申徒狄自沉於河，徐衍負石入海。」高誘注《淮南子》曰：「申徒狄，殷末人也，不忍見紂亂，故自沉於淵。」《集解》引《漢書音義》曰：「殷之末世人。」《索隱》引韋昭云「六國時人」。是則申徒狄或為殷末人，或為六國時人。要之，時代均在屈原之前。記載申徒狄事迹最詳者為《韓詩外傳》，其卷一曰：

> 申徒狄非其世，將自投于河。崔嘉聞而止之，曰：「吾聞

> 聖人仁士之于天地之間也，民之父母也，今爲儒雅之故，不救溺人，可乎？」申徒狄曰：「不然。桀殺關龍逄，紂殺王子比干而亡天下，吳殺子胥，陳殺洩冶而滅其國。故亡國殘家，非無聖智也，不用故也。」遂抱石而沉于河。

崔嘉何人？不得其詳。從申徒狄說到紂殺比干、吳殺子胥來看，似爲戰國時代人，故韋昭以爲他是「六國時人」，不是沒有根據的。

《悲回風》所寫詩句與上述各家所載之基本事實相同，唯有「諫而不聽」的具體事實一時難知其詳，但其語與《莊子·盜跖》一致，可見不是杜撰。問題在於如何理解「重任石之何益」這句話。否定者以爲此非屈原口吻，亦非屈原之思想。

吳汝綸《評點古文辭類纂》謂《悲回風》有「諫君不聽」、「任石何益」句，以爲「此殆吊屈子者之所爲歟」。又謂：「所引子胥入江、申徒赴河二事爲比，明是屈子沈汨羅後引彼二證，若屈子自言，期於必死可也，安能自必其死於水哉！」認爲屈原可以自言赴死之決心，卻不能自言必定赴水而死。前面我們已證明《涉江》中之「伍子」爲伍子胥，則詩人早就引伍子胥以自比了，只是此篇多了一位也是水死的申徒狄而已。

我們雖不能斷定《悲回風》即爲臨絕之詞，但已可知其去死不遠矣。一位立志報效君國、惜陰如金的忠臣烈士內心深處時時展開生與死之搏鬥，這是否就是軟弱的表現，是否與其言行有悖？從《離騷》之「從彭咸之所居」，至《悲回風》之三從彭咸，其間年數至少在十年以上，詩人時時出現死的念頭，這是否有損詩人之高大形象？還說「重任石之何益」，對投水自沉猶豫不決，產生懷疑，似乎太不像意志堅強毅然決然赴水而死的屈原了。

據《離騷》所寫，詩人對國君之輕信讒人，奸佞之結黨營私，蘭椒之變質從俗，以及自己無端被黜，是既憤怒又怨恨，既絕望而又無可奈何，故最後歸結爲「既莫足與爲美政兮，吾將從彭咸之所居」。在這樣的思想情緒支配之下，想到不如追隨先賢於地下，豈不是十分順理成章的嗎！但他並未說死就死，因爲他還想有所作爲，還想奮爭，即使放逐南方僻遠之地，有訴不盡的憤懣和愁思，時時冒出死的念頭，但尙未達到徹底絕望的境地。對於憂國憂民的詩人來說，直至秦人攻陷首都，祖先陵墓受到踐踏，人民流離失所，這才眞是感到絕望，將多年來時時回旋於心頭的死的念頭付諸行動。

那麼，詩人何以選擇水死之法呢？這恐怕與自然環境有關。楚國係水鄉澤國，水網交錯，觸處皆水，自殺者自然也帶有水鄉之特徵。正如處於水網地帶之吳國，夫差爲了逞威，將伍子胥的屍首盛以鴟夷之皮浮於江中一樣。試看《九歌》的《湘君》、《湘夫人》、《河伯》諸篇，對湘水與河流的描寫是何等優美生動。《九章》除《惜誦》、《橘頌》、《惜往日》等篇之外，幾乎都與水有關，特別是《悲回風》篇，誠如陳子展所說，是「擁抱風波」，是「大風大水對偉大心靈的誘惑」⑧。可是詩人爲什麼在結束生命之前還是思緒萬千，將猶豫難定之心理形諸筆端，發而爲詩呢？我以爲這是詩人具有活躍的生命力而又極其眞誠的自我剖白，不能與軟弱或優柔寡斷混爲一談。詩人寫道：「萬變其情豈可蓋兮，孰虛僞之可長。」「涕泣交而凄凄兮，思不眠以至曙。終長夜之曼曼兮，掩此哀而不去。」「心踴躍其若湯。」詩人反對虛僞，提倡眞誠。這是針對朝中一班文過飾非掩蓋眞相的奸佞之徒而發的，詩人自己當然應表裡如一，在生死關頭，內心並不平靜，而是翻騰起伏，想得那麼多，那就應當公開剖露出來。他說到自己雖決心赴死，但恐怕會像申徒狄那樣，死後一切如舊，豈不是徒死而無補於國嗎！故他涕泣悲哀，夜難成寐，中心如沸。郭沫若曾以醫生的眼光據以診斷詩人患有神經病、肋膜炎、心悸亢進等病症⑨，這似乎是玩笑話，是不能當眞的。還是王夫之的分析接近詩意。其《楚辭通釋》卷四曰：

> 自非當屈子之時，抱屈子之心，有君父之隱悲，知求生之非據者，不足以知其死而不亡之深念。
>
> 申徒沈而殷滅，屢諫于君者，既不得用，身死之後，盈廷貪昧，以趨于危，君不閔己之死悔悟，則雖死無益，心終不能自釋，蓋原愛君憂國之心，不以生死而忘，非但憤世疾邪，婞婞焉決意捐生而已。

陳子展同意王說，並進而認爲全詩所寫皆係詩人赴死前的心理活動之展現，因此著力描寫風水波濤之奇幻及內心翻騰之恍惚，其論深中肯綮。如不從心理角度去分析，確實難以理解篇末之詩句。

三、《惜往日》、《悲回風》的文辭問題與懷才不遇思想

否認《惜往日》、《悲回風》爲屈原所作者除了對伍子胥等三人提出質疑之外，尚以兩篇文辭不類及流露懷才不遇思想爲據予以否定。

曾國藩《求闕齋讀書錄》卷六曰：

> 自閻百詩後，辨僞古文者無慮數十百家，姚姬傳氏獨以神氣辨之，曰不類。柳子厚辨《鶡冠子》之僞，亦曰不類。余讀屈子《九章・惜往日》，亦疑其贋作。何以辨之，曰不類。

其《經史百家雜抄》曰：

> 《惜往日》「寧溘死而流亡兮」一段不似屈子之詞，疑後

人僞托也。

吳汝綸在《評點古文辭類纂》中加以發揮，有曰：

曾文正公謂此篇不類屈子之辭，而識別其淺句。今更推衍文正之旨，蓋他篇皆奇奧，此則平衍而寡蘊，其隸字亦不能深醇。文正之識卓也。

《悲回風》文字奇縱，而少沈郁譎變之致，疑亦非屈子作。

劉永濟《屈賦通箋・箋屈余義》之「《惜往日》《悲回風》二篇非屈作之證」曰：

吾人試檢《悲回風》篇，用聯綿詞至二十五句，正後代文人有心雕飾之證。

對曾、吳之說，游國恩在《讀騷論微初集・論屈原之放死及楚辭地理》之「九章辨疑」中予以批評剖析，特別對兩篇之文辭，謂一篇平淺、一篇奇縱，似不相類的問題，論之甚詳，很有說服力。在《楚辭概論》第三篇中，對《悲回風》中連用聯綿詞之美學意義亦作了言簡意賅的分析，故無須多說。

這裡擬再補充一點。蔣天樞師在《楚辭論文集・漢人論述屈原事迹中的一些問題》中，論及荀子和屈原年輩部分同時，又終老於楚，故必定知道屈原其人與事，唯礙於當時形勢，因此字裡行間依稀仿佛，若有若無，能讓人聯想屈原當時所處的形勢。如《強國篇》之「今楚，父死焉，國舉焉，負三王之廟而辟於陳蔡之間」，就是指楚懷王客死於秦，郢都陷落，及頃襄東遷於陳等等。此外，《成相篇》亦隱約有所指。這對我們深入理解屈原之辭賦很有啓發，茲再舉例以證成其說。

《成相篇》之舉伍子胥爲例，《不苟篇》之舉申徒狄爲例，皆足以說明伍子胥與申徒狄之聲名著於楚國，故屈原屢次援引，毫不爲怪。另，在《賦篇》裡更有與《懷沙》、《卜居》、《惜往日》諸篇密切相關之句，有曰：

螭龍爲蝘蜓，鴟梟爲鳳凰。比干見刳，孔子拘匡。昭昭乎其知之明也，郁郁乎其遇時之不祥也。

琁玉瑤珠，不知佩也；雜布與錦，不知異也。閭娵子奢，莫之媒也；嫫母力父，是之喜也。以盲爲明，以聾爲聰；以危爲安，以吉爲凶。嗚呼上天！曷維其同。

後一段辭句亦見於《戰國策・楚策四》，寫得更爲具體，交代得更清楚。說荀子受到奸人的讒毀，就離開春申君到趙國去，趙以之爲上卿。這奸人又在春申君面前說如不把荀子請回來，而讓趙國得到賢人，於趙有利。於是春申君又派人去請荀子，荀子寫信辭謝，並寫了《賦篇》以表明自己的愛憎。我們試看屈原作品中的有關詩句。

《涉江》：

伍子逢殃兮，比干菹醢。

鸞鳥鳳凰，日以遠兮；燕雀烏鵲，巢堂壇兮。

《懷沙》：

離婁微睇兮，瞽以爲無明。變白以爲黑兮，倒上以爲下。

《惜往日》：

自前世之嫉賢兮，謂蕙若其不可佩。妒佳冶之芬芳兮，嫫母姣而自好。雖有西施之美容兮，讒妬入以自代。

《卜居》：

此孰吉孰凶，何去何從？

試加比較，就知道荀賦受屈原辭賦之影響有多麼深刻！荀子肯定熟知屈原其人，熟讀其作品，他本人也有與屈原仿佛的遭遇，也被人造謠中傷，於是便運用屈原首創之新體詩來作《賦篇》，以諷刺嫉賢忌能、是非倒置之現實，以寄托其怨憤。篇中雖然未提及屈原之名，但屈原作品的辭句他已能熟練地加以化用。《成相篇》亦有同樣的情況。如果不是屈原的《惜往日》等作品創作在前，荀子賦中的句子從何而來？這絕非偶然的巧合，而是有意識的學習。說不定他就是被屈原偉大的人格及其所作楚辭的新體詩所吸引，最後雖然被讒人離間仍然不忍離去而終老於楚國的吧！

荀子的作品爲後人提供了證明，說明《惜往日》爲後人憑弔之作的說法不能成立。

再來看屈原有無懷才不遇的思想。論者以爲屈原沒有懷才不遇的思想，故憑此足以推翻屈原的著作權。有曰：

> 《惜往日》還列舉「伊尹烹于庖廚」、「呂望屠于朝歌」、「寧戚歌而飯牛」的事例說：「不逢湯武與桓繆兮，世孰云而知之？」表現了懷才不遇的思想，這也不是屈原的思想。
>
> 《惜往日》的作者把屈原摒棄了的思想作爲屈原本人的思想來寫，可見他學屈原的作品只取其字句，未得其精神。
>
> 《惜往日》、《悲回風》以介之推喻屈原，借伊尹、呂望、寧戚等人表現懷才不遇的思想，是這兩首詩非屈原作的又一條證據⑩。

我們不妨舉這兩首詩以外的作品來考察屈原到底有沒有懷才不遇的思想。我認爲不僅有，而且例句多得不可勝數，如：

《離騷》有句曰：

> 曾歔欷余郁邑兮，哀朕時之不當。
>
> 攬茹蕙以掩涕兮，沾余襟之浪浪！已矣哉！國無人莫我知兮，又何懷乎故宇！既莫足與爲美政兮，吾將從彭咸之所居。

《涉江》曰：

哀南夷之莫吾知兮。

哀吾生之無樂兮，幽獨處乎山中。吾不能變心以從俗兮，固將愁苦而終窮。

余將董道而不豫兮，固將重昏而終身。

《懷沙》曰：

內厚質正兮，大人所盛。巧倕不斫兮，孰察其撥正？

夫惟黨人之鄙固兮，羌不知余之所臧。

文質疏內兮，眾不知余之異采。材樸委積兮，莫知余之所有。

重華不可遌兮，孰知余之從容。古固有不并兮，豈知其何故也？湯禹久遠兮，邈而不可慕也。

世溷濁莫吾知，人心不可謂兮。

以上詩句，無不含有懷才不遇的思想。詩人不爲楚王所理解、所信任，飽受冷遇疏遠，甚而至於長期被逐於僻遠之地，連親自培育的學生也背叛了他，連一位合適的媒人也找不到，以至於無法求女。他面對的只是仇視他的讒人的攻擊和陷害。他只能感到無邊而深沉的孤寂。他的「異采」、「所有」、「所臧」、「從容」等等，除了他自己又有誰知道？他擁用的「內美」和「修能」就只有借助想象世界向重華去傾訴，他的不幸、苦悶和壯懷或許只有古聖賢能予以理解。但是《離騷》中所說的武丁之用傅說，周文之用呂望，齊桓之用寧戚這些美好的君臣相得的事例只是令人嚮往的遙遠史迹。殘酷的現實，污濁的世俗，使詩人得出「哀朕時之不當」的浩嘆。《懷沙》所說的：「重華不可遌」、「湯禹久遠」亦就是「哀朕時之不當」的意思，與《惜往日》的「不逢湯武與桓繆」所表現的懷才不遇的思想情緒實在沒有什麼不同。從《離騷》的「哀朕時之不當」、「湯禹儼而求合兮」，至《惜往日》的「不逢湯武與桓繆」，都是懷才不遇思想一以貫之的表現，只不過在語氣表達上略有差異而已，因此怎能說屈原沒有懷才不遇的思想呢！

像屈原這樣懷才不遇和深沉的孤獨感具有典型意義，是古代受壓抑的人才普遍的感受，先秦時代的孔子、孟子、莊子、荀子哪一位不是或多或少地有所表現。當然他們比屈原幸運，畢竟還有一群高足追隨左右，而屈原則是徹底的孤獨，故屈原辭賦中「獨」字出現的頻率很高。荀子在《成相》中所說的「嗟我何人，獨不遇時，當亂世」，既是自我生不逢辰的獨白，也是作爲同時代人對《惜往日》懷才不遇思想靈犀相通的共鳴。

我以爲承認屈原有懷才不遇的思想並無損於詩人獨立不遷的高尚品德，亦無損於詩人爲美政理想、爲國爲民而獻身的精神，這是那個時代所造成的悲劇。

總之，《惜往日》和《悲回風》爲屈原的作品是無庸置疑的。

【附　註】

① 見《左傳・定公四年》。

② 見《史記・伍子胥列傳》。

③ 見郭沫若《屈原研究》。

④ 見《莊子・列御寇》。

⑤ 見《九章・哀郢》。

⑥ 見《〈楚辭〉中提到的幾個人物與班固劉勰對屈原的批評》，《西北師院學報》1983年第2期。

⑦ 《荊楚歲時記》引《琴操》曰：「晉文公與介子綏俱亡，子綏割股以啖文公，文公復國，子綏獨無所得。子綏作龍蛇之歌而隱。文公求之，不肯出，乃燔左右木，子綏抱木而死。文公哀之，令人五月

五日不得舉火。」顧炎武《日知錄》卷二十五「介子推」條曰：「立枯之說始自屈原，燔死之說始自莊子。」

⑧ 見《楚辭直解・九章解題》。

⑨ 見《屈原研究》。

⑩ 以上均見趙逵夫《〈楚辭〉中提到的幾個人物與班固劉勰對屈原的批評》，《西北師院學報》1983年第2期。

梁啓超論屈原

梁啓超是我國近代史上偉大的啓蒙主義者，是一位百科全書式的學者，其對先秦學術思想的研究造詣尤深。他也是近代最早全面評價屈原及其作品並取得卓異成績者。早在1902年他的《論中國學術思想變遷之大勢》中，就已將屈原列爲南方學派一個分支的代表人物，高度評價屈原的學術地位。二十年代初，他先後發表了《屈原研究》（1922年）和《要籍解題及其讀法》（1925年）二文，在正確分析評價屈原在文學史上的地位及研究方法上突破前人，新穎獨到，承前啓後，一掃經院式的學究氣，爲屈原研究注入了新鮮血液，帶來了全新的氣象。

引人矚目的是梁啓超站在愛國立場上，把屈原的作品當作「喚起同胞之愛國心」、進行愛國教育的好教材。他說：「吾不患外國學術思想之不輸入，吾惟患本國學術思想之不發明。」①他滿懷激情地號召：「吾以爲凡爲中國人者，須獲有欣賞楚辭之能力，乃爲不虛生此國。」②認爲作一個中國人就應具有欣賞楚辭的能力。把問題提到如此的高度，可謂前所未有。這恐怕也是對胡適的民族虛無主義思想的有力批駁。

1922年9月，胡適發表了《讀楚辭》③，荒唐地提出「屈原是誰」，「屈原這個人究竟有沒有」的問題，從懷疑《史記・屈原列傳》個別詞句的眞實性，進而否定屈原的存在，說什麼「傳說的屈原，若眞有其人，必不會生在秦漢以前」、「屈原是一種『箭垜式』的人物，與黃帝、周公同類。……從此屈原就成了一個倫理的箭垛了。」妄圖把屈原從文學史上抹去。梁啓超的文章雖非專門駁斥胡適之作，然其《屈原研究》係1922年11月3日在東南大學文哲會上的演講，他大聲疾呼要求學生們學習屈原作品和偉大人格，這無異是給胡適的謬論以有力的一擊。在愛國這一大題目上，梁啓超是旗幟鮮明的。1923年他爲清華出國留學生開書單時，就明確反對胡適所開的《最低限度之必讀書目》，認爲「胡適這篇書目，從一方面看，嫌他掛漏太多；從別方面看，嫌他博而寡要，我認爲是不可用的。」他不僅在書目和讀書方法上對留學生加以切實的指導，而且鼓勵他們學成歸國爲祖國的文化事業作出貢獻：「對於中國文化有無貢獻，便是諸君功罪的標準。任你學成一位天字第一號形神畢肖的美國學者，只怕於中國文化沒有多少影響，若這樣便有影響。我們把美國藍眼睛的大博士抬一百幾十位來便夠了，又何必諸君呢？諸君須要牢牢記著你不是美國學生，是中國留學生。如何才能叫做中國留學生，請你自己打主意吧。」④梁啓超就是在發揚愛國精神的思想指導下研究屈原及其作品的。

梁啓超注意把文學現象和作家的思想放在時代和社會的廣闊背景上加以考察，從而得出比較科學的結論。他認爲：「人類於橫的方面爲社會的生活，於縱的方面爲時代的生活，苟離卻社會與時代，而憑空以觀某一個人或某一群人之思想動作，則必多不可了解者，未了解而輕下批評，未有不錯誤也。」⑤因此對屈原及其作品他就要研究「爲什麼會發生這種偉大的文學？爲什麼不發生於別國而獨發生於楚國？何以屈原能占有這首創的地位」？他運用生物進化的原理來考察這些問題，說：「理學之公例，凡兩異性相合者，其所得結果必加良。此例殆推諸各種事物而皆同者也。……我中華當戰國之時，南北兩文明初相接觸，而古代之學術思想達於全盛。」「文學亦學術思想所憑藉以表見者也，……文學之盛衰，與思想之強弱，常成比例，當時文學之盛，非偶然也。」⑥根據這些原則，梁啓超分析屈原及其作品的出現有其必然性，一是受到當時「哲學勃興」的影響，莊子、孟子及《戰國策》等所載，「都很含著文學趣味，所以優美的文學出現，在時勢爲可能的。」其二，春秋中葉以後，楚文化正逐步吸收、融合中原文化，楚國「可以說是中華民族裡頭剛剛長成的新分子，好像社會中才成年的青年」，「到了與中原舊民族之現實的倫理的文化相接觸，自然會發生出新東西來，這種新東西之體現者，便是文學」，「我們這華夏民族，每經一次同化作用之後，文學界必放異彩」。而貴族出身之屈原一方面有能力繼承楚國固有的文化傳統，另一方面又有機會出使齊國，「那時正當『稷下先生』數萬人日日高談宇宙原理的時候，他受的影響，當然不少」。這樣，屈原自然對於新輸入之中原文化就有可能「充分領會」。其三是個人獨特的遭遇，幾十年的流放，使屈原在南楚荒僻險峻的山水中過著幽獨的生活，「特別的自然界和特別的精神作用相擊發，自然會產生特別的文學」⑦。如此三方面原因結合在一起，遂造就屈原這樣的代表人物，作爲新文學標志的楚辭這種新體詩也就隨之而產生了。

王國維也有類似看法，認爲「大詩歌之出，必須俟北方人之感情與南方人之想象合而爲一，即必通南北之驛騎而後可，斯即屈子其人也。」魯迅也指出：「楚雖蠻夷，久爲大國，春秋之世，已能賦詩，風雅之教，寧所未習，幸其固有文化尚未淪亡，交錯爲文，遂生壯采。」⑨

聯繫時代與社會背景來考察文學現象，用進化發展的觀點來解釋屈原及其作品出現的必然性，這在當時無疑是具有進步意義的。

梁啓超是最早運用比較文學的方法來研究文學現象的學者。他認爲：「凡天下事必比較然後見其眞，無比較則非惟不能知己之所短，並不能知己之所長。」「不知己之所長，則無以增長光大之；不知己之所短，則無以采擇補正之。語其長，則愛國之言也；語其短，則救時之言也。」⑩「吾最喜爲大量的比較觀察，求得其總括的概象，而推尋其所以然。」⑪他便是以比較的方法來考察屈原作品的特色及其在文學史上的地位的。

一方面是作縱向比較，指出楚辭是較《詩經》更爲進步的文學，它們有南北地域的不同：「三百篇爲中原遺聲，楚辭則南方新興民族所創之新體」；表達之情感也有激越與敦厚之分：「三百篇雖亦有激越語，而大端皆主於溫柔敦厚，楚辭雖亦有含蓄語，而大端在將情感盡情發洩」。它們不僅與音樂關係有深淺，在體制上亦有長短之異：「從前的詩，諒來都是可以歌的，不歌的詩，自『屈原賦』始，幾千字一篇的韻文，在體格上已經是空前創作。」更由於屈原將主觀感受傾注於創作之中，「一往情深」，所以成爲我國文學史上第一位具有鮮明個性特徵的偉大詩人：「中國文學家的老祖宗，必推屈原。」「欲求表現個性的作品，頭一位就要研究屈原。」《詩經》爲集體創作，其中反映的是時代的共性，而楚辭則爲個人所作，滲透了個人特有的生活遭遇和理想情感，這正是文學向更高階段發展的標志。

在表現方法上，二者更是各具其貌：「三百篇爲極質正的現實文學，楚辭則富於想象力之純文學。」指出前者爲現實主義的範例，後者爲浪漫主義的傑構。而後者在文學史上尤爲難得，他說：「實感自然是文學主要的生命，但文學還有第二個生命，曰想象力，從想象中活跳出實感來，才算極文學之能事，就這一點論，屈原在文學史的地位，不特前無古人，截到今日止，仍是後無來者，因爲屈原以後的作品，在散文或小說裡頭，想象力比屈原優勝的或者還有，在韻文裡頭，我敢說還沒有人比得上他。」對於想象力豐富之浪漫主義作品予以如此高的評價，在前此的舊注舊評中似未曾見到，可見其卓識自是高人一籌。

再一方面則作橫向比較，就是將屈賦放在世界文學的大範圍內來考察，指出其獨特的藝術成就和崇高的地位。屈原《天問》、《招魂》和《遠遊》等運用了大量神話傳說，梁啓超以爲與希臘神話異曲而同工：「《天問》純是神話文學，把宇宙萬有，都賦予他一種神秘性，活像希臘人思想。」「至於《離騷》中所描寫的諸多神話人物和怪誕的情節，《九歌》中所寫不同神具有不同的身分和意識等，「想象力豐富瑰偉到這樣，何止中國，在世界文學作品中，除了但丁《神曲》外，恐怕還沒有幾家夠得上比較哩。」梁啓超學貫中西，博古通今，故能作此鳥瞰式比較。實則但丁《神曲》遲至中世紀末方出現，而屈原諸作在時間上遙遙領先，早在公元前四世紀末三世紀初產生，可見其在世界文學史上具有不可動搖的地位。

梁啓超更以其熱情的筆觸贊美屈原崇高的人格，認爲他是「情感的化身」，是「多情多血的人」。對楚國，「他是極誠專慮的愛戀」，傾瀉「他萬斛情愛」；對人民的苦難，他充滿同情，感同身受，「看見衆生苦痛，便和身受一般，這種感覺，任憑用多大力量的痲藥也痲他不下」，「他的感情極銳敏，別人感不著的苦痛，到他腦筋裡便同電掣一樣。」梁啓超深入剖析屈原與社會、祖國和人民的關係，細致入微地分析其內心種種矛盾鬥爭，指出其怎樣具有「高寒的理想」，改革政治；怎樣保持高潔情操，「用石蘭杜若種種芳草莊嚴自己」，「一生愛好是天然」，注意自我修養，不受環境污染；又是怎樣來「滋蘭」、「樹蕙」，「多培植些同志出來協力改革社會」。爲了達到理想，他下決心和惡社會奮鬥」，「拿性命和他相搏」。可是無論如何努力，惡社會勢力太強大，所寄予希望的懷王太腐朽，以至於他所培植的「芳草」變質而與讒人同流合污。「他與惡社會這場血戰，眞已到矢盡援絕的地步」，「他覺悟到他可以死而且不能不死」。屈原孤軍奮戰，「最後力竭而自殺」，「爲情而死」，「潔身自殺」，不同於一般的輕生，所以梁啓超予以贊揚，認爲「這汨羅一跳，把他的作品添出幾倍權威，成就萬劫不磨的生命，永遠和我們相摩相盪。」「屈原不死，屈原惟自殺故，越發不死。」「彼之自殺實其個性最猛烈最純潔之全部表現，非有此奇特之個性不能產此文學，亦惟以最後一死能使其人格和文學永不死也。」

此外，梁啓超對屈原作品的眞僞、篇數及如何對待舊注等問題亦有卓見，啓人深思。如他反對王逸將《招魂》指爲宋玉所作，認爲應從《史記・屈原列傳》所說，爲屈原之作：

> 逸，後漢人，有何憑據，竟敢改易前說！大概他以爲添上這一篇，便成二十六篇，與《藝文志》數目不符。他又想這一篇標題，像是屈原死後別人招他的魂，所以硬把他送給送宋玉。依我看，招魂的理想及文體，和宋玉其他作品很有不同處，應該從太史公之說，歸還屈原。

具體地分析了王逸致誤之由，很有說服力。他論說《九歌》末篇《禮魂》的話雖采自前人之說，但分析也十分有理：

> 《九歌》末一篇《禮魂》，只有五句，實不成篇。《九歌》本侑神之曲，十篇各侑一神，禮魂五句，當是每篇末後所公用，後人傳抄貪省，便不逐篇寫錄，總擺在後頭作結，王逸鬧不清楚，把他也算成一篇。

這是在《屈原研究》中說的，後來在《要籍解題及其讀法》中又指出《禮魂》五句「竊疑此爲前十篇之『亂辭』」，意見一致。他亦認爲《大招》非屈原作，而「明是摹仿《招魂》之作」。這些都深中肯綮。唯對《九辯》，前後意見不一。在《屈原研究》中，並未將《九辯》列爲屈原作品，而在《要籍解題及其讀法》中，則據《釋文》將其排在《離騷》下面列爲第二篇，故「吾竊疑《九辯》實劉向所編屈賦中之一篇」，遂定之爲屈作，未及細察，失之偏頗。

其評論舊注得失部分，有較高的學術價值。他認爲王逸章句「所釋訓詁名物多近正，最可貴」，而對王逸解釋發揮楚辭各篇主旨，以「忠君愛國」之儒家說教強爲穿鑿，則甚爲不滿。他批評王逸《離騷章句序》所說「離騷之文，依詩取興，引類譬喻，故善鳥香草，以配忠貞，……虯龍鸞鳳，以托君子，飄風雲霓，以爲小人」一段話說：

> 此在各篇中固偶有如此托興者（《離騷》篇更多），若每篇每段每句皆膠例而鑿求之，則顛甚矣。人之情感萬端，豈有捨「忠君愛國」外即無所用其情者。若全書如王注所解，則屈原成爲一虛僞者或鈍根者，而二十五篇悉變爲方頭巾家之政論，更何文學價值之足言。故王注雖有功本書，然關於此點，所失實非細也。

這裡說的是王注穿鑿之弊，然而對我們閱讀其他古注亦不無啓發。古人往往忽略或抹殺楚辭諸作的文學價值，而將其納入儒家詩教範疇，把生動的形象和詩的特有表現手法變成僵死的教條，而予以曲解。梁啓超則撥去籠罩於楚辭之上的迷霧，還其文學作品的本來面目，這在當時，頗有振聾發聵的意義。

在楚辭舊注諸作中，梁啓超認爲朱熹集注對王逸之穿鑿附會之曲說「頗有芟汰，較爲潔淨」，指出朱注具有「潔淨」的特色。並贊揚朱熹能按照文學作品的特點來理解《九歌》的藝術成就，不像王逸等一味拘泥於「忠君愛國的說教」，故對朱注較爲欣賞。同時也指出朱注「惜仍有所拘牽，芟滌未盡耳」，朱注還是未能徹底擺脫附會之嫌，畢竟有所局限。在分析評價舊注後，他得出總括性的意見，謂「吾以爲治楚辭者，對於諸家之注，但取其名物訓詁而足，其敷陳作者之旨者，宜悉屏勿觀也。」提醒我們對舊注不應盲從，頗有見地。舊注由於距離作品時代較我們爲近，對字詞的音義訓釋比較接近原意，值得我們參考，而其敷陳題旨之見固亦時有眞知灼見，不可一概排斥，然而不可否認其爲傳統偏見所囿，未必能正確理解作品的題旨、表現手法和藝術特徵等，需要我們運用正確的立場、觀點、方法，並根據文學創作的特殊規律去分析研究。

最後，還須提出的是梁啓超研究屈原的文字，筆端飽含感情，極其酣肆暢達，既是具有創見的條分縷析之論文，有很高的學術價值，又如詩如畫，爲我們描繪了屈原的生動形象。如分析屈原與惡社會苦鬥，到最後力竭自沉時，他說：

> 他到了「最後一粒子彈」的時候，只好潔身自殺。我記得在羅馬美術館曾看見一尊額爾達治武士石雕遺像，據說這人是額爾達治國幾百萬人中最後死的一個人，眼眶承淚，頰唇微笑，右手一劍自刺左肋，屈原沉汨羅，就是這種心事了。

以其流暢而帶情感的文筆如在我們眼前塑出一尊屈原悲壯自沉的雕像，令人難忘。閱讀如此富於感染力的文字，眞是一種美的享受！

總之，梁啓超早在二十年代初就較全面而系統地研究屈原所處的時代、崇高的人格及其作品的藝術成就，確立其在文學史上的地位，給予高度評價。特別是能摒棄舊注舊評的老套，引進進化發展的觀點和比較的方法，從文學角度來分析研究屈原及其作品，使人耳目爲之一新，爲屈原研究作出了貢獻，因此，在楚辭研究的學術史上梁啓超占有重要地位。

【附　註】

① 見《論中國學術思想變遷之大勢》，《飲冰室文集類編下》。

② 見《要籍解題及其讀法・楚辭》，《飲冰室專集》七十二。

③ 見《讀書雜志》第二期，《胡適文存二集》。

④ 見《國學入門書目及其讀法》。

⑤ 見《中國歷史研究法》，《飲冰室專集》七十三。

⑥ 見《論中國學術變遷之大勢》。

⑦ 見《屈原研究》，《飲冰室文集》第十四冊。

⑧ 見《屈子文學之精神》，《王國維遺書，靜安文集續編》。

⑨ 見《漢文學史綱要》，《魯迅全集》第八冊。

⑩⑪ 見《中國歷史研究法》，《飲冰室專集》七十三。

略論王國維研究屈原之貢獻

王國維專論屈原的文章並不多，完整的僅有《屈子文學之精神》①一篇短文，另有關於屈原的論斷散見於其他的篇章中，但是我們今天讀來，仍覺新意撲面，深受啓發。

陳寅恪在《王靜安先生遺書序》中概括王國維的三點治學方法，第一是「取地下之實物與紙上之遺文互相印證」，第二是「取異族之故書與吾國之舊籍互相補正」，第三是「取外來之觀念與固有之材料互相參證」。王國維正是用這些科學的方法，特別是第一與第三點的方法來研究屈原及其作品的。

首先他論定屈原辭賦是時代、社會、地理等客觀環境與詩人感情、境遇、人格等主觀因素相結合的產物，兩者缺一皆不能產生偉大的文學。他認爲文學由低級向高級發展，經歷了先主觀而後客觀、先人生而後自然的過程。人總是先從主觀出發寫自己的感受、境遇的，即使是涉及自然界之景物，也總是與主觀之感情緊密結合的景物。經過這個階段後，才逐步開闊視野，進而注意描寫客觀自然景物的。王國維謂：「人類之興味，實先人生而後自然。」「詩歌之題目皆以描寫自己之感情爲主，其寫景物也亦必以自己深邃之感情爲之素地，而始得於特別之境遇中。」②從屈原的創作實踐來看，正是如此。爲了進一步考察屈原所處之環境，爲了說明「人生者非孤立之生活，而在家族國家及社會中之生活」③王國維概括先秦南北兩派，即北派孔墨和南派老莊之不同。北派積極入世，稱頌堯舜禹湯周，南派消極遁世，稱頌黃帝、廣成子等；北派周旋於君臣父子之間，以堅忍之志、強毅之氣參與社會鬥爭，而南派長於思辯而短於實踐，故以退隱避世自慰；北人重實踐，南人多想象。他們的思想風貌各有其特點，而經過長期的爭戰和交流，南北二派不免互相滲透、融滙，這就爲屈原的出現準備了良好的客觀條件，誠如王國維所說：「大詩歌之出，必須俟北方人之感情與南方人的想象合而爲一，即必通南北之驛騎而後可，斯即屈子其人也。」④

從楚莊王時太子所學之課業，可知楚國宮廷教育之一斑。《國語・楚語上》載申叔時答對楚莊王問，謂「教之春秋」、「教之世」、「教之詩」、「教之禮」、「教之樂」、「教之語」、「教之故志」、「教之訓典」等，其教學內容與北方諸侯國一樣，頗具規範化。作爲楚王同姓的貴族子弟，屈原接受的教育當然不會兩樣，更加上他天才早慧，故以「博聞強志，明於治亂，嫻於辭令」⑤而著稱，並深獲懷王的信任，能在青年即擔當左徒之重任，集內政與外交於一身，他兩度出使齊國，輔佐楚懷王於十一年成爲六國合縱抗秦之縱約長。但是好景不長，由於銳意改革、堅持抗秦路線，屈原遭到苟且偷安的頑固派、主和派奸佞的攻擊和誹謗，爲楚王所不喜，始而被疏，繼則流放，從此漂泊荒野。他既對朝政的黑暗和上層社會的腐敗有了深刻的認識，又經歷了個人放逐流落的生活磨難，因此而對人生有更全面的體驗，有更清醒的認識，對楚國朝政之混濁更加憎厭，於是他便傾其全力於辭賦的創作。王國維綜合詩歌產生之主觀條作曰：

> 苟無銳敏之知識與深邃之感情者不足與于文學之事。
>
> 無高尚偉大之人格而有高尚偉大之文學者，殆未之有也。
>
> 天才者或數十年而一出，或數百年而一出，而又須濟之以學問，帥之以德性，始能產眞正之大文學。此屈子、淵明、

子美、子瞻等所以曠世而不一遇也⑥。

屈原正是以其親身遭遇所得之深刻認識，蓄積已久之熱烈愛憎，及原有之廣博知識、高潔之人格胸懷熔鑄於詩中，將現實中無法實現的堯舜禹湯周之美政理想與南方人特有之浪漫想象的特質融爲一體，創作了「感自己之感，言自己之言」⑦的辭賦。反之，缺乏屈原之親歷親感及其才華，而又強爲之創作，則不過邯鄲學步而已。故王國維認爲王逸等仿作實在不足稱道，謂「王叔師以下，但襲其貌而無眞情以濟之，此後人之所以不復爲楚人之詞者也。」⑧其說完全符合文學創作規律，切合屈原辭賦之實際。

其次論證屈原之思想歸屬於儒家一派。王國維認同司馬遷、王逸之論，從屈賦之稱頌聖王，引述賢人，及譴責暴君等具體人物入手，與儒道兩家之說加以比較，認爲屈原思想屬於北派儒家，而有異於南派之道家。屈賦中所引之堯舜禹湯周、皋陶、伊尹、比干等，都是儒家所標舉的聖君賢臣，而受到屈原強烈譴責之夏桀、殷紂則爲儒家引以爲前車之鑑的亡國之君，而屈賦對道家著述中常常稱引的黃帝、廣成子則一字未及。至於《遠遊》一篇，王國維亦以爲是儒家思想之反映，而與道家思想無關，謂《遠遊》「實屈子憤激之詞，如孔子之居夷浮海，非其志也。」以爲此篇與《離騷》結尾之句意思貫通，並無二致。又以爲屈原即使沉江之前的絕筆《懷沙》篇中，仍然念念不忘稱引舜禹，故王國維得出結論，謂：

> 足知屈子固徹頭徹尾抱北方之思想，雖欲爲南方之學者，而終有所不慊也。

這個結論斬釘截鐵，較之司馬遷和王逸有過之無不及。《屈子文學之精神》這篇短文僅兩千餘言，而論述屈原之儒家思想卻占去五百多字，且引用《離騷》詩句以證其說，可見其對這個問題給予重視的程度。他的論析極其有力而中肯，雖然用「徹頭徹尾」四個字似嫌絕對一些。

再次是概括楚辭的某些特徵。王國維將楚辭與《詩經》加以比較，指出楚辭對《詩經》的關係是有繼承又有發展。從語言來說，楚辭「變三百篇之體而爲長句」，句式由短變長，從四言發展而爲五言、六言的雜言體。從體制來說，楚辭「變短什而爲長篇」，《詩經》多爲短篇，一般數十字，最長者數百言，而楚辭固然有短篇，但《離騷》長達二千四百餘字，《天問》亦有一千餘言。句式的加多與篇幅的延長，其容量便大爲豐富，故王國維謂楚辭「於是感情之發表更爲宛轉矣」。試看《騷離》所寫主人公憂國憂民之憤懣不平之慨，與奸佞之爭，求女之夢，去國之想，眞是委宛反覆，曲折回環，「一篇之中三致志矣」。與《詩經》比較，楚辭尤爲突出的特徵，是表現了「南人之富於想象」，其「豐富的想象力實與莊列爲近。《天問》、《遠遊》鑿空之談，求女謬悠之語，莊語之不足，而繼之以諧，於是思想之遊戲更爲自由矣。」「此皆北方文學之所未有，而其端自屈子開之。」⑨王國維指出屈原在作品中運用想象力方面與《莊子》、《列子》有相通之處，這是南方學派之共性，但《莊子》、《列子》之想象是爲說理服務的，而屈原則是驅使想象力以表達其宛轉之感情，故前者只能是哲學家，而屈原則爲詩人。王國維謂：「此莊周之所以僅爲哲學家，而周秦間之大詩人，不能不獨數屈子也。」確認屈原的首創性，是我國文學史上第一位富於想象力的大詩人。

最後一點，王國維以其對甲骨文的研究成果解決了殷先王先公一段歷史之謎，他的《殷卜辭中所見先公先王考》便是這一成果的記錄。《天問》中從「該秉季德，厥父是臧」至「何變化以作詐，後嗣而逢長」凡二十四句，自王逸以來舊注多不能解。該、恆、昏微等作何解釋，相互間關係如何，究竟發生了什麼事？王逸把「該」當作動詞，恆、微當作形容詞，所說之事指殷始祖契和殷紂王。洪興祖以為指夏啓之事。朱熹乾脆謂「此章未詳，諸說亦異。」不發表任何意見，可見索解之難。只有劉夢鵬在《屈子章句》中指出「該乃亥字之誤」。但他搞錯了輩份，以為亥為上甲微之子。而對季和恆的關係，服牛為何物，仍舊模糊不清，原因在苦於沒有實物證據。王國維由於能盡窺劉鶚與羅振玉所收集的甲骨文，以其淵博之知識，刻苦鑽研的精神，輔之以科學的方法，終於揭開殷代先公先王自冥至王亥、王恆、上甲微父子孫三代四世相繼之事實，以鐵的證據和有力的論析撥去積塵迷霧，使他們露出眞相，為後人讀通《天問》並理解其主題掃清了道路。

王國維以甲骨文實物與《山海經》、《竹書紀年》、《史記》等典籍加以對照，證實諸書記載之不謬，因此得出結論曰：「可知古代傳說存於周秦之間者，非絕無根據也。」於此亦證明《天問》所說當與《山海經》及《竹書紀年》同出一源。而《天問》所說王亥、王恆、上甲微三世較之上述諸書尤為詳盡，王恆一世為諸書所未載，幸賴甲骨卜辭可與比照，因此能彌補《史記·殷本紀》之不足，從而對殷代先世有了系統的認識。可見《天問》以文學作品而具有高度的史學價值。王國維《殷卜辭中所見先公先王考》曰：

> 卜辭之王恆與王亥同以王稱，其時代自當相接，《天問》之該與恆適與之相當，前後所陳又皆商家故事，則中間十二韻自係述王亥、王恒、上甲微三世之事。然則王亥與上甲微之間又當有王恆一世，以《世本》、《史記》所未載，《山經》、《竹書》所不詳，而今於卜辭得之。

王國維不僅解開了殷先代三世相繼之謎，還由此說明上古三代之先王都有功於世，故能得到後人的祭祀與尊敬。王亥就因爲首創服牛，以牛駕車，節省勞力，有利於生產而得到隆重的祭祀，故此王國維得出一條規律曰：

> 古之有天下者，其先皆有大功德於天下。禹抑鴻水，稷降嘉谷，爰啓夏周。商之相土、王亥，蓋亦其儔。

指出夏商周先世所爲都與人們的生死存亡有關，故有大功。他們的事迹在《天問》中亦被提及，屈原也是以他們有功於天下爲出發點的，這對於我們理解《天問》的主旨是頗有啓發的。另如王亥之得名，係「以三辰爲名之始」；王恆之得名，是「取象於月弦，是以時爲名」；上甲微之得名，則是「以日爲名之始」。這些歷史文化知識，亦爲學習文史的讀者所必須具備的。

王國維運用地下出土之甲骨卜辭揭開了殷先代世系的問題，其心情之痛快愉悅形諸筆端，謂：

> 《天問》之辭，千古不能通其說者，而今由卜辭通之，此治史學與文學者，所當同聲稱快者也⑩。

羅振玉接到王國維的稿子，連夜通讀一過，連纏綿已久的胃病亦霍然若愈，曰：「弟自去冬病胃，悶損已數月，披覽來編，積痾若失。」是知美文卓論亦有療疾之效！

王國維研究屈原之思想及其作品的貢獻不止於上述數點，對那些懷疑論者來說，他的有關論著也足以提供無庸置疑的論據。既然《史記・殷本紀》由卜辭而得到了驗證，則《史記・屈原列傳》豈容僞撰，雖然個別地方的舛錯在所難免，正如《殷本紀》尚有缺漏一樣，但其眞實性卻是無法推倒的。又如王國維論析屈原創作辭賦時的主客觀條件及其辭賦之特徵，亦無不切合實際情況，這無異於有力地維護了屈原所擁有的著作權，當然這也並不排斥屈原二十五篇的個別篇章之眞僞，尚有討論的餘地，然而其大多數作品的著作權毫無疑問地屬於屈原。

王國維稱頌屈原爲「屈子」，認爲屈原是難得一遇的文學天才，都足以說明他對屈原心嚮往之的景仰之情。從他最後的歸宿來看，亦不難窺見屈原對他影響之深，雖然他們的時代相距兩千餘年，思想感情相去不可以道理計，但他們的結局，一個投江，一個沉湖，分明是有意步趨屈原，仿效屈原，以自殺來了結自己的生命，以求解脫身心之痛苦，其方式是何等相似！

【附　註】

① 見《王國維遺書・靜安文集續編》。

②③④ 見《屈子文學之精神》。

⑤ 見《史記・屈原列傳》。

⑥⑦⑧ 《文學小言》，《王國維遺書・靜安文集續編》。

⑨ 見《屈子文學之精神》。按：王國維持文學源於遊戲之說，認爲文學是人類在謀求衣食有餘力時之遊戲，以之爲消遣的手段而已。

⑩ 見《殷卜辭中所見先公先王考》。

論宋玉及其《九辯》

宋玉是繼屈原之後又一位浪漫主義大詩人，是屈原的直接繼承者。

對於宋玉的評價，歷來都是肯定的，許多著名詩人、學者的筆下，都喜歡「屈宋」並提。如劉勰《文心雕龍・辨騷》：「屈宋逸步，莫之能追。」李白《夏日諸從弟登汝州龍興閣序》：「屈宋長逝，無堪與言。」①杜甫《戲爲六絕句》：「竊攀屈宋宜方駕，恐與齊梁作後塵。」②但到了近代，對宋玉的評價卻由肯定變爲否定。郭沫若在歷史劇《屈原》中將宋玉寫成爲背叛屈原的無恥文人，隨後幾部文學史著作把其作爲屈原的對立面而加以批判。竊以爲評價古人要有歷史事實爲依據，要有歷史唯物主義的觀點和方法，不能主觀武斷，憑空臆造。從現存的宋玉作品及有關史料來看，否定宋玉是輕率的，不愼重的，應本著實事求是的精神，恢復他的本來面目，肯定其在文學史上應有的地位。

一、宋玉是無恥文人嗎

有關宋玉的身世，史書並無完整的記載，《史記》、《漢書》及《新序》等書上只有幾條零星的材料。我們只是大概地知道他曾在楚襄王時做過官，後因被讒而失職，晚年寫詩以述志，過著窮愁潦倒的生活，不知所終。

郭沫若的歷史劇《屈原》卻把宋玉寫成爲沒有骨氣的文人。本來，文藝作品不同於歷史著作，作家可以按照自己的構思來塑造人物形象，人們也並不要求文藝作品中的人物與歷史人物一模一樣，然而郭沫若在劇中所描繪的宋玉，卻是體現了他對宋玉的歷史評價的。既然是歷史的評價，就應當嚴肅而愼重地對待。《今昔蒲劍·寫完五幕劇〈屈原〉之後》謂：「我把宋玉寫成爲一個沒有骨氣的文人，或許有人多少會生出異議吧。不過我也不是任意誣蔑。司馬遷早就說過：『屈原既死之後，楚有宋玉、唐勒、景差之徒者，皆好辭而以賦見稱。然皆祖屈原之從容辭令，終莫敢直諫。』」在寫給丁力的信中，又說：「根據歷史上遺留的資料，他實在是沒有骨氣。」③

司馬遷的話見於《史記·屈原列傳》。從這段話能否得出宋玉是「沒有骨氣」的無恥文人的結論呢？完全不能。司馬遷指出宋玉「終莫敢直諫」，意謂屈原敢於直諫，而宋玉缺乏這種精神，如此而已！「終莫敢直諫」與「沒有骨氣」之間根本不能劃上等號。《史記》中的人物列傳往往把同一類型的人物放在一起傳寫，從《伯夷列傳》開始就是如此。他們有的是同時代人，有的不是同時代人，然由於彼此命運相關，遭遇相同，性格近似，作者便把他們寫在同一個傳裡。我們似乎找不到把風馬牛不相及或截然相反的人物寫在一起的例子。可見，司馬遷把宋玉附帶寫在屈原傳中，正說明他們之間是有繼承關係的，是屬於同一類型的人物，而不是互相對立或排斥的人物，只不過在列傳中，重點寫屈原而略寫宋玉罷了。

司馬遷本人因爲直諫得罪了漢武帝而遭到不幸，所以他對屈原的「信而見疑，忠而被謗」以及終於被迫自沉深表同情：「觀屈原所自沉淵，未嘗不垂涕，想見其爲人。」而對沒有直諫的宋玉則提出了批評。然而批評畢竟不是否定，司馬遷也並沒有提供足以否定宋玉的材料。在沒有事實作爲根據的情況下，怎麼能憑這麼一句話就否定宋玉呢？更何況「莫敢直諫」，不等於不諫，更不等於阿諛奉迎，沒有節操。歷史上確有許多敢言直諫之士，如比干、伍子胥等，贏得後人的敬仰；然而也有善以委婉的言辭進行諷諫的人物，同樣也得到人們的贊賞，如鄒忌諷齊王納諫便是著名的例子。「直諫」或「諷諫」不過是方式方法上的差異，其精神是一致的，都是希望國君能采納正確的意見以改革弊政，舉賢授能。因此，能否直諫並非評價歷史人物的唯一標準。屈原能對楚王直諫，在作品中表現「存君興國，而欲反覆之，一篇之中，三致志焉」④，並且願爲理想而獻身：「亦余心之所善兮，雖九死其猶未悔。」⑤這種硬骨頭精神確實高尚，値得大書特書。而宋玉雖然沒有如屈原一樣直諫，卻並非不諫，只是表現形式有所不同而已。

從宋玉的代表作《九辯》所寫的內容來看，宋玉在做官時，也曾勸諫楚襄王改革弊政，舉任賢士，爲此而得罪了當朝權貴，受到了攻擊誹謗而終於失職的。所謂「失職」，不外兩種情況，一是謫官貶職而被罷黜，一是他自請去職。從「失職而志不平」、「蓄怨兮積思」等詩句，可知其被罷官失職的可能性更大。失職後，宋玉仍然渴望「一見君兮道余意」、「專思君兮不可化」，還想面見君王陳述己見，請求君王修身自省，以堯舜爲榜樣：「堯舜皆有所舉任兮，故高枕而自適。」應學習知人善任的齊桓公：「寧戚謳於車下兮，桓公聞而知之。」由於君王昏庸，小人當道：「卻騏驥而不乘兮，策駑駘而取路。」「猛犬唁唁而迎吠兮，關梁閉而不通。」於是他一再表明自己寧肯凍餓窮困而不願屈節的高潔情操：「處濁世而顯榮兮，非余心之所樂。」「竊慕詩人之遺風兮，願托志乎素餐。」《九辯》中反覆吟咏的這些詩句有哪一點是「無恥」、「沒有骨氣」的表現？從詩中實在看不出宋玉有什麼奴顏媚態，相反，卻體會到他有強烈的愛憎，高尚的品德和不肯與世俗同流合污的胸懷，而這正是與屈原的精神一脈相通的。難怪王逸誤認《九辯》是宋玉「閔惜其師忠而被逐」「以述其志」⑥之作，王夫之則認爲「玉雖俯仰昏廷，而深達其師之志，悲愍一於君國，非徒以厄窮爲怨尤」⑦。從他們的評論中可以清楚地看到《九辯》中決沒有什麼喪失氣節的自白，倒是有與屈原精神一致的內容。既然《九辯》中找不到任何卑躬阿諛的線索，那麼，所謂「沒有骨氣」的無恥文人又從何說起呢？

郭沫若的另一說法是：「再拿傳世的宋玉作品來說，如像《神女賦》、《風賦》、《登徒子好色賦》……所表現的面貌，實在只是一位幫閑文人。」⑧這是否事實呢？

《神女賦》等賦，收在《文選》中，其中所描寫的宋玉，是不是幫閑文人的形象？從表面上看這些賦所寫的宋玉的身份爲文學侍從之類，奉命爲楚襄王作辭吟賦，似有幫閑之嫌，然而我們應根據他的侍於楚王身旁時說些什麼做些什麼，以及作品所表現的思想意義來判斷是否眞的幫閑。

劉勰《文心雕龍·諧隱》曰：「宋玉賦《好色》，意在微諷，有足觀者。」雖然說的是《登徒子好色賦》，似也可用來概括宋玉其他諸賦的用意所在。

《文選》中的四篇賦都有寓言的意味，都貫串了諷諫的精神。它們通過具體事物的鋪敘，表現了詩人關心國事、勸諫楚王的苦心。對此，陳第在《屈宋古音義》中有很精闢的見解。關於《登徒子好色賦》，表面看似乎是「寫宋玉在楚王面前爲自己辯護」因此有人認爲「宋玉自誇他如何貞潔，顯然只是一面之辭，而他攻擊登徒子的理由，又顯然是顛倒黑白，……使這個登徒子（虛構的人物）蒙了二千多年的不白之冤」⑨。竊以爲這樣的評價是不公正的。這篇賦寫登徒子在楚襄王面前說宋玉好色，當楚襄王問宋玉時，宋玉一方面以鄰居美女追求自己三年不爲所動爲例，證明自己並不好色，同時反過來說登徒子好色，因爲他同醜陋的妻子生了五個子女。這是以其人之道還治其人之身的做法。這時楚王身旁的章華大夫用自己曾與一位美女相互愛慕的事說明宋玉確實守禮。作者通過這些描寫，最後由章華大夫直接點出主題；「目欲其顏，心顧其義，揚詩守禮，終不過差。」陳第指出本賦「假辭以爲諫」，「目欲其顏」以下十六個字爲「得其本」，其他描寫都是「枝葉」，「故不可以枝葉而棄其靈根也」。這就抓住了要害，透過宋玉爲自己辯白的現象看到他向楚襄王諷諫的用心，即諷諫楚襄王不要沉溺於美色，而要「揚詩守禮」，搞好國事。《文選》李善注就曾點明其主題爲「此賦假以爲辭，諷於淫也」。如果認爲這篇賦僅僅寫宋玉和登徒子相互攻擊，宋玉「誣賴」登徒子好色是「攻其一點不及其餘」，那是沒有眞正領會這篇賦的主題，實在是冤枉了宋玉。

《神女賦》描寫宋玉夢遇神女，用以打消楚襄王欲效法懷王之夢巫山神女的妄想。陳第對此有獨到的見解。他認爲《神女賦》也有諷諫意義，只是與《登徒子好色賦》略有不同。謂：「彼之諷在詞中，此之諷在詞之表。或問何以？曰：楚襄王聞先王之夢巫山女也，徘徊眷顧，亦冀與之遇，玉乃托夢告之，意謂佳麗而不親，薄怒而不犯，亟去而不可留，……王之妄念可以解矣，是玉之所爲諷也。」至於《風賦》，諷諫的意也很明顯。他針對楚襄王的驕奢淫佚，借風爲題，描寫雌雄兩種風的不同現象，君王與庶民的不同生活狀況，使襄王知道貧富貴賤生活懸殊，從而知所收斂。所以陳第指出：「人君苟知此意，則加志窮民，又烏能已。故宋玉此賦大有裨於世教也。」這就點出了它的積極意義。

《高唐賦》則先描寫懷王與巫山女相會的故事，然後極力鋪叙高唐之景物，隨後筆鋒一轉，直接點明主題，原來是勸戒襄王以國事爲重：「思萬方，憂國害，開賢聖，輔不逮，九竅通郁，精神察滯，延年益壽千萬歲。」這意思正如陳第指出的：「其末猶有深意，謂求神女與交會，不若用賢人以輔政，其福利爲無窮也。」

這四篇賦中，《風賦》與《高唐賦》的諷諫意義較明顯，一般容易理解，而《登徒子好色賦》與《神女賦》的諷諫性則不易爲人察覺，陳第能體會作者的用心，指明「玉之辭誠婉，而其意誠規」，總的評價是：「宋玉之作，纖麗而新，悲痛而婉，體制頗沿於其師，風諫有補於其國，亦屈原之流亞也。」李白早就在《上安州李長史書》中指出：「宋玉似於屈原。」⑩王琦注引《襄陽耆舊傳》曰：「宋玉識音而善之，襄王好樂而愛賦，既美其才，而憎其似屈原也，曰：『子盍從俗，使楚人貴子之德乎？』」這裡所說的「相似」，恐怕不僅指面貌，亦包括思想品德在內。楚王欣賞的只是宋玉的才華，而憎惡他像屈原那樣的不肯隨波逐流，否則也不會叫宋玉「從俗」了。從楚王的話揣測，宋玉不肯從俗，堅持高潔，所以受到「楚人」的攻擊，在楚王面前說宋玉的壞話，因此楚王要求宋玉「從俗」，以博取楚人的好感。可見宋玉頗具屈原之風。李商隱《有感》詩云：「非關宋玉有微辭，卻是襄王夢覺遲。一自《高唐》賦成後，楚天雲雨盡堪疑。」⑪既然宋玉的辭賦是有所爲而作的，其爲人又有屈原之風，那麼，有什麼理由說他是「幫閑文人」呢？應該說，宋玉是一位關心朝政、不滿現實、有理想有抱負的正直的詩人。

二、《九辯》的思想意義和藝術特色

《九辯》是《離騷》之後又一長篇抒情詩，二百五十多句，一千六百餘字，堪稱《離騷》之姐妹篇。它是宋玉身世遭遇的自述，通過個人的不幸遭遇反映了楚國政治混亂，國君昏庸、奸佞當道的黑暗，因此它的主題思想是積極的，有社會意義的。有三點值得稱道。

首先，《九辯》展現了一幅楚王朝行將沒落的衰敗圖景，朝廷上奸佞弄權，賢臣遭貶，是非顛倒。謂：

> 何時俗之工巧兮，背繩墨而改錯？卻騏驥而不乘兮，策駑駘而取路。當世豈無騏驥兮，誠莫之能善御。
>
> 謂騏驥兮安歸，謂鳳凰兮安棲？變古易俗兮世衰，今之相者兮舉肥。
>
> 豈不郁陶而思君兮，君之門以九重。猛犬狺狺而迎吠兮，關梁閉而不通。

朝政如此，關鍵何在？詩人認爲是惡人蒙蔽國君，使其失去理智所造成的：「何泛濫之浮雲兮，猋壅蔽此明月？」「願皓日之顯行兮，雲蒙蒙而蔽之。」國君在惡人的包圍之下，依靠一批誇誇其談的無恥之徒，有德之士被逐出朝廷，楚國已到岌岌可危的境地。詩人痛心地唱道：

> 農夫輟耕而容與兮，恐田野之荒穢。事綿綿而多私兮，竊悼後之危敗。

宋玉這幾句詩足以引人注目。《詩經・豳風・七月》已寫到農夫「無衣無褐，何以卒歲」的悲慘情景，宋玉受其影響將農夫們爲國事而憂嘆的形象寫入詩中，這在先秦文人辭賦中是絕無僅有的。屈原《離騷》中有「長太息以掩涕兮，哀民生之多艱」，《哀郢》中有「皇天之不純命兮，何百姓之震愆？民離散而相失兮，方仲春而東遷。」爲百姓之離亂而嘆息流涕，關心人民的疾苦。宋玉與屈原一脈相承，還進一步具體地描寫農夫的憂慮，雖然只有寥寥四句，而憂國憂民之思已訴諸筆端，躍然紙上。

其次，針對弊政，詩人提出自己的主張，認爲楚王應學習古代的聖君明主，舉賢授能，如此則楚國便會強大：

> 堯舜皆有所舉任兮，故高沈而自適。諒無怨于天下兮，心焉取此怵惕。乘騏驥之瀏瀏兮，馭安用夫強策。諒城郭之不足恃兮，雖重介之何益？

宋玉贊美堯舜能舉任賢才所以天下大治，而堅固的城牆和全副武裝的甲士則是靠不住的，這就是希望楚王效法先王，從而幡然悔悟。「今修飾而竊鏡兮，後尙可以竄藏。」他多麼希望楚王能對鏡自照，整飭朝政，那麼他日還有藏身之地，否則後果不堪設想。他要求面見楚王，陳述自己的主張與願望，可是爲惡人所包圍的楚王竟連這樣的機會也不給他。

再次，詩人表明自己的胸懷，發抒自己的感慨。他怨恨國君之不明：「生天地之若過兮，功不成而無效。」嘆息自己「生之不時」，不遇明君：「寧戚謳於車下兮，桓公聞而知之。無伯樂之善相兮，今誰使乎訾之？」寧戚得齊桓公的知遇脫穎而出，如今楚國沒有善相的伯樂，有誰來賞識自己呢？詩人被讒人排斥，「失職而志不平」、「蓄怨兮積思」，內心充滿不平與怨思，但他毫不妥協，表現了凜然的氣節：

> 處濁世而顯榮兮，非余心之所樂。與其無義而有名兮，寧窮處而守高。食不偷而爲飽兮，衣不苟而爲溫。竊慕詩人之遺風兮，願托志乎素餐。

詩人眼看歲月如流，老之將至，仁政難行，一切落空，於是想「沉滯而不見」、「願賜不肖之軀而別離」，避世遠引，潔身自好。但他最後還要表白自己對國君的忠誠：「計專專之不可化兮，願遂推而爲臧」，總希望國君會擇善而從，不至於固執到底。

從作品的總傾向來說，詩人念念不忘有所作爲，這一點雖不及屈原那麼積極，那麼強烈，還是有其相似之處的。《九辯》所反映的楚國沒落的景象，雖不及《離騷》博大精深和豐富多采，但其精神是相通的。可是有評論者對此視而不見，抹煞《九辯》主題思想的積極意義，說「宋玉雖然也對世態有所指責，但他同屈原則有根本性質的不同，一個是被讒見害，愛國愛民，偉大堅強的戰士；一個是流落不遇，自憐自嘆，滿懷不平的文人；一個從國家的利益出發，一個從個人的不遇出發，……古人常把屈宋並稱，很顯然是不恰當的。」⑫

難道屈宋之間眞有「根本性質的不同」嗎？《九辯》只是「自憐自嘆」嗎？只要不是懷有成見，而是客觀地看問題，決不會得出這樣的結論。屈宋之間在思想性格和創作成就上，只有程度的高低，而並無性質的不同。確實，《九辯》不如《離騷》那麼慷慨昂揚，但統觀全篇，這僅爲支流末節，而非作品的主幹。至於以「個人不遇」來區別兩人的異同，更是不能成立的。他們兩人都是個人不遇，卻不能說屈原是「爲國爲民」，而宋玉僅僅是爲個人的私利。宋玉固然因爲個人的「失職」而作「不平」之鳴，難道屈原不正是由於個人的遭讒見害而更加看清朝政日非的嗎？生活在公元前三世紀中葉和末葉的屈宋，正是因爲楚國內政的腐敗和外交的失策，才感到無比痛心。他們都有不與世俗同流、孤高不屈的性格，所以才遭到權貴的猜忌迫害，造成了悲劇的結局。他們都熱烈追求理想，嚮往光明，卻又無力實現，所以都把希望寄托在君王身上，期等著有一天能如傳說中的呂尙、寧戚那樣僥幸遇到明主。但是執迷不悟的楚懷王和昏庸愚昧的頃襄王使他們的理想破滅了，於是都發出生不逢時的感嘆。這是他們相似的遭遇，有什麼理由要從性質上加以劃分，硬要揚屈抑宋呢！歷史上

「屈宋」並稱不是無緣無故的，這正體現了宋玉對屈原的繼承關係；「倡楚者屈原，繼其楚者宋玉一人而已。」⑬「故嗣屈原之音者，唯玉一人而已。」⑭當然他們多半從楚辭的文學樣式方面來肯定宋玉對屈原的繼承關係，然也不能否認其中含有創作精神與風格的繼承因素在內。這樣說並非否認他們之間是有差異的，屈原顯得更爲激烈，憤世嫉俗，「願從彭咸之所居」、「不畢辭而赴淵」，終於自投汨羅；宋玉則憂悶鬱結，消極退隱，「願沉滯而不見」、「自壓按而學誦」，潦倒終身。但這些畢竟只是量的差異，不是質的不同。陸時雍以詩的語言區別屈宋風貌之異同曰：「宋玉所不及屈原者三：婉轉深至，情弗及也；嬋娟嫵媚，致弗及也；古則彝鼎，秀則芙蓉，色弗及也。所及者亦三：氣清、骨峻、語渾。清則寒潭千尺，峻則華岳削成，渾則和璧在函，雙南出苑。」⑮屈原是偉大的，値得後人敬仰，《離騷》在中國文學史上是不朽的名篇，有著光輝的地位；宋玉也不是反面人物，《九辯》眞實地記錄了楚王朝衰亡的景象，是繼《離騷》之後出現的又一長篇，自有其一定的社會意義。

《九辯》有很高的藝術成就，這是否定宋玉的人也難以抹煞的。

鄭振鐸指出：「《九辯》是屈原《離騷》和《九章》的親骨肉。」⑯他闡明了《九辯》在創作方法和風格上對屈原作品的血緣繼承關係。《九辯》正是運用浪漫主義創作方法描寫自己的不幸遭遇、對現實的不滿和對光明的嚮往。特別是在表現堅貞不屈的性格和對理想的追求上，宋玉是繼承了屈原的浪漫主義精神的。在《離騷》中，屈原愛憎分明，誓死不向黑暗勢力屈服：「衆女嫉余之蛾眉兮，謠諑謂余以善淫」、「寧溘死以流放兮，余不忍爲此態也」、「何方圜之能周兮，夫孰異道而相安」。宋玉也有同樣的精神和高潔的情操：「處濁世而顯榮兮，非余心之所樂。與其無義而有名兮，寧窮處而守高。」浪漫主義創作方法的顯著特點，是對光明的嚮往，對理想的追求，屈原是這樣，宋玉也是如此。

在描寫手法上，《九辯》還運用了大量的比喻。詩人痛斥小人們爲蔽日的「浮雲」，擋道的「猛犬」，無用的「駑駘」，善於鑽營的「鳧雁」，對他們表現了極大的蔑視。宋玉反覆自喻爲「鳳凰」、「騏驥」，指責楚王爲拙劣的騎手：「卻騏驥而不乘兮，策駑駘而取路。當世豈無騏驥兮，誠莫之能御；見執轡者非其人兮，故跼跳而遠去」；「騏驥伏匿而不見兮，鳳凰高飛而不下」。這些比喻形象地寫出詩人的愛憎，加強了詩歌的藝術感染力量，而這種描寫手法也正是從屈原的作品中繼承來的。

在借景抒情、情景交融這點上，《九辯》可說是青出於藍而勝於藍，有自己的獨特風格。屈原的《九章》和《九歌》中有不少精采的景物描寫和借景抒情的名句，如「嫋嫋兮秋風，洞庭波兮木葉下」⑰「悲秋風之動容兮，何回極之浮浮。」⑱「山峻高以蔽日兮，下幽晦以多雨。霰雪紛其無垠兮，雲霏霏而承宇。」⑲到了宋玉的《九辯》即有了大段抒寫悲秋情懷的詩句，而且寫得十分出色，因此「宋玉悲秋」便成爲我國文學史上著名的典故，這是宋玉在繼承屈原的寫作手法的同時有所突破的表現。第一段悲秋文字，王夫之譽之爲「千古絕唱」，它贏得了後代文學家的贊賞。杜甫《奉漢中王手札》有句：「悲秋宋玉宅，失路武陵源。」⑳《咏懷古迹》有句：「搖落深知宋玉悲，風流儒雅亦吾師。」㉑杜甫的詩道出了《九辯》「悲秋」的藝術感染力量。

《九辯》全詩由悲秋的主旋律組成，第一和第三兩段集中描寫了秋景和秋思，悲秋構成了該詩的主要藝術特色。對此，否定者認爲是窮苦文人在秋風寒冷中的哀愁、由仕途失意與自然環境所釀成的哀傷。應該怎樣來看待「宋玉悲秋」呢？且看第一段千古傳誦的悲秋文字：

> 悲哉，秋之爲氣也！蕭瑟兮，草木搖落而變衰。憭慄兮，若在遠行，登山臨水兮，送將歸。泬寥兮，天高而氣清，寂寥兮，收潦而水清。憯悽增欷兮，薄寒之中人，愴怳懭悢兮，去故而就新。坎廩兮，羈旅而無友生。惆悵兮而私自憐，燕翩翩其辭歸兮，蟬寂寞而無聲。雁廱廱而南游兮，鵾雞啁哳而悲鳴。獨申旦而不寐兮，哀蟋蟀之宵征。時亹亹而過中兮，蹇淹留而無成。

這段悲秋文字寫盡了秋氣肅殺，草木搖落，燕子南歸，秋蟬無聲，鵾鳥悲鳴，蟋蟀夜吟，白露嚴霜，梧楸離披，衆芳凋零，無一不與詩人內心世界相映襯，烘托其流落草野、孤獨無友、悲愁不平之況，情景交融，細致入微，凄慘悲涼之極。孫鑛評曰：「攢簇景物情事，句句警策，一層遞一層，音調最悲切，骨氣最遒緊，眞是奇絕！」㉒

這段的中心是「坎廩兮，貧士失職而志不平」，因爲在朝中不能立足而丟掉官職，內心憤憤不平，獨自遠游他鄉，舉目無親，值此秋風蕭瑟之時，詩人感到孤寂，於是發出了悲秋的感慨，它既是詩人不滿現實的正直性格的反映，又含有感傷成分，而前者是主要的，所以這就不是一般的無病呻吟，而是有感而發。王夫之《楚辭通釋》卷三謂：「放逐之臣，危亂之國，其衰颯遼戾，皆與秋而相肖，故《九辯》屢以起興焉。」朱熹《楚辭集注》卷六對此亦有精闢的分析：

> 秋者，一歲之運，盛極而衰，肅殺寒涼，陰氣用事，草木零落，百物凋悴之時，有似叔世危邦，主昏政亂，賢智屏

> 絀，奸凶得志，民貧財匱，不復振起之象。是以忠臣志士遭讒放逐者，感時興懷尤切。

他們都正確地指出宋玉運用比興象徵手法，以暮秋景色來烘托時事黑暗、朝政日非、國家衰亡的情景，概括了宋玉悲秋的深刻含義。後代一些落魄文人，往往忽略其悲秋的積極意義，而接受他感傷頹唐的一面，寫出許多無病呻吟的悲秋詩文，這是他們自己的責任，不能因此諉過於宋玉，從而否定其悲秋的比興意義。宋玉「是第一個描寫『悲秋』的人」㉓，「淒怨之情，實爲獨絕」㉔，這是宋玉的首創，是他獨特的境遇、獨特個性的表現，應予以充分的肯定。

屈原《離騷》擺脫了《詩經》四言的整齊句式，使詩歌的語言發展爲雜言，用楚辭這種詩歌新樣式表現豐富的思想內容和複雜的思想感情。宋玉的《九辯》在語言運用上，基本上采用《離騷》的句式，同時態度更爲解放,句式更加自由。如「恐溘死而不得見乎陽春」、「原賜不肖之軀而別離兮」等句有10字之多。有的章節簡直就是押韻的自由詩，以第一段最爲突出。起頭第一句「悲哉秋之爲氣也」，就是石破天驚的詩句，第一、二、七用三個虛詞，完全是以散文化的句式來概括秋氣，具有統攝全詩之力，成爲全詩的基調。用散文化的語言表達詩歌的意境，其表現力是驚人的。孫鑛曰：「騷至宋大夫乃快，其語最醒而俊。」㉕第一段許多詩句參差錯落，聲調或急促，或低徊，或平緩，把秋景、秋色、秋思和諧地融滙在一起。這段中的「兮」字的用法，則更是極盡變化之妙，有時用在第二字的位置上，有時用在第三字的位置上，有時用在第四，第五字的位置上，有時又放在句末，讀來抑揚頓挫，疾徐有致，可謂前無古人。結尾遠遊一段。每句用一疊字，把遠遊的氛圍、場景盡情地加以鋪寫、渲染，色彩絢麗，節奏輕快，詞藻之華贍令人驚嘆！顧炎武《日知錄》卷二十一曰：

> 詩用疊字最難，……屈原《九章．悲回風》：「紛容容之無經兮，罔芒芒之無紀。軋洋洋之無從兮，馳逶移之焉止。漂翻翻其上下兮，翼遙遙其左右。泛潏潏其前後兮，伴張弛之信期。」連用六疊字。宋玉《九辯》：「乘精氣之摶摶兮，鶩諸神之湛湛；白霓之習習兮，歷群靈之豐豐；左朱雀之茇茇兮，右蒼龍之躣躣；屬雷師之闐闐兮，通飛廉之衙衙；前輕輬之鏘鏘兮，後輜乘之從從；載云旗之委蛇兮，扈屯騎之容容。」連用十一疊字，後人辭賦亦罕及之者。

歐陽修指出：「宋玉比屈原，時有出藍之色。」可謂知言。

總之，《九辯》的藝術成就是相當高的，它與屈原的作品一起，開兩漢辭賦之先河，給予後代文學以相當的影響。

【附　註】

① 見《李太白全集》卷二十七。

② 見《杜詩詳注》卷十一。

③ 見《文藝報》1979年第5期。

④ 見《史記．屈原列傳》。

⑤ 見《離騷》。

⑥ 見《楚辭章句》卷八。

⑦ 見《楚辭通釋》卷八。

⑧ 見《今昔蒲劍．寫完五幕劇〈屈原〉之後》。

⑨ 見《中華活頁文選》合訂本㈠第5頁。

⑩ 見《李太白全集》卷二十六。

⑪ 見《玉溪生詩集箋注》卷二。

⑫ 見北大中文系五五級1961年修改本《中國文學史》。

⑬ 見陸時雍《楚辭疏・讀楚辭語》。

⑭ 見王夫之《楚辭通釋》卷八。

⑮ 見《楚辭疏・讀楚辭語》。

⑯ 見《屈原作品在中國文學史上的影響》，《新華月報》1953年第10號。

⑰ 見《九歌・湘夫人》。

⑱ 見《九章・抽思》。

⑲ 見《九章・涉江》。

⑳ 見《杜詩詳注》卷十五。

㉑ 見《杜譯詳注》卷十七。

㉒ 見陸時雍《楚辭疏・九辯》引。

㉓ 見《朱自清古典文學論集・經典常談》。

㉔ 見魯迅《漢文學史綱要》。

㉕ 見《七十二家批評楚辭集注》引。

宋玉辭賦真偽辨

據《漢書·藝文志》記載，宋玉有辭賦十六篇。現在還能看到的流傳爲宋玉所作的辭賦有十二篇：收入《楚辭》的有《九辯》、《招魂》二篇，收入《文選》的有《風賦》、《高唐賦》、《神女賦》、《登徒子好色賦》四篇，另尙有《對楚王問》一篇散文。收入《古文苑》的有《笛賦》、《大言賦》、《小言賦》、《諷賦》、《釣賦》、《舞賦》六篇。關於這些作品的眞僞，有各種不同的說法，值得一辨。

一、《招魂》與《九辯》之真偽

《招魂》一篇，東漢王逸認爲是宋玉之作，而早於王逸的司馬遷在《史記·屈原列傳》中將其與《離騷》、《天問》等屈原作品並列，曰：「余讀《離騷》、《天問》、《招魂》、《哀郢》，悲其志。」司馬遷是第一位爲屈原作傳的史學家，距屈原不遠，又讀過《招魂》，應該是可信的。從其內容來看，所寫均爲君王的宮廷生活，決非一般官員所能享受，說它是屈原爲招懷王而作既合情又合理。陳本禮《屈辭精義》卷三批駁王逸之說，曰：

> 若屈子果魂離魄散，豈人間聲色富貴所能動其心而招之耶？《孟子》：「堂高數仞，榱題數尺，食前方丈，侍妾數百人，我得志弗爲也。」又曰：「富貴不能淫，貧賤不能移，威武不能屈，此之謂大丈夫。」若巫陽所云：「長人千仞，惟魂是索。一夫九首，懸人以投淵。」豈非所謂威武耶？

「美人二八，鄭舞齊容。」豈非侍妾數百耶？食則吳羹，飲則瑤漿，衣則綺縞，被則珠翠，豈非富貴之極耶？用此以招屈子之魂，所謂南轅而北轍矣。知此義者可與讀屈子《招魂》。

此屈子賦本招懷，無如人都誤會此意，且竄入宋玉集中，爲弟子招師之作。豈宋玉素知其師好色，故死後欲借美人之色，投其所好以招之耶？此可以足破千古之疑矣。

此確爲肯綮之論，足以將《招魂》之著作權歸還屈原。

對於《九辯》，歷來意見紛紛。一種意見認爲是宋玉的作品，王逸說是宋玉「閔惜其師忠而被逐，故作《九辯》以述其志」①，朱熹和王夫人之主其說②。另一種意見認爲是屈原之作，先是洪興祖持此看法③，隨後一些學者贊同其說。焦竑在《筆乘》卷三中謂：「熟讀之，皆原自爲悲憤之言，絕不類哀悼他人之意。」「反覆九首之中，並無哀師之一言可見矣。」④其實他們都只說對了一半。作品究竟是誰寫的，寫了什麼內容，必須從作品的實際出發來分析。《九辯》是宋玉的作品，這一點王逸說對了。詩篇第一段就清楚地交代「坎廩兮，貧士失職而志不平」，這「貧士」只能是宋玉而不是屈原。雖然屈原在《九章・惜誦》中說過「思君其莫我忠兮，忽忘身之賤貧」的話，但這是就楚王至高無上的地位而說的，具有相對性，而自己的血統亦爲「帝高陽之苗裔」，只是到了他這一代成爲沒落的貴族而已。具有高貴血統的屈原與原屬於「貧士」階層的宋玉怎麼能相提並論呢？洪興祖僅憑一卷古本《釋文》將《九辯》編於《離騷》之後的次序，就能輕易地剝奪宋玉的著作權嗎？陳第在《屈宋古音義》卷三中駁之曰：

《九辯》從古相傳，皆謂宋玉所作，王逸《章句》具在，可考也。宋洪興祖得《離騷》古本一卷，其篇次與今本不

> 同，首《離騷》，次《九辯》，而後《九歌》、《天問》、《九章》、《遠遊》、《卜居》、《漁父》、《招隱士》、《招魂》、《九懷》、《七諫》、《九嘆》、《哀時命》、《惜誓》、《大招》、《九思》，故王逸于《九章·哀郢》注云：「皆解于《九辯》中。」儒者因是謂《九辯》亦屈原所作。不知古本所次，不依作者之先後，故置《招隱士》于《招魂》之前，又置王褒《九懷》于東方朔《七諫》之前，而置《大招》于最後。陳説之以爲篇第混淆，乃考其人之先後，定爲今本，厥有由矣。

陳第就用古本《釋文》編排體例無一定之規，並不按作者先後安排篇目爲例，來說明《釋文》篇第之混亂，故不足以據之推翻宋玉的著作權，說得很有道理。

焦竑認爲《九辯》中都是「自爲悲憤之言」，絕無一字哀悼他人之意，這個意見很對。不過這個自悲者不是屈原而是宋玉。的確，從《九辯》中是找不到寫他人之志的詞語的，作品中的「余」字、「吾」字都是自抒胸臆，決不是代屈原訴說。那麼，他們怎麼會把《九辯》說成是屈原之作或是寫屈原的詩篇呢？這個誤解大約是《九辯》中抄襲了屈原的一些詩句所引起的。《九辯》襲用《離騷》、《哀郢》的詩句約有二十句，同時亦運用美人香草的比喻，這就很容易造成誤解，彷彿這是「哀師」或屈原自哀之作。事實上，《九辯》共二百五十五句，襲用的部分僅占很小的比例。從這裡只能證明宋玉深受屈原的影響，他仰慕屈原的爲人，熟讀屈原的詩篇，兩人的遭遇又有某些相似之處，所以情不自禁地直接襲用屈原的詩句。近人也有認爲是屈原之作的，如梁啓超在《要籍解題及其讀法·楚辭》中謂：「『啓《九辯》與《九歌》，語見《離騷》，或辯、歌同屬古代韻文名稱，屈並用之，故吾竊疑《九辯》實劉向所編屈賦中之一篇，雖無確證，要不失爲有討論價值之一問題也。」劉永濟《屈賦通箋》和譚介甫《屈賦新編》亦主洪興祖之說，但他們拿不出確證，故不爲人所贊同。《九辯》爲宋玉自述身世之代表作已成爲今人的定論。

二、《文選》所載宋玉諸賦之真偽

《文選》所載宋玉諸賦在文學史上影響較大，傳統的說法承認它們是宋玉的作品。可是一些楚辭研究的專家卻認爲它們是漢代以後的人所僞托，而他們據以爲推翻宋玉著作權的理由卻並不充分，故令人難以信服。

這幾篇賦中都提到了楚襄王，他們認爲這便是僞托的證據：

> 他們開口說「楚襄王」，自然是襄王死後時作的。但我們應該注意這個「楚」字。大凡本國人或本朝人說到本國或本朝的君主，絕對無須說出國名或朝名來，這個通則在辭賦裡屢見不鮮。
>
> 宋玉以楚人而仕于楚，只須說「襄王」就夠了，何必連「楚」字都說出來呢？我以爲這個「楚」字便是他們僞托的鐵證⑤。

他們並舉了揚雄《甘泉賦》、《羽獵賦》和王延壽《魯靈光殿賦》中的例子，說這些賦中提到漢朝皇帝時都沒有「漢」字，用以證明《文選》所載諸賦均係僞作。這種說法能成立嗎？以漢賦來證明早於漢賦的作品的眞僞是不科學的，論證宋玉辭賦的眞僞應舉出同時代的作品的例子來，才有說服力。我們考查一下先秦的作品，看看有沒有提到本國國名或國君之名的例子。

孟子是魯國貴族的後代，他在《孟子》一書中就提到魯國國君之名：「昔者魯繆公無人乎子思之側，則不能安子思。」⑥戰國末期的韓非子，在《韓非子》中說到「韓昭侯」、「韓哀侯」等前朝君主的地方有多處。這些還都是提到前朝君主的例子，有沒有說到本國本朝君主的情況呢？有的。《荀子・議兵篇》開頭就說，「臨武君與孫（荀）卿子議兵於趙孝成王前。」荀子是趙國人，與臨武君在自己的國君前議兵，也是直書「趙孝成王」。當然「襄王」和「孝成王」都是死後的謚號，如果宋玉和荀子卒於楚襄王和趙孝成王在位時，這樣稱呼一望而知是後人的僞托，因爲他們不可能未卜先知，預先知道國君死後之謚號。但是他們如卒於楚襄王和趙孝成王之後，則如此稱呼就未嘗不可。趙孝成王在位時間是公元前264年至公元前245年，荀子卒於公元前238年，而《議兵篇》完全可能是荀子在趙孝成王死後寫成的，故可以直書「趙孝成王」。楚襄王於公元前298年至公元前263年在位，宋玉的生年略晚於屈原，在襄王時做過官，後「失職」而潦倒終身，那麼，宋玉卒於襄王之後的可能性完全是存在的。可見，只是根據作品中有「楚襄王」字樣便斷定《風賦》等非宋玉所作，理由並不充分。

清人崔述否定《風賦》等的理由是：

> 謝惠連之賦雪也，托之相如，謝莊之賦月也，托之曹植，是知假托成文，乃詞人之常事。然則……《神女賦》、《登徒》亦必非宋玉之所自作明矣⑦。

崔述用類推的方法以點代面，以偏蓋全，實在不足爲憑。拿《雪賦》與司馬相如的代表作《子虛賦》、《上林賦》比較，就知道其間毫無共同之處，何況《文選》中早已注明《雪賦》和《月賦》的作者是謝惠連和謝莊，無煩後人去考證它們的作者，故不能因爲謝惠連和謝莊在賦中假托司馬相如和曹植的名義作賦，就把凡是寫到古人的賦一概視作後人的僞托。在先秦的作品中，作者把自己作爲描寫的對象是很平常的，如《莊子》在《逍遙遊》、《至樂》、《山木》篇中，都寫了自己的言行，可是並無人懷疑它們是後人的僞托，爲什麼宋玉在賦中寫了自己的言行就被認爲是後人的僞作呢？崔述還推測《風賦》諸賦之所以冠以宋玉所作是因爲：「惠連、莊信其世近，其作者之名傳，則人皆知之，……《神女》之賦其世遠，其作者之名不傳，則遂以爲……宋玉之所爲耳。」這樣的解釋頗爲牽強附會。《風賦》等作年代並不太久遠，比它們更早的作品的作者尙且留傳下名字，爲什麼宋玉賦就該湮沒無聞只好胡亂題爲宋玉作呢？找不到第二個作者而只留下宋玉之名，如果沒有確鑿的證據怎麼能加以推翻呢？

懷疑《風賦》等非宋玉作的另一根據是認爲這些賦不合古音，故推論其爲「漢以後的人所僞托」⑧。但是明代音韻學家陳第《屈宋古音義》早就一一指出這些賦是合乎古音的。如《風賦》中，「吹死灰，駭溷濁，揚腐余，邪薄入甕牖，至於室廬。」劉大白認爲「灰」與「廬」不押韻，與古音不合。陳第則注「灰」，古音讀「虛」，如此則「虛」、「余」、「廬」正是押韻的。又如《高唐賦》中有句：「勢薄岸而相擊兮，隘交引而卻會。崪中怒而特高兮，若浮海而望碣石。礫潼潼而相摩兮，巆震天之磕磕。」劉大白認爲「石」韻「會」、「磕」，與古音不合，「王乃乘玉輿，駟蒼螭，垂旒旌，旆合諧，紬大弦而雅聲流，冽風過而增悲哀」，以「螭」韻「諧」、「哀」不合古音。陳第則注明「石」古音「試」，「會」古音「系」，「磕」古音「記」，「諧」古音「奚」，「哀」古音「噫」，所以「石」、「會」、「磕」及「螭」、「諧」、「哀」古音分明是相押的。劉大白所舉例子很多，這裡不必一一羅列。於此可見，古今音韻是有變化的，不能因爲後代的讀音與古音有異，便以此爲據，來推翻古人的著作權。

陸侃如把賦的演進分爲三期，認爲第一期的代表是荀子的《賦篇》，句式與《詩經》相仿；第二期的代表是賈誼，采用了《楚辭》的形式；第三期的代表是司馬相如，他兼用有韻的散文寫賦。陸侃如斷定宋玉賦是學司馬相如的形式：

> 他並不與荀卿一樣的用《詩經》式，也不與賈誼一樣的用《楚辭》式，他卻與司馬相如一樣的用散文式。以時代最早的宋玉竟用出身最晚的格式，這一點，在文學史家看來，是絕對不可能的⑨。

這種看法未免太主觀武斷了！按照表現形式把賦分爲三種格式是可以的，問題是把宋玉賦放在司馬相如賦之後卻不對了。比較兩人的賦，可知宋玉的賦篇幅短小，鋪張揚厲還是初具規模，其諷諫意義較強，正是散文賦體的初期形式；而司馬相如的賦則是長篇巨製，極盡鋪排之能事，其諷諫意義相對地減弱了，而歌功頌德的成分卻大爲加強。「勸百諷一」，正是散文賦體進一步發展的表現。宋玉的賦在前，司馬相如的賦在後，這個發展痕迹是顯而易見的。所以劉勰指出：「相如好書，師範屈宋。」⑩「自宋玉、景差始，夸飾始盛。」⑪陳第認爲《高唐賦》是「楚辭之變體，漢賦之權輿也。《子虛》、《上林》實踵此而發揮暢大之耳。」⑫他們都闡明了宋玉賦是楚辭向漢賦發展之橋梁。文學樣式的發展規律，一般都經歷由簡單到複雜，由低級到高級，由短篇到巨製的過程。不能想象，司馬相如第一個創作散文賦體，就能寫出《子虛》、《上林》這樣的長篇大賦來。正是因爲有了宋玉的創作實踐，司馬相如才能在前人的基礎上進一步加以發展。那麼，何以差不多同時出現的賦，荀子的《賦篇》藝術上粗糙，而宋玉賦卻較成熟呢？這其實是不難理解的。荀子是思想家和哲學家，晚年移居楚國，受楚辭的影響而作《賦篇》，偶一爲之，不免粗糙。但他能用問答式吸取《詩經》的句式來寫，不能否認也是一種創造。荀子和宋玉之賦，一爲哲人之賦，故其賦爲「古文之有韻者是已」⑬；而宋玉之賦則爲詩人之賦，故「觀其《高唐》、《神女》、《風賦》等作，可謂窮造化之精神，盡萬類之變態，瑰麗窈冥，無可端倪，其賦家之聖乎！」⑭宋玉在屈原作品已露賦迹的基礎之上既吸收了散文的句式表現手法，又采用詩歌的韻律來作賦，使之兼有詩與散文的特點，創造了散文賦體，以後又爲司馬相如所運用，演進而爲漢朝的大賦。詩人宋玉的藝術成就超過思想家荀子的成就，這有什麼可以奇怪的呢！

還有一種說法，認爲最早提到宋玉賦的人是東漢傅毅，而西漢時不見有人提及，因此而斷定其非宋玉所作而是東漢以後人之僞托：

> 在東漢以前——西漢——辭賦極盛的時代，這兩篇極有名的《高唐》、《神女賦》竟不見有人説及，這不是很奇怪嗎？及至傅毅以後，辭章家都樂道他，可見他們的出世很晚⑮。

這個推論也是很難成立的。一篇作品有沒有人提及，在什麼樣的情況下得以流傳，是相當複雜的問題。試以屈原作品爲例，司馬遷在《史記》中只提到《離騷》、《天問》、《招魂》、《哀郢》四篇，其餘作品均未涉及。司馬遷爲什麼不提呢，可能當時他只看到這幾篇，其餘的一時沒有搜集，或只舉四篇爲例，或者別有什麼原因，今天不可能知道。但我們決不能據此就說屈原只有四篇作品，司馬遷沒有提到的都是僞作。司馬遷在《屈原本傳》中就已提到宋玉「好辭而以賦見稱」，只是未曾提具體篇名，可能是略寫之故，所以三言兩語一帶而過，但宋玉有辭賦之作且以賦著稱是確定無疑的。班固在《漢書·藝文志》中稱「宋玉賦十六篇。」這就證明了宋玉的辭賦早已得到流傳，故班固予以著錄。

三、《古文苑》所載諸賦之真偽

我在《宋玉辭賦譯解》小書中，原認為只有一篇《釣賦》是可信的，其餘均有偽托之嫌，後改變了看法，以為除了《舞賦》之外，其餘均為宋玉所作。關於《舞賦》被誤收入《古文苑》書中，為此書作注的章樵說得很清楚，謂：

> 傅毅《舞賦》，《文選》已載全文，唐人歐陽詢簡節其詞編之《藝文類聚》，此篇是也。後人好事者以前有楚襄、宋玉相唯諾之詞，遂指為宋玉所作，其實非也。

《笛賦》一篇有一個大疑點，章樵注謂賦中有宋意送荊軻之事，以為荊軻刺秦王發生在秦王政二十年，此時楚王負芻已即位，不久即亡於秦，其時宋玉已不在世，他不可能預知死後之事。由於宋玉生卒的確切年月已無可考，章樵之說亦難以作為定論。認為《文選》和《古文苑》所收的宋玉賦均係偽托，獨有一篇《九辯》為宋玉作的游國恩對章樵的懷疑，卻偏偏不能同意，曰：

> 從前有人因他說到荊軻，疑他不是宋玉所作，其實荊軻刺秦王，在楚王負芻元年（前227），假使宋玉及見此事，亦不過七十歲，也許他此時還不曾死，故這條不能作證。⑯

連懷疑這些賦的眞實性的人都不同意章樵之說，則可知其論證之不足憑。

《笛賦》先從竹子之生，得天地陰陽之氣滋潤寫起，名樂師師曠目睹其異，命巧匠製為笛，遂令名家演奏，其樂聲或高昂，或低徊，或淒怨，或奔放，無不美妙感人。值得注意的是描寫笛聲之後對音樂的教化作用的看法，頗與儒家的樂論一致。有曰：

夫奇曲雅樂，所以禁淫也；錦綉黼黻，所以禦暴也，縟則太過，是以檀卿刺鄭聲，周人傷《北里》也。

美風洋洋而暢茂兮，嘉樂悠長，俟賢士兮。《鹿鳴》萋萋，思我友兮，安心隱志，可長久兮。

這兩段分別爲篇末和尾聲部分，有總結全文的作用，即歸納雅正之樂有「禁淫」和「禦暴」之效，而淫靡之樂則相反，能使人頹靡失志，最終甚至會導致亡國。如《關雎》和《鹿鳴》便是雅正之樂，音韻美妙悠揚，有等待、招納賢士之意。這些話實際上就是孔子有關音樂之教化作用的具體表現。

《論語・衛靈公》曰：

顏淵問爲邦。子曰：「……放鄭聲，遠佞人。鄭聲淫，佞人殆。」

《論語・八佾》曰：

子曰：關雎樂而不淫，哀而不傷。

《論語・泰伯》曰：

子曰：師摯之始，關雎之亂。洋洋乎，盈耳哉！

從賦作看，宋玉已不在楚王身邊，退處民間，可是仍然借咏笛而寓求賢之想，同時又警告楚王已與當年殷紂王沉湎於聲色之中情形相仿，等待他的將是「周人傷《北里》」的命運。《關雎》之樂據《詩序》，有「哀窈窕，思賢才」之意。宋玉於此暗用孔子贊美《關雎》及斥責奸佞之言，又明用《鹿鳴》及批評鄭聲之語，其篇末點題之意是很清楚的。可見《笛賦》的構思方式、段落層次與《高唐賦》、《釣賦》等有異曲同工之妙。

再者，一九七八年發掘出的湖北隨縣曾侯乙墓，墓主爲戰國早期人，墓中出土了大批的樂器，其中有兩件7孔橫笛⑰，亦可知先秦早已有竹笛這一樂器了，則宋玉賦笛又何足爲怪！此後漢之王褒《洞簫賦》、傅毅《琴賦》，晉之潘岳《笙賦》、孫該《琵琶賦》等皆承宋玉《笛賦》而作。沒有宋玉之《笛賦》，恐怕也不會有後人這些賦樂之作吧。

《諷賦》與《登徒子好色賦》的內容頗爲相似，但文字粗糙，實難與後者相提並論，故令人生疑。然而仔細猜詳，很有可能前者爲後者的草稿，後者爲前者的定稿。宋玉經過精加工處理，將原來的進讒者唐勒改爲登徒子，三句讒言意同而語異，《諷賦》謂：「玉爲人，身體容冶，口多微詞，出愛主人之女，入事大王，願王疏之。」《登徒子好色賦》則謂：「玉爲人體貌閑麗，口多微詞，又性好色。願王勿與出入後宮。」同樣是三層意思，語言上已由俗變而爲雅。表現方法上也是先略而後詳，對第一、二句讒言只是一語帶過，重點是批駁好色這一點。兩篇賦之異主要表現在此。前者追求宋玉的是「主人女」，她一而再、再而三地主動表白自己對宋玉的愛慕之意，甚而至於唱詩以挑逗，其大膽熱烈的話語、歌詞和動作令襄王亦不禁爲怦然心動，謂：「止，止！寡人於此時，亦何能已也。」襄王的表現似乎失態了。王世貞謂：「宋玉《諷賦》與《登徒子好色賦》一章，詞旨不甚相遠，故昭明遺之。」⑱所論甚是。然這僅爲《文選》不取《諷賦》的一個理由，另一個理由恐怕是它過於粗俗之故吧！而《登徒子好色賦》則較含蓄婉轉，主人女改爲東鄰之女，宋玉形容她的美貌亦別具一格。兩人也不如《諷賦》那樣面對面說話，而是寫東鄰女隔牆窺視，有三年之久，而宋玉竟不爲所動。與此同時，宋玉對詆毀自己的登徒子毫不留情地予以攻擊，說他與既醜陋又病殘的妻子連生了五個孩子，可見「好色」的正是登徒子，而不是自己。當時在場的章華大夫也來湊趣，說了自己的戀愛史，於是宋玉洗刷了「好色」之名，得以繼續陪侍楚王。兩篇之間存在一個由粗到細，由簡單到複雜，由低級到高級的加工過程，後者比前者的篇幅也加長了，人物也多了，因而藝術性更高，感染力更強。

《大言賦》和《小言賦》是楚襄王與唐勒、景差、宋玉之間的遊戲之言，極盡「誇大」和「誇小」之能事。胡應麟認爲它們「辭氣滑稽，或當是一時戲筆。」⑲我認定二賦爲宋玉之作的理由有三點。⑴據《戰國策・楚四・莊辛謂楚襄》載，莊辛當面指責楚襄王曰：「君王左州侯，右夏侯，輦從鄢陵君與壽陵君，專淫逸侈靡，不顧國政，郢都必危矣！」這是白起破郢前夕，莊辛對楚襄王發出的警告。可知楚襄王沉湎於淫靡奢侈而不能自拔之狀。那麼，襄王與宋玉等人游宴誇言亦在情理之中，宋玉作二賦以取悅襄王也並不意外。⑵兩篇賦的一些語言爲《淮南子》所采錄，可知劉安於當時即已熟讀這兩篇賦作了，故說它們作於漢代以後是沒有道理的。⑳。⑶戰國時，有關至大與至小的話題就已在《莊子》中出現。《莊子・天下》中惠施說：「至大無外，謂之大一；至小無內，謂之小一。」據今人分析，所謂「至大無外」，指無窮大無邊無沿的宇宙；「至小無內」指無窮小無法再分的空間單位。顯然宋玉所說的大與小即受到此說的啓發與影響，所以才能具體而形象地描繪一位大得充塞天地的大人及「無內之中，微物潛生」無以名之的渺小東西。

至於《釣賦》，陸侃如認爲非宋玉作，其《屈原與宋玉》謂：「此賦結構是仿《風賦》的，而且『昔殷湯以七十里，周文以百里，顯然是抄《孟子》的，故非宋玉作。』」這裡所舉的兩點理由實在不足爲憑。第一，正因爲是宋玉自己的作品，所以結構、風格與《風賦》有相似之處，然而內容上卻並不重複。《風賦》是以兩種不同的風比喻國君和庶民的懸殊生活，諷諫楚王關心民病；《釣賦》則借釣術之高低勸襄王效法堯舜，「興利除害」，推行仁政，而以桀紂的滅亡爲前車之鑑。它們的內容各異，精神則是相通的。第二，關於「昔殷湯以七十里，周文以百里」句，《孟子・公孫丑上》原文爲「湯以七十里，文王以百里」，文字稍有出入。宋玉這兩句話是否抄襲《孟子》呢？不能如此說。殷湯靠七十里地起家，進而滅夏；文王憑百里地終於亡紂，這是歷史事實，孟子可以寫，宋玉也可以寫。當時類似的話說的人很多。荀子就屢次提到，如其《仲尼篇》：「文王載百里地而天下一。」其《議兵篇》：「古者湯以薄（亳），武王以鎬，皆百里之地也。」其《正論篇》：「湯居亳，武王居鎬，皆百里也，天下爲一。」又，《戰國策・楚策》莊辛曰：「臣聞湯武以百里昌，桀紂以天下亡。」又，《韓詩外傳》卷四：「客有說春申君者曰：湯以七十里，文王以百里，皆兼天下，一海內。」又，《史記・平原君傳》載毛遂語：「遂聞湯以七十里之地王天下，文王以百里之壤而臣諸侯。」如此等等，都說明這兩句話在當時流行之廣，爲人所稱引之多。何況孟子早於宋玉，其仁政思想爲宋玉所接受，摘引幾句話又算得了什麼！

此外，宋玉尚有一篇言御之賦被《文選》和《古文苑》所遺漏，我在《唐勒殘簡作者考》中從其體例、構思、語言和思想傾向等考察，論定其爲宋玉所作，以爲應將此篇的著作權授予宋玉。

現存的宋玉諸賦，既已世代相傳爲宋玉作，其影響既深且遠，如果後人找不出什麼眞憑實據，只是提出一些無足輕重的疑點來，怎麼能推翻宋玉的著作權呢？

從《文心雕龍》和《藝文類聚》所摘引的資料來看，早在魏晉和隋唐以前，宋玉作品就已廣泛流傳，爲世人所矚目，否則劉勰和歐陽詢是不會摘引得那麼多的。《文心雕龍》中提及宋玉賦的句子有：

《辨騷》：每一顧而流涕，嘆君門之九重（《九辯》語），忠怨之辭也。

《九歌》、《九辯》，綺靡以傷情。

《銓賦》：荀況《禮》、《智》，宋玉《風》、《釣》，爰錫名號，與《詩》畫境。

《雜文》：宋玉含才，頗亦負俗，始造對問（指《對楚王問》）

《諧隱》：楚襄宴集，而宋玉賦《好色》，意在微諷，有足觀者。

《麗辭》：宋玉《神女賦》云：毛嬙障袂，不足程式；西施掩面，比之無色。此事對之類。

《比興》：宋玉《高唐》云：纖條悲鳴，聲似竽籟。此比聲之類也。

《知音》：此莊周所以笑《折楊》，宋玉所以傷《白雪》也（《對楚王問》中語）。

劉勰提到的宋玉辭賦有《九辯》、《風賦》、《釣賦》、《對楚王問》、《登徒子好色賦》、《神女賦》、《高唐賦》等7篇。《藝文類聚》中摘錄的宋玉辭賦有《九辯》、《風賦》、《登徒子好色賦》、《大言賦》、《小言賦》、《諷賦》、《釣賦》、《笛賦》、《高唐賦》、《神女賦》等十篇。

上述提到的辭賦從正面說明宋玉辭賦流傳之廣遠。

司馬遷在屈原本傳中，說宋玉「好辭而以賦見稱」，指出宋玉既善作楚辭而又以賦著稱於世，這是可信的。顯然，司馬遷這裡所說的「辭」與「賦」不是同義詞，而是分別指兩種文學樣式。司馬遷的時代，「賦」已成爲一種獨立的文學樣式而蔚爲大國，代表作家司馬相如已經寫出《子虛》、《上林》等大賦，並得到漢武帝的激賞。與此同時，武帝亦寵幸善言楚辭的朱買臣和莊助等人，說明楚辭與漢賦在漢初並世而盛行。因此司馬遷在說到宋玉的作品時，既指他寫了《九辯》這樣的楚辭之作，也指他還寫了《風賦》、《高唐賦》等以賦命篇的賦體之作。司馬遷一句「好辭而以賦稱」簡要之言，正確地指山了宋玉在辭賦創作上的橋梁和紐帶作用，是他寫出了源於楚辭而將其散文化的賦體之作，使賦間於詩文之間，具有非詩非文，亦詩亦文的特點，並與荀子不謀而合，給予這種文體以賦的名稱。後來的劉勰進而歸納賦的形成過程。《文心雕龍・銓賦》謂：「賦也者，受命於詩人，而拓宇於楚辭也。於是荀況《禮》、《智》，宋玉《風》、《釣》，爰錫名號，與詩畫境，六義附庸，蔚成大國。」

《漢書・藝文志》所說的宋玉辭賦十六篇，今天僅見十二篇（除去《舞賦》，加上銀雀山出土的《御賦》），我們應該承認它們均爲宋玉所作。

【附　註】

① 見《楚辭章句》卷八。② 見《楚辭集注》卷八。《楚辭通釋》卷八。

③ 見《楚辭補注》卷八。④ 見陳第《屈宋古音義》卷三引。

⑤ 參見游國恩《楚辭概論》、陸侃如《宋玉評傳》。

⑥ 見《孟子・公孫丑下》。

⑦ 見《考古續說》卷一《觀書余論》。

⑧ 見劉大白《宋玉賦辨僞》，《小說月報》號外《中國文學研究》。

⑨ 見《宋玉評傳》。

⑩ 見《文心雕龍・才略》。

⑪ 見《文心雕龍・夸飾》。

⑫ 見《屈宋古音義》卷三。

⑬ 見孫梅《四六叢話》卷四。

⑭ 見程廷祚《騷賦論》。

⑮ 見游國恩《楚辭概論》。

⑯ 見《楚辭概論》。

⑰ 參見《湖北隨縣曾侯乙墓發掘簡報》，《文物》1979年第7期，《隨縣曾侯乙墓》，文物出版社。

⑱ 見《藝苑卮言》卷二。

⑲ 見《詩藪・雜編》卷一。

⑳ 參見《唐勒殘簡作者考》。

唐勒殘簡作者考

利用考古發掘材料來考辨和論證古籍的作者眞僞、字詞、篇章，以及所涉及的典章制度、社會形態等等，往往有驚人的收獲，可以解決許多疑難問題，前輩學者王國維、郭沫若等就爲我們樹立了榜樣。

1972年在山東臨沂銀雀山漢墓出土了一大批木牘和竹簡，就有《孫子兵法》、《孫臏兵法》、《六韜》、《尉繚子》、《晏子》等等先秦古籍，同時尙有一些零散的殘簡，其中有寫明「唐勒」的殘簡若干，約有二千餘字。經過歸類整理，羅福頤著文予以考證介紹①。他將「唐勒」殘卷的作者定爲唐勒，並稱其文字爲《唐勒賦》。1990年4月湯漳平在羅福頤考證的基礎之上，據《銀雀山漢簡釋文》所提供的材料，發表《論唐勒殘簡》一文②，詳細論證「唐勒殘簡」的作者、段落大意，及其產生的時代背景。他贊成作者唐勒之說，篇名則據殘簡內容和辭賦命名之慣例，定爲《御賦》。我以爲湯漳平所論甚中肯綮，是利用豐富的地下發掘所取得的新成果，足以引人矚目。隨後有譚家健《〈唐勒賦〉殘篇考釋及其他》③一文進而申論殘簡產生的時代，分析殘簡的內容，予人以啓發。但有一點我則未敢苟同，容有商量的餘地，即殘簡的作者不是唐勒，應是宋玉。

一、關於篇題問題

據吳九龍《銀雀山漢簡釋文》介紹，這次出土的「木牘和竹簡上均未見書名標題」。篇題書寫格式有三種情況，一是將篇題單獨寫於篇首第一簡的簡首正面，正文則從第二簡開始書寫；二是將篇題寫在第一簡簡首的背面，正面則書寫正文；三是將篇題寫在篇末最後一簡文字結束處下面。所稱唐勒賦的篇題便屬於第二種情況，「唐勒」二字便是寫在編號爲0184的簡背上端的。

那麼，篇題是否就是篇名，是否就是作者之名呢？恐怕不能遽下定論。有的篇題具有概括性，起小標題的作用，如屬於《孫子兵法》的「十陣」，屬於《孫臏兵法》的「八陣」等。有的則只是取篇首的幾個字以爲題，如《孫臏兵法》的「吳問」，便是書於簡背上端的，其正文是「吳王問於孫子曰」，可見「吳問」二字是開頭三個字的簡稱。《孫臏兵法》的「威王問」亦寫在簡背上端，正文是「齊威王問用兵」，則「威王問」爲開頭數字的省寫。這兩例相同，而作者顯然不是吳王、齊威王，也不是正式的標題、篇名，統稱爲「篇題」實在是很聰明的辦法。可見「吳問」、「威王問」與上述「十陣」、「八陣」情況有別，與《詩經》三百篇類似，如「關雎」、「葛覃」、「卷耳」、「麟之趾」、「摽有梅」、「彼何穠矣」等等，只是一種無題詩的權宜之計。因爲無題，爲了便於稱呼識別，便只好以篇首文字爲題了。《論語》、《孟子》的篇名也是取篇首文字爲題的。回頭過來看篇題爲「唐勒」的殘簡，亦只是取篇首二字爲題而已，故不能據之確定殘簡的作者。

羅福頤在介紹篇題爲唐勒的殘簡時，與載於《古文苑》中的宋玉的《大言賦》、《小言賦》、《諷賦》比較，這是很有意義的，可惜他只是用以說明殘簡的作者是唐勒，而沒有進一步看到其間的聯繫。從兩篇的寫作體例看，作者其實就是同一個人，那就是宋玉。試看《大言賦》、《小言賦》和《諷賦》開頭的寫法：

《大言賦》：楚襄王與唐勒、景差、宋玉游于陽雲之台。

《小言賦》：楚襄王既登陽雲之台，令諸大夫景差、唐勒、宋玉等并造《大言賦》，賦畢，而宋玉受賞。

《諷賦》：楚襄王時，宋玉休歸，唐勒讒之於王。

這三篇出場的人中除了楚王之外，唐勒與宋玉均在其中，景差只在前兩篇出現，而唐勒的名字則在宋玉之前，他發言亦都在宋玉之前。如《大言賦》中，楚襄王要求大家賦大言，第一個發言者爲唐勒，其次是景差，最後一位是宋玉。唐、景二人所言大則大矣，然而缺乏想象力，而宋玉所說的大人，以地爲車，以天爲車蓋，所佩之長劍直插雲天之外，並且能將四夷一口呑下，將黃河、東海統統喝乾，全國九州之大竟難容其身軀，故頂天立地，拘束得難以仰身。比較三人所說，自然數宋玉爲第一，於是宋玉受賞。《小言賦》則爲續篇，楚襄王聽了三人誇張之言，興猶未盡，要求他們繼續誇說極細極小之言。這回搶先說話的是景差，唐勒第二個說，宋玉又是最後一個說。他所誇說之小之細亦比景、唐二人小得無以復加，極盡「誇小」之能事，於是宋玉再次受賜。至於《諷賦》，只有唐勒和宋玉二人，略有不同者是開頭兩句爲叙述交代語，說明其時正當宋玉休假回家，不在楚襄王身邊，故唐勒借機進讒詆毀宋玉。宋玉回朝後，襄王轉述唐勒的話，宋玉一一予以批駁。這裡似乎有一個共同的現象，即誰先說話誰的名字就放在前面，誰最後說話誰就說得最好，宋玉總是最後說，故他總是後來居上，超過前面說話的人。

誰先說話，誰的名字就在前，還有一個明顯的例子。《大言賦》唐勒第一個說，景差第二個說，所以唐勒名字在景差之前。而《小言賦》中景差先說，唐勒第二個說，故景差名字放在唐勒之前。再看收入《文選》的《風賦》、《高唐賦》、《神女賦》、

《對楚王問》等篇，對話的只有楚王和宋玉兩個人，楚襄王名字在前，宋玉名字在後，也是楚襄王先說話，宋玉後說話，因爲總是楚王問，宋玉答，故只能如此。《登徒子好色賦》的次序則是登徒子、楚王、宋玉，說話的次序亦同。當然，也有例外。如《釣賦》開頭交代「宋玉與登徒子偕受釣於玄淵」，可是先說話的卻不是宋玉，而是登徒子，情況與《諷賦》類似，可能是篇首交代事情的緣故，但是道理仍然是後說的宋玉更爲透徹。

對照唐勒殘簡，與《大言賦》、《小言賦》極其相似，開首即爲「唐勒與宋玉言御襄王前，唐勒先稱曰」，清楚地表明唐勒名字在前，故先說話，而宋玉隨後說話的具體情況雖然因爲缺字漏字，不如唐勒說話那麼明白，但根據殘簡仍然是可以推知的。既然篇首二字爲唐勒，於是書寫人即將這兩個字書於簡背以爲標志，因爲這只是抄寫下來供主人閱讀欣賞的，故不僅唐勒殘簡沒有寫出正式篇名和作者名，就連其他保存較完整的古籍亦同樣無有書名和標題，而這在先秦是不足爲奇的，書寫者只是按當時的慣例行事罷了。所以將唐勒殘簡與宋玉諸賦對照，其寫作體例幾乎別無二致，只能說明其作者是宋玉而並非唐勒。

二、關於殘簡的思想內容

有關唐勒殘簡的思想內容，羅、湯、譚三文均有扼要的分析，但尚可以補充。

殘簡中人名除留有唐勒、宋玉、襄王之外，尚提到王良、造父，他們爲人所熟知，都是先秦高超的御手。另外還提到子華、大行二人。編號爲1628的殘簡曰：「知之此不如望子華大行者。」子華之名見於《莊子・讓王》：「子華子見昭僖侯。」亦見於《列子》和《呂氏春秋》。《列子》卷二謂「范氏有子曰子華，善養私名。」張度注謂子華爲「游俠之徒」。《呂氏春秋》子華子之名凡三見，高誘注：「子華子，古體道人，無欲，故全其生。」《四庫全書總目》雜家類有《子華子》二卷。謂：「今觀其書，多采綴黃老之言，而參以術數之說。」則《莊子》、《列子》與《呂氏春秋》所說不知是否爲同一個人？大行，當爲人名。《山海經·海內北經》曰：「有人日大行伯，把戈。」大行究竟是怎樣的人，不得而知，錄以備考。

殘簡雖缺漏不全，但幸賴《淮南子》引錄許多文字，可以參照。在《原道訓》、《覽冥訓》、《主術訓》中都說到御車之術，以之比喻治國之道。這些段落既有《荀子》、《韓非子》的文字，亦有唐勒簡中的文字。茲引錄於下：

> 《荀子·王霸篇》：善擇者制人，不善擇者人制之。
>
> 《荀子·哀公篇》：定公曰：「前日寡人問吾子，吾子曰：東野畢之馭善則善矣，雖然，其馬將失。不識吾子何以知之？」顏淵對曰：「臣以政知之。昔舜巧于使民，而造父巧于使馬；舜不窮其民，造父不窮其馬，是以舜無失民，造父無失馬也。今東野畢之馭，上車執轡，銜體正矣；步驟馳騁，朝禮畢矣；歷險致遠，馬力盡矣。然猶求馬不已，是以知之也。」
>
> 《韓非子·難勢》：夫良馬固車，使臧獲御之，則爲人笑；王良御之而日取千里。車馬非異也，或至乎千里，或爲人笑，則巧拙相去遠矣。今以國爲車，以勢爲馬，以號令爲轡，以刑罰爲鞭策，使堯舜御之則天下治；桀紂御之則天下亂，則賢不肖相去遠矣。夫欲追速致遠，不知任王良；欲進利除害，不知任賢能，此則不知類之患也。夫堯、舜亦治民之王良也。

《韓非子・外儲說右下》：王良、造父，天下之善御者也。

造父方耨，得有子父乘車過者，馬驚而不行，其子下車牽馬，父子推車請造父助我推車，造父因收器輟而寄載之，援其子之乘，乃始檢轡持策，未之用也而馬轡驚矣。使造父而不能御，雖盡力勞身助之推車，馬猶不肯行也。今身使佚，且寄載，有德於人者，有術而御之也。故國者君之車也；勢者君之馬也。無術以御之，身雖勞猶不免亂。有術以御之，身處佚樂之地，又致帝王之功也。

唐勒殘簡：（0184）唐勒與宋玉言御襄王前。唐勒先稱曰：人謂造父登車攬轡，馬協斂整齊調均，不摯步趨……（0190）馬心愈也而安勞，輕車樂進，騁若飛龍，免若歸風，反騶逆騶，夜走夕日，而入日……（0204）月行而日達，星躍而玄運，子神奔而鬼走，進退屈伸，莫見其墳埃，均□……（0403）襲□緩，急若意，□若飛，免若絕，反趨逆□，夜起夕日，而入日蒙汜，此□……（0493）……胸中，精神喻六馬，不叱啫，不撓指，步趨□……（0917）……千里，今之人則不然，白笏堅，（1628）……知之，此不如望子華、大行者。（1717）不能及造父，趨步□，御者屈……（1739）……□□□□□駕下作千。（2630）……行雷雷與□□□□。（2790）……□不伸發敝……（2853）……慮發□□競反趨……（3005）……君麗義民……（3150）入日上皇故……（3454）蔬久疾速……（3561）……論義御……（3588）……御有三，而王良、造……（3656）去銜轡，撇……（3720）覆不反□……（3828）……□女所□威滑□……（4138）……實大虛通道……（4233）翕脊……（4244）……□若□……（4244）……反趨逆（4283）……笪鞁馬……（4741）……自駕車，莫……（按：數字爲竹簡編號，方框爲缺字，省略號爲殘缺。據《銀雀山漢簡釋文》。）

《淮南子·原道訓》：昔者馮夷、大丙之御也，乘雲車，入雲蜺，游微霧，鶩怳忽，歷遠彌高以極往，經霜雪而無迹，照日光而無景，扶搖抮抱羊角而上，經紀山川，蹈騰昆侖，排閶闔，淪天門。末世之御，……不能與之爭先，是故大丈夫恬然無思，淡然無慮，以天爲蓋，以地爲輿，四時爲馬，陰陽爲御，乘雲陵霄，與造化者俱，縱志舒節，以馳大區，可以步而步，可以驟而驟，會雨師洒道，使風伯掃塵，電以爲鞭策，雷以爲車輪，上游于霄雿之野，下出于無垠之門，劉（瀏）覽偏（遍）照，復守以全，經營四隅，還反于樞，故以天爲蓋，則無不覆也。

《覽冥訓》：昔者王良、造父之御也，上車攝轡，馬爲整齊而斂諧，投足調均，勞逸若一，心怡氣和，體便輕畢，安勞樂進，馳騖若滅，左右若鞭，周旋若環，世皆以爲巧，然未見其貴者也。若夫鉗且、大丙之御，除轡銜，去鞭棄策，車莫動而自舉，馬莫使而自走也，日行月動，星燿而玄逺，電奔而鬼騰，進退屈伸，不見朕垠，故不招指，不咄叱，過歸雁于碣石，軼鶤雞于姑余，騁若飛，騖若絕，縱矢躡風，追猋歸忽，朝發扶桑，日入落棠，此假弗用而能以成其用者也，非慮思之察，手爪之巧也，嗜欲形于胸中，而精神踰于六馬，此以弗御御之者也。

夫鉗且、大丙，不施轡銜，而以善御聞於天下。伏戲、女媧不設法度，而以至德遺於後世，何則，至虛無純一，而不嚶喋苛事也。

《主術訓》：權勢者，人主之車輿；爵祿者，人臣之轡銜也。

今夫御者，馬體調于車，御心和于馬，則歷險致遠，進退周游，莫不如志。雖有騏驥騄駬之良，臧獲御之，則馬反自恣，而人弗能制矣。故治者不貴其自是，而貴其不得而爲非也。

法律度量者，人主之所以執下，釋之而不用，是猶無轡銜而馳也，群臣百姓，反弄其上，是故有術則制人，無術則制于人。（按：《淮南子》中加點的字引自《荀子》和《韓非子》，加三角的字則引自唐勒簡。）

《淮南子》爲漢初淮南王劉安主編，高誘序曰：「此書大較歸之於道。」謂劉安主張黃老道家之說。從上述所引有關御術及治國之道來看，確乎如此。其以爲王良、造父固爲良御，「世皆以爲巧，然未見其貴者也」，謂巧則巧矣，然猶不如鉗且、大丙之御更爲可貴。高誘注謂鉗且、大丙二人系「古得道之人，以神氣御陰陽也」。這兩個人不像王良、造父那樣憑熟練技巧御車，而是以神氣來駕馭，故無需轡銜鞭策等工具，而車馬卻能奔馳如飛，神鬼莫測，這是比王良、造父高明得多的，是「以弗御御之」，鉗且、大丙因而「以善御聞于天下」。那上古的伏羲、女媧之治天下，就像鉗且、大丙一樣，「不設法度，而以至德遺於後世」，也就是黃老無爲而治的典範。

值得注意的是《淮南子》並不因爲主黃老道家之說而排斥先秦其他各家學說，而是兼收并蓄爲己所用。如上引幾段文字中就同時運用了《荀子》和《韓非子》的某些語言和意思，特別是韓非子的話用得比荀子多。韓非子既是荀子的學生，當然吸收了荀子的一部分思想，同時他的法術勢之說又從道家脫胎而來，故司馬遷作傳時，將老子和韓非子放在同一列傳裡，正好說明其間的淵源關係。因此《淮南子》在論及御術與治國關係時，便同時引用荀、韓的話。可是對於荀子所說的有關舜之治民猶如造父之馭馬的言簡意賅之語卻不取，而韓非子所說有關術與勢之論則引用頗多，可見其取舍是以合乎道術爲標準的。至於引用「唐勒」賦的情況則更爲清楚地表明了這一點。《淮南子》以鉗且、大丙爲貴，而王良、造父不過是用來作爲鉗且、大丙的陪襯而已。

用《淮南子》的引錄來對照唐勒殘簡，可以彌補部分內容，並據以論定其作者，其重要性自不待言，只是難以說明這篇賦的主旨和思想傾向，因爲《淮南子》是根據自己的需要有所取舍的。

殘簡所保留的文字雖然多爲片言只語，幸而有些至關重要的話尚存，使我們可以大致據以推想，這些文字如「今之人則不然」、「義御」、「御有三」。我們試以宋玉的《釣賦》加以比較，適足以證明兩者思想傾向上的一致，兩篇在構思、層次和風格上的類似，可見兩篇的作者恰爲同一個人。

《釣賦》寫宋玉和和登徒子同時從環淵學習釣術，兩人同時進見楚襄王。登徒子極力稱贊環淵爲天下善釣之人，並具體描寫其釣術之熟練，技巧之高超，襄王聽了也很贊賞。可是宋玉認爲這並不值得稱道，環淵不過是「水濱之役夫」，在水邊釣魚，終日殫精竭慮、神色憔悴，只是一個辛苦勞碌的漁夫而已。他以爲眞正的善釣者應當「以賢聖爲竿，道德爲綸，仁義爲鈎，祿利爲餌，四海爲池，萬民爲魚」的堯舜禹湯爲榜樣，興利除害，得到天下的擁戴，治國興邦，這才是眞正的釣術。至於襄王聽了宋玉的高論後有什麼反應，賦中沒有寫，想來總是聽得津津有味，連連點頭，如此而已。不過宋玉的意思已經很明白地表示出來了，就是希望楚王效法先王，實行仁政，這正是儒家思想的反映。

唐勒殘簡的內容和寫法大致與《釣賦》相同。第一層意思保存得較爲完整，唐勒稱贊造父御術之高超，技藝之精微。第二層以下脫漏嚴重，但可以據《淮南子》來補充。我揣想輪到宋玉發言時，他不否認王良和造父有技巧，是好御手，此之謂良御。然而不足爲貴，像鉗且、大丙就高於王良、造父。鉗且、大丙二人能運用神氣御車，甚至不必使用任何工具，而效果卻遠勝前者，是謂神御。接下來第三層意思，宋玉批評現實中存在著愚蠢的御者，即殘簡之「今之人則不然」爲領起句，他們不用說及不上鉗且、大丙那樣的神御，就連王良、造父也不如，只知道用鞭子抽打馬兒，大呼小叫，相信強制手段，搞得馬疲人困，哪裡還能動彈半步！第四層意思，宋玉進一步稱鉗且、大丙還算不上最高層次的御者，他們能以神氣御陰陽，本領雖然高強，畢竟只是駕御車馬而已，他要說的是治國的大道理。治國譬如御車，應像先王堯舜禹湯那樣，楚王必須具備伯樂那樣的眼光，親自擔任御手，用賢人爲千里馬，以仁義爲轡，以道德爲策，如此則萬民擁戴，天下歸心，這才稱得上是眞正的善御者，此之謂義御。反之，夏桀、殷紂皆爲不通御術者，他們不要伯樂，拋棄賢才，不用騏驥，而是以駑馬駕車，用強策鞭打，遂造成車毀人亡之結果，導致身死國滅，爲天下笑，此之謂前車之鑑也。

當然這只是我根據《釣賦》的推想，事實究竟怎樣，見仁見智是難免的。不過殘簡中這些詞語至關重要，不能不令人矚目，不能不令人聯想到《釣賦》，不能不發現兩者之間的血肉聯繫。而《淮南子》幾次三番說到鉗且、大丙，引用了那麼多文字，爲何偏偏不見「義御」、「御有三」這些話呢？如果《淮南子》能將該賦全文錄下來就好了，可以免去後人猜詳之勞，問題是該書不是史傳，沒有義務照錄全文，只是引錄部分他們需要的東西。即使如此，仍得感謝他們，因爲畢竟爲後人提供了線索。《淮南子》引用言御賦數量多於荀、韓，因爲主編劉安好辭賦，是漢初辭賦大家，他當然偏愛楚辭，於是就把適合於表達其黃老思想的部分錄下來，而舍棄論述義御的部分，因此書中但見王良、造父和鉗且、大丙兩部分內容，可是這樣一來，似乎宋玉也成爲黃老思想的宣傳者了。既然殘簡中存有「義御」和「御有三」等字樣，就應該在內容裡得到反映。王良、造父爲一種御，即良御，鉗且、大丙爲一種御，即神御。如果至此即結束全篇，則「義」與「三」便沒有著落了，當然與治國之道也難以聯繫起來。戰國末年的楚國與中國已經統一之漢初形勢迥異，漢初可以無爲而治，與民休息，而楚國當時處於強秦的威脅之下，作爲宋玉怎麼會倡導無爲而治呢？除非他學莊子，也來藐視富貴利祿，但這顯然與他陪侍楚王身邊，時時要作賦諷諭的思想傾向不合。可見「義御」才是這篇賦的主旨，是篇末點題的寫法。

《釣賦》的寫法以小見大，由近及遠，由此及彼，從釣術說到治國，步步推進，層層深入，這篇言御之賦亦采用同樣的寫法，而這正是宋玉其他諸賦《風賦》、《高唐賦》、《登徒子好色賦》、《神女賦》等等的共同特徵，不是同一個人能寫出如此風格一致的賦作嗎？

三、從《離騷》《九辯》看殘簡

《淮南子》除了采錄言御之賦外，同時還引用了宋玉的《釣賦》、《大言賦》的部分內容。《原道訓》：「夫臨江而釣，曠日而不能盈羅，雖有鉤箴芒距，微綸芳餌，加之以詹何、娟嬛之數，猶不能與網罟爭得也。」這裡所寫就是宋玉《釣賦》的內容。

《原道訓》曰：「以天爲蓋，以地爲輿。」此即《大言賦》宋玉之言，曰：「方地爲車，圓天爲蓋。」《淮南子》用其語寫鉗且、大丙之神御。《精神訓》曰：「天外之天，至大也；無內之內，至貴也。」屈原《遠遊》：「其小無內兮，其大無垠。」《大言賦》宋玉曰：「長劍耿耿倚天外。」《小言賦》宋玉曰：「無內之中，微物潛生。」《淮南子》將屈原的《遠遊》和宋玉的《大言賦》與《小言賦》的意思融合在一起了。此外《淮南子》還引用屈原辭作。《氾論訓》曰：「今志人之所短，而忘人之所修，而求得其賢於天下，則難矣。夫百里奚之飯牛，伊尹之負鼎，太公之鼓刀，寧戚之商歌，其美有存焉者矣。」《離騷》有句曰：「苟中情其好修兮，又何必用夫行媒？說操築於傅岩兮，武丁用而不疑。呂望之鼓刀兮，遭周文而得舉。寧戚之謳歌兮，齊桓聞以該輔。」《九章・惜往日》有句曰：「聞百里之爲虜兮，伊尹烹於庖廚。呂望屠於朝歌兮，寧戚歌而飯牛。」《淮南子》顯然將《離騷》和《惜往日》有關詩句揉合在一起了。《說山訓》有曰，「申徒狄負石自沈於淵，而溺者不可以爲抗。」顯然引自《九章・悲回風》：「望大河之淵渚兮，悲申徒之抗迹。」《說林訓》：「鳥飛返鄉，兔死歸窟，首丘，寒將翔水，各哀其所生。」此則脫胎於《九章・哀郢》：「鳥飛反故鄉兮，狐死必首丘。」

上述《淮南子》所采錄的內容有其相通之處，即均涉及治國之道，無論是釣術、御術，還是賢才，都與治國興邦有關，故屈宋辭賦中相應的詩句爲其所用。

以車御比喻國家，《離騷》已有名句：「乘騏驥以馳騁兮，來吾導夫先路。」「豈余身之憚殃兮，恐皇輿之敗績。」將國家比爲車子，自己願爲千里馬，爲王前驅，做開路先鋒，使「皇輿」沿著大道前進。敬仰屈原人品，學習屈原辭賦的後學者宋玉接受了這個著名的比喻，並在《九辯》中加以發揮。在第五段和第九段中以大量的篇幅予以描寫：

1.何時俗之工巧兮，背繩墨而改錯？卻騏驥而不乘兮，策駑駘而取路。當世豈無騏驥兮，誠莫之能善御。見執轡者非其人兮，故跼跳而遠去。

2.變古易俗兮世衰，今之相者兮舉肥。騏驥伏匿而不見兮，鳳凰高飛而不下。鳥獸猶知懷德兮，何云賢士之不處？

3.堯舜皆有所舉任兮，故高枕而自適。諒無怨于天下兮，心焉取此怵惕？乘騏驥之瀏瀏兮，馭安用夫強策。諒城郭之不足恃兮，雖重介之何益。

4.國有驥而不知乘兮，焉皇皇而更索？寧戚謳于車下兮，桓公聞而知之。無伯樂之善相兮，今誰使乎譽之。

以上四組詩都是有關車駕的比喻。第一組詩揭露時俗之工巧，是非顛倒，以駑馬駕車而舍棄騏驥，而騏驥見御手非其人，遂遠離而去。第二組詩補充寫時俗之惡濁，舉世竟無一位識馬之人，因此以爲外表肥胖實則不堪一用的駑馬是良馬，逼得眞正的良馬騏驥只好伏匿不出。第三組詩則標舉上古聖君堯舜爲榜樣，謂他們都能舉賢授能，故天下安定，猶如駕車一樣，用了能日行千里之騏驥便可奔馳向前，何用鞭子驅策呢。那堅固的城牆何堪爲憑，武裝甲士又有何用！舉賢授能才是眞正的治國之道！第四組詩面對現實政治的黑暗，詩人發出無可奈何之嘆。歷史上有過聖君任用賢臣、君臣相得的實例，如齊桓之拔擢寧戚，可如今已無善於相馬的伯樂，故楚國雖有騏驥卻不知乘用，而是盲目地到處亂找。宋玉和屈原一樣，以車喻國，以御手比國君，以騏驥自比，爲自己難以立足朝廷而憤慨不已。堯舜那樣的先王只能嚮往而無緣遭遇，楚國這駕車的前途不言而知。這就是宋玉在《九辯》中以車駕騏驥比喻的大致情況。但《九辯》畢竟不是專寫御術與治國之賦，車駕之喻只是其中一小部分內容，而這篇與唐勒同在襄王面前討論御術之賦才得以集中地具體描寫御術的三種表現，而在《九辯》中已經觸及的堯舜舉賢授能，乘騏驥以馳騁的話題至此方得以充分展開，於是而有王良、造父之良御，鉗且、大丙之神御，堯舜禹湯之義御。這樣的賦只有作過《風賦》、《釣賦》的宋玉才寫得出，而唐勒實在缺乏這樣的才思與能力。試看《水經注・汝水注》所保留的唐勒《奏土論》24個字：「我是楚也，世霸南土，自越以至葉垂，弘境萬里，故號曰萬城也。」字數不多，不足以反映一個人的寫作水平，但起碼也能看出其行文風格與殘簡實在不能相提並論，其間缺少聯繫，而將殘簡與宋玉的辭賦對照，卻能感到它們息息相通，其思想傾向的一致性，語言詞藻之華贍艷麗，以小見大、由表及裡之寫法，比喻象徵手法之運用，無不體現其共同的風格特色。

綜上所述，我以爲所謂「唐勒賦」殘簡的作者不是唐勒，而是宋玉；其篇名應如湯漳平所擬爲《御賦》。

【附　註】

① 參見《古文字研究》第十一輯，中華書局出版。

② 參見《文物》1990年第四期。

③ 參見《文學遺產》1990年第二期。

《楚辭》舊注管窺

西漢以來，為《楚辭》作注者很多，茲選擇幾種，略作述評。

一、王逸的《楚辭章句》

關於王逸，《後漢書．文苑傳》只有簡略的介紹：「逸，字叔師，南郡宜城人也。元和中舉上計吏，為校書郎；順帝時為侍中，著《楚辭章句》行於世。」王逸的《楚辭章句》是流傳至今第一部最完整的注本。

此書編為十七卷，一至七卷為屈原之作，八至九卷為宋玉之作，以下依次為景差《大招》、賈誼《惜誓》、淮南小山《招隱士》、東方朔《七諫》、莊忌《哀時命》、王褒《九懷》、劉向《九嘆》。最後一卷為王逸自己的《九思》，亦加注。後人多懷疑其注為其子王延壽所作。

各卷均有前言，起解題作用。其中《離騷》和《天問》兩篇不僅有前言，且有後敍，對兩篇之創作緣起，題旨及表現手法等作概括分析。特別是《離騷》的前言和後叙，在指出其運用比興象徵手法以諷諫的同時，對班固指責屈原「露才揚己，怨刺其上，強非其人，殆失厥中」之說，予以痛斥，認為班固毫無根據，屈原所寫無不合乎經義，其辭賦在歷史上有崇高的地位，是孔子以來無可匹敵最有影響的詩人。王逸是第一個起來維護屈原駁斥班固謬說的楚辭專家。

本書吸收、保存了前此各評注家的研究成果。王逸提到的注家有劉安的《離騷傳》，劉向的《天問解》，揚雄的《天問解》，班固的《離騷章句》，賈逵的《離騷章句》。由於王逸提到了以上諸家的研究成果，使後人得以大致了解在王逸之前楚辭評注本的概況。可惜的是王逸在引用前人之說時，沒有注明出處，以至難以窮究其所以。

在注釋體例方面，一般是先釋字詞，然後說明句意。由於王逸是楚人，又去古不遠，了解熟悉楚國地名、物產、俗語方言，且又任職校書郎，有豐富的古籍可資參考，因此在名物訓詁方面比較接近原意。此外，王逸還給一些音注上反切，保存了古代音韻。

章句的注文，大部分運用散文句式，而《抽思》以下的篇章則用四言句式隔句用韻的韻文作注，可謂別開生面。注文音調鏗鏘，文字優美，古色古香。對此，前人未予重視。《四庫全書總目》卷一四八謂：

> 《抽思》以下諸篇注中，往往隔句用韻，如「哀憤結縎，慮煩冤也」、「哀悲太息，損肺肝也」、「心中結屈，如連環也」之類，不一而足。蓋仿《周易》象傳之體，亦足以考證漢人之韻。而吳棫以來談古韻者，皆未徵引，是尤宜表而出之矣！

這些注保存了古韻，值得後代研究音韻者參考。但是也應看到，由於遷就形式，注文過於簡略，往往難以確切表達詩意。

由於王逸據爲底本的劉向的十六卷本早已失傳，因此本書就成爲最早的注本了。由於它在訓詁名物上較接近原意，故歷來受到重視，李善爲《文選》中的楚辭作品作注時，全部照錄。

本書的主要缺點是穿鑿附會，以經學家解經的方法加以比附，頗多學究氣味。

王逸把屈原的作品奉爲經典，用心是好的，但是往往把生動的形象變成爲毫無生氣的說教。如謂「《離騷》之文，依托五經以立義」，於是便把某句比之爲《詩經》某句，某句即《尚書》某句，某句係化用《易經》等等，如此便難免抹殺了作品的藝術性，割裂了形象的完整性。又如《湘夫人》的「嫋嫋兮秋風，洞庭波兮木葉下」，是描寫秋景的佳句，可是王逸卻認爲是「言君政急，則衆民愁而賢者傷矣」。又如他一方面正確地指出《離騷》有「引類譬喻」的特點，指出詩中美人香草具有比興象徵意義，同時又不恰當地把一些沒有寓意的形象描寫也當作寄托來對待，認爲「虬龍鸞鳳，以托君子，飄風雲霓，以爲小人」。乘龍御風，只是浪漫主義的豐富想象，用以烘托進入神話世界的氣氛場景而已，並無其他深意。

二、洪興祖的《楚辭補注》

洪興祖（1090—1155），字慶善，丹陽（今屬江蘇）人。南宋初，歷任秘書省正字、太常博士等職，後出知眞州、饒州，興學開荒，治州有善政，因觸忤秦檜，編管昭州而卒。著有《老莊本旨》、《周易通議》、《楚辭補注》及《考異》等。

洪興祖曾得到蘇軾手校的楚辭和洪玉父、姚廷輝本，以及古本《釋文》、歐陽修、孫莘老等十幾種不同本子的楚辭，他對照王逸的章句作了系統的校勘，編定了《楚辭補注》一書，材料豐富，總結了前此楚辭研究的成果，許多楚辭古本賴以保存。《四庫全書總目提要》卷一四八云：「于楚辭諸注之中，特爲善本，故陳振孫稱其用力之勤，而朱子作集注，亦多取其說云。」

補注在體例上非常整齊而醒目，先列王逸注文，然後在「補曰」後面加以疏通證明，有的在字詞的意義上加以闡發，有的引用古籍注明出處，有的則加以考證辨明，熔文字、訓詁和考證於一爐，確是一部富有特色的注疏。

王逸的章句過於簡略，而且對於典故、神話傳說等或者不引出處，或者局限於用經書記載來加以解釋，而補注則彌補王注之不足，對於典故、神話傳說無不一一注明出處，旁徵博引，不受經書的束縛，態度較爲開明。如《離騷》一篇就引用了《論語》、《孟子》、《莊子》、《韓非》、《管子》，以及賈誼、班固、顏之推、曹植、蘇軾等作家作品八九十種之多，爲讀者讀通楚辭提供了豐富的資料。

補注還糾正了王注不少錯誤，提出了自己的看法。如《離騷》中「勉升降以上下」句，王注曰：「勉強也；上，謂君；下，謂臣。」補注曰：「升降上下，猶所謂經營四荒，周流六漠耳，不必指君臣。」這樣解釋，比王注接近原意。

由於洪興祖運用多種楚辭注本進行對照校閱，所以往往能發現一些問題，如《離騷》中有「曰黃昏以爲期，羌中道而改路」兩句係從《抽思》篇中竄入。這一說法爲楚辭研究者所普遍接受。

補注反對班固和顏之推妄評屈原揭露楚國黑暗的現實政治爲「露才揚己，顯暴君過」，他贊美屈原「慨然發憤，不顧其死，特立獨立，自信而不回」，「屈原雖死，猶不死也」，駁斥班、顏二人所說「無異妾婦兒童之見」。他本人深受奸臣迫害，故字裡行間，愛憎極其鮮明。朱熹在《楚辭辯證上》中贊賞洪注曰：

> 若揚雄則尤刻意于楚學者，然其《反騷》，實乃屈子之罪人也，洪氏譏之，當矣。
>
> 其言偉然可立懦夫之氣，此所以忤檜相而貶死也，可悲也哉！

補注的語言比較明白易懂，也是它的一大長處。

補注引用材料極爲豐富，保存了很多至今已佚的資料，但由此也帶來了頗爲煩瑣的缺點。同時，在釋義時也未能避免穿鑿之弊，不能擺脫說教的習氣。如《九歌・東皇太一》，王注顯得牽強，補注則云：「此章以東皇喻君，言人臣陳德義禮樂以事上，則其君樂康無憂患也。」比王注似更爲穿鑿。

三、朱熹的《楚辭集注》

朱熹（1130—1200），字元晦，一字仲晦，婺源（今屬江西）人。仕途坎坷，雖歷事高、孝、光、寧四朝，累官轉運副使、煥章閣待制、秘書修撰等，然在朝不滿四十日。爲著名理學家，與程顥、程頤並稱程朱。晚年徙居建陽考亭，主講紫陽書院，創考亭學派。著述甚豐，有《易本義啓蒙》、《詩集傳》、《四書集注》、《通鑑綱目》等等。

朱熹一生著述繁富，大多爲闡釋儒家經義之作，唯有此書是爲純粹的文學作品作注，因此頗引人注目。究其原因有三：

首先，與時代有關。當時南宋苟安一隅，情況正與戰國末年的楚國相仿佛。朱熹是主張抗戰的，因此注釋屈原憂國憂民的詩篇就具有現實意義。

其次，朱熹本人的遭遇與屈原有相似之處。他倡導理學，教授生徒，爲鞏固封建王朝服務，只是由於不肯阿附權貴，便不斷地受到攻擊，特別是受到韓侂冑的排陷，理學被列爲「僞學」而遭禁阻，追隨左右者被當做「僞黨」，朝廷下詔命「僞黨」「改視回聽」，否則「必罰無赦」。《宋史・道學傳》對此記載甚詳。他自己的境遇非常困難，加之對他有知遇之恩、曾任相職的趙汝愚更爲不幸，竟遭貶謫而死於途中，因此，朱熹有意作此集注以寄托感憤之情。《困學紀聞》卷十八及周密《齊東野語》卷三《

紹熙內禪》的記載都說明朱熹晚年作集注自有深意。

再次，爲匡正王逸和洪興祖注釋之誤而作。對此，朱熹在序中已說得很清楚。

以上三點結合起來，就可以明瞭朱熹爲楚辭作注並非偶然。

集注在編排體例上獨具特色。宋晁補之選擇後代文辭與楚辭相類者編爲《續楚辭》二十卷，共收二十六人六十篇；又選其余祖述《離騷》者，編爲《變離騷》二十卷，共三十八人九十六篇，朱熹吸收了王逸和晁補之兩家在編排體例上的特點，加以增刪，附入注釋、考證，成爲集注一書。其中，將王逸章句十七卷中《七諫》以下四篇刪去，把屈原的作品二十五篇編爲《離騷》五卷；把宋玉、景差、賈誼、莊忌和淮南小山的作品十六篇編爲《續離騷》三卷；錄荀子至呂大臨的歷代辭賦五十二篇，編爲《楚辭後語》六卷。又有《楚辭辯證》上下兩卷一百四十一條，對楚辭舊注的錯誤及有關問題進行了考辯。這部集注實際上就是一部歷代優秀抒情辭賦選注，使讀者較全面地了解辭賦發展的面貌。這一編排體例是富有創造性的。

集注在選收辭賦作品時，有嚴格的標準。《四庫全書總目提要》認爲朱熹「去取特嚴」，事實確實如此，他刪去《七諫》以下四篇，另增收賈誼的《吊屈原賦》和《服賦》，可見他選材的精到。此外，對他自己不滿意的作品也並不一概排斥，而是適當選入，聊備一格。揚雄對屈原的自沉汨羅頗多微詞，但朱熹仍舊把揚雄的《反離騷》附在《楚辭後語》中。

在注文方面，集注也很有特點。每篇正文前都有序言，總括題旨，有的采用舊說，有的則糾正舊說，提出個人見解。如謂《九章》：「屈原既放，思君念國，隨事感觸，輒形於聲，後人輯之，得其九章，合爲一卷，非必出於一時之言也。」其說較王逸的「屈原放於江南之野，思君念國，憂心罔極，故復作《九章》」更切合作品的實際。

具體作注時，集注一反舊注每句爲注的作法，按照作品用韻的特點，以四句爲單位來注釋，先注釋字詞，後串解大意。字詞釋義多用洪注，但力求簡要，避免了洪注的煩瑣。語言樸實簡明。遇有難解不懂之處，就注明。不懂就是不懂，不肯強作解人，具有實事求是的學風。

朱熹是反對王逸的穿鑿附會的解釋的，在《辯證》中，他不止一次地給予批評。如王逸以爲《離騷》末了所寫的「飄風」、「雲霓」等都有比喻象徵意義，朱熹對此提出了批評，他批評得很對，但他自己也未能完全避免穿鑿。如不根據作品的具體情況，一概從忠君愛國的角度來看待詩的題旨，認爲《九歌》「此卷諸篇皆以事神不答而不能忘其敬愛，比事君不合而不能忘其忠赤，尤足以見其懇切之意。」與王逸一樣，把一組抒情詩納入「忠君」的範圍。集注對某些作品的段落，冠以「賦」「比」「興」的字樣，仿《詩經》傳釋之例，這就顯得支離破碎，反而不能說明楚辭的表現手法。朱熹對一些問題的看法也有主觀武斷的地方。如以爲「攝提貞於孟陬兮」的「攝提」不是「攝提格」省寫，因此不是指寅年，而是表月份的攝提星。對此，顧炎武在《日知錄》中指出：「或謂攝提，星名，《天官書》謂值斗杓所指以建時節者，非也。豈有自述其世系生辰，乃不言年，而止言月日者哉！」說得很對，朱熹顯然錯了。

概括地說，簡明扼要是集注最大的特點。對於楚辭愛好者來說，集注是一部較爲合適的讀本。

四、陳第的《屈宋古音義》

陳第（1541—1617），字季立，號一齋，連江（今屬福建）人。萬曆時諸生。都督俞大猷召致幕下，教以兵法，起家京營，出守古北口。歷薊、鎮游擊將軍，在鎮十年，邊備修飭。後致仕歸。陳第不僅是武將，更善詩，所居世善堂，藏書極富，有《一齋詩集》、《五岳兩粵游草》等作。尤精於古音韻，著作有《毛詩古音考》、《屈宋古音義》等。

《屈宋古音義》是《毛詩古音考》的姐妹篇，兩書互爲發明，同爲其研究古音韻的成果。

是書篇首有焦竑序和自序，篇末有跋，編爲三卷。卷一將屈宋辭賦中合於古而異於今韻者二百三十四個字列出，其中與毛詩同者八十餘字，毛詩所無者一百五十餘字，分別注明古音、出處，及其見於秦漢魏等賦謠詩文者。

卷二簡注屈原作品二十四篇，略去《天問》不錄。卷三收宋玉作品十四篇，即將《楚辭》與《文選》中宋玉諸作合爲一卷，其中《九辯》分爲九篇，《招魂》依王逸說，斷爲宋玉作。每篇最後有總題，唯《九辯》有兩篇「總題」。

本書最大的特色是較全面地注明屈宋辭賦的古音古韻，爲人們掃除障礙，便於領略屈宋辭賦的音韻流暢頓挫之美感。如《離騷》開頭幾句：「帝高陽之苗裔兮，朕皇考曰伯庸。攝提貞於孟陬兮，唯庚寅余以降。」陳第注「降」曰：「音洪。」並舉出屈宋其他作品爲例，如《九歌・雲中君》之「靈皇皇兮既降，橫四海兮焉窮。」《風賦》：「故其清涼雄風，則飄舉升降。乘凌高城，入於深宮。」說明「降」字音「洪」實爲古音。如此誦讀起來，自然合韻，琅琅上口。又如「莽」字，陳第注曰：「音姥，古馬，亦音姥，二字義異而音同。漢有馬何羅者，明德皇后惡其先有叛，以莽易馬，改字不改音也。介子推《龍蛇歌》：『二蛇入國，厚蒙爵土；余有一蛇，棄於草莽。』何仲言《宿南洲浦詩》：『霜洲渡旅雁，朔飆吹宿莽，夜淚何淫淫，是節偏懷土。』」諸如此類，言之有據，持之有故，令人信服。

陳第能準確地注明古音有其理論根據，即推倒「叶韻」之說，恢復了屈宋辭賦古韻之原貌。他在《毛詩古音考自序》中說：「時有古今，地有南北，字有更革，音有轉移。」指出古今語音有變化，所謂「叶韻」之音，實際上就是古音。

「叶韻」說，是南北朝以來一些學者在讀《詩經》時，感到許多詩句韻腳不和諧，於是便臨時改變讀音，以便與上下音韻相協。這是讀古詩的權宜之計，此說自唐以來十分盛行，不僅讀《詩經》取「叶韻」，就是讀其他古詩文亦無不如此。如「降」字，朱熹注謂：「降，叶乎攻反。」就是說，這個「降」字只是臨時改讀「洪」音而已。陳第批評唐代的顏師古和李賢注兩《漢書》，對於司馬相如、揚雄、班固等賦，凡是音韻與唐音不合者，就以「叶韻」當之，後人相沿成習，造成千年以來音韻方面的混亂狀況。他的《毛詩古音考》和《屈宋古音義》注明古音，足以澄清千載以來「叶韻」說之迷霧。當時已有不少人對叶韻之說產生懷疑，包括陳第的父親。在《屈宋古音義·跋》中，陳第謂：「余少受詩家庭，先人木山公嘗曰：叶音之說，吾終不信，以近世律絕之詩叶者且寡，乃舉三百篇盡謂之叶，豈理也哉！然所從來遠，未易遽明爾。豎子他日有悟，毋忘吾所欲論著矣。」陳第牢記父親之言，經過長期深入的鑽研，終於搞清了所謂的「叶韻」皆爲古音，於是著之於書。焦竑贊此書之功曰：「季立之書，奧篇奇字，曲暢旁通，高下抑揚，自中律度，古之作者，且含笑地下。」①

再次，本書對屈宋辭賦之文義只取王逸和朱熹兩書參校，然後作簡注，主要依朱熹之說。因注釋過於簡略，新意不多，只是偶爾發表個人的見解而已，比之古音之注遜色多矣。倒是附於篇末的總題，時有高見，可以參考。特別是附於宋玉辭賦之後的總題似比題屈原諸題要好。收入本書的宋玉賦，除了《九辯》之外，其餘僅見於《文選》，可參考的注本很少，故陳第往往能發揮自己的見解。如總論宋玉辭賦之特色及其與屈原辭賦的承傳關係，曰：「宋玉之作，纖麗而新，悲痛而婉，體制頗沿於其師，風諫有補於其國，亦屈原之流亞也。」「婉雅之意多，勁奮之氣少。」概括得當，切合宋玉辭賦之實際。

對於每篇辭賦的題旨，陳第雖然從諷諫作用出發予以闡發，卻往往能發幽探微，要言不煩，予人以啓發。如將《神女賦》和《登徒子好色賦》加以比較，認爲兩者表達方式有異，而托辭微諷襄王際遇神女之妄念則同，所謂「玉之辭誠婉，而其意誠規，《神女賦》有深意焉。」

還有一點應該提及的是陳第的文字簡潔而流暢，時露幽默之趣，引人入勝。如在跋中論「叶音」之非，說到今音不能用於古詩，同樣古音亦不能用於今讀，否則便要鬧笑話。他舉例說：「近有搢紳不知古音者，或告之曰：『馬，古音姥。』渠乃呼其從者曰：『牽我姥來。』從者愕然，座客皆笑。夫用古於今，人之笑也；則用今於古，古人之笑可知。故自叶音之說以來，賢聖之咥然於地下也久矣，余不得不力爲之辯。」又題《風賦》旨意時說：「風豈有雌雄，人自雌雄耳。」並舉例以證曰：「昔京都貴人聚而夜飲，襲貂衣，圍紅爐，相與言曰：『冬已深矣，暖而不寒，氣候之不正也。』其仆隸凍不能忍，抗聲答曰：『堂上之氣候不正，堂下之氣候甚正。』聞者皆爲之一噱。人君苟知此意，則加志窮民，又烏能已，故宋玉此賦大有裨於世教也。」

陳第的總題有時交代不清，容易造成誤會。如《題九辯》時，一方面承認宋玉作《九辯》，駁斥洪興祖僅據古本《釋文》的編次就懷疑作者之說，但後面卻又說：「近弱侯謂余曰：『《九辯》，非宋玉作也，反覆九首之中，並無哀師之一言可見矣。夫自悲與悲人，語自迥別，不可誣也。』愚於是熟復之，內云『有美一人兮心不繹』，頗似指其師。然《離騷》、《九章》中，原所自負者不少，以是而信弱侯之見，卓絕於今古也。」這裡所引焦竑的話，一開始便否定宋玉的著作權，後面的意思只是作爲屈原作《九辯》的理由，而陳第稱其「卓絕」之見不知是同意其理由呢，還是同意其否定，因爲不加區別，故不免模棱兩可。可能陳第不想得罪老友，故含糊其詞，因爲事實上作者此書已明確地將《九辯》歸於宋玉的名下了。

陳第既然集屈宋辭賦爲一書，卻又略去屈原的《天問》不錄，也不說明不收的道理何在，令人不解。又認爲《招魂》係宋玉招屈原之魂而作，謂宋玉「悲其師之不用，痛其國之將亡，而托之招魂」，這樣的理解距離作品的實際過於遙遠，不足爲據。

五、王夫之的《楚辭通釋》

王夫之（1619—1692），字而農，號薑齋，衡陽（今屬湖南）人。明亡，仕南明桂王爲行人，遭受奸人之讒害。曾舉兵抗清。後隱居衡山石船山，拒不仕清，杜門著書。他學識淵博，遍涉天文地理曆算，文史哲俱通，詩文詞兼工，著作豐富，後人滙成《船山遺書》，有一百餘種三百五十八卷之多。

本書在編排上，卷一至卷十二與王逸章句相同，卷十三至卷末與王逸本有異。卷十三和卷十四爲江淹的《山中楚辭》、《愛遠山》，卷末則爲王夫之自己的《九昭》。他認爲賈誼的《惜誓》和淮南小山的《招隱士》尙「得屈宋之遺風」、「紹楚辭之遺韻」，故予保留。「而《七諫》以下，無病呻吟，蹇澀膚鄙之篇，雖托屈子爲言，其漠不相知，徒勞學兵，正使湘纍有靈，實應且憎」，故刪去不錄。在這一點上，他完全同意朱熹的看法。

本書每篇均有序言解題，先列王逸之說，後說自己之見。有的同意王說，有的則駁正王逸之訛。這些駁正之論往往十分精采，引人注目。如他反對王逸所說《天問》「文義不次序」之說，謂「篇內事雖雜舉，而自天地山川，次及人事，追述往古，終以楚先，未嘗無次序存焉」，並進而概括此篇主旨爲「有道而興，無道而喪」。他亦反對王逸解《哀郢》爲屈原流放之說，以爲是「爲楚之遷陳」。又如王逸謂《九歌》有「風諫」之意，他駁之曰：「今按王逸所言托以風諫者，不謂必無此情。……熟繹篇中之旨，但以頌其所祠之神，而婉娩纏綿，盡巫與主人之敬慕，舉無叛棄本旨，闌及己冤。」「《九歌》以娛鬼神，特其淒悱內儲，含悲音於不覺耳，橫摘數語，爲刺懷王，鬼神亦厭其瀆矣。」指出王逸斷章取義，牽強附會，不免有褻瀆之嫌。如果說《九歌》中夾有一些悲音，也只是不自覺的流露，而斷非諷刺懷王。這樣理解，比較準確地把握《九歌》爲祭祀樂歌的特點。他又認爲《禮魂》不是單獨的篇章，而是其他各篇的共同結尾，爲「送神之曲」。這一說法得到聞一多的響應，並進而以爲《東皇太一》爲各篇共同的開頭，爲「迎神之曲」，如此則《九歌》恰爲九篇了。又如，他認爲《卜居》是「屈原設爲之辭，以章己之獨志也」，「故托爲問之蓍龜，而詹尹不敢決，以旌己志」，「而王逸謂其心迷意惑，不知所爲，冀聞異策，其愚甚矣」。所論深中肯綮。又如論《九辯》一篇，謂其「紹古體爲新裁，可以被之管絃，其詞激宕淋漓，異於風雅，蓋楚聲也，後世賦體之興，皆祖於此。玉雖俯仰昏廷，而深達其師之志，悲愍一於君國，非徒以厄窮爲怨尤。

故嗣三閭之音者，唯玉一人而已。」既指出屈宋之間的繼承關係，又概括《九辯》獨特的藝術特徵及其在辭賦史上承前啓後的作用。諸如此類的見解都能幫助後人深入理解屈宋的作品。

本書的注釋據作品的段落層次，先釋詞句，後分析其含義，簡潔明了，時時發揮獨到之見。如釋《離騷》「謇吾法夫前修兮，……願依彭咸之亦則」曰：「原之沉湘，雖在頃襄之世，遷竄之後，而知幾自審，當懷王之時，矢志已夙密，於此見之。君子之進退生死，因時以決，若其要終自靖，則非一朝一夕之樹立，唯極於死以爲志，故可任性孤行，無所疑懼也。」對於屈原在《離騷》中即決心一死而至頃襄王時方才自沉，其醞釀時間如此之久，人們往往難以理解，故對彭咸是否水死表示懷疑，那麼讀了王夫之這裡對屈原生與死的分析就不會再生疑問了。又如對於蘭和椒的分析也十分精闢：

> 蘭、椒，舊說以爲子椒、子蘭。按：子蘭，懷王之子，勸王入秦者，素行愚頑，固非原之所可恃。且以椒、蘭爲二子之名，則椒與揭車、江離，又何指也？此五類芳草，皆以喻昔之與原同事而未入于邪者，當日必有所指，而今不可考爾。原方任事之日，竟附于正人之列；君信邪棄忠，則旦夕改而黨佞，庸人之恒態也。

王夫之這裡同意朱熹之說，反對王逸的生硬比附。以爲蘭、椒之類並非實指某人，而是用芳草來比喻朝中一些人，當屈原處於順境時，他們也贊成屈原的主張和作爲。可是一旦奸黨得勢，屈原被疏時，這些人便立即倒向奸人的懷抱，成爲落阱下石之徒。這種情況何止楚國如此，這簡直就是腐敗的封建王朝典型的一幕。王夫之本人親身受過奸人的誣陷，才能有此深刻的分析，足見以蘭、椒爲比附人名之說實難成立。

又如分析《九辯》第一段，謂「因時而發嘆也。人之有秋心，天之有秋氣，物之有秋容，三合而懷人之情凄愴不容已矣。」「此章以秋容狀逐臣之心，清孑相若也，寂寞相若也，慘栗相若，遲暮相若也。《九辯》之哀，此章爲最，不待詳言所以怨，而怨自深也。」將這段悲秋文字所表現的情景交融的意境概括出來了，其語言本身亦詩意盎然，引人入勝。

王夫之反對明末的黑暗政治，堅持反清立場，在注釋的字裡行間時露感慨。如《離騷》「哀衆芳之荒穢」下曰：此周公鴟鴞取子之悲，所不能已，李杜戮而黨錮興，趙朱斥而道學禁，蓋古今之通恨也。」《天問》「湯謀易旅，何以厚之」四句下曰：「夏后爲羿所滅，少康依於斟尋，此有夏覆舟之前鑑。使桀能以爲戒，則湯將何道取之乎？所謂殷鑒不遠，國必自亡而後人亡之也。」這些都是有感於明末東林、復社遭壓制，明亡於清的時勢而發的。

本書一個很大的不足是用後代道教煉丹養氣的方法來解釋富於想象的詩句。如「離騷」自「遠逝以自疏」以下謂「君心已離，不可復合，則尊生自愛，疏遠而忘寵辱，修黃老之術，從巫咸之詔，所謂愛身以全道也。以下皆養生之旨，與《遠游》相出入也。」因爲將篇末當作養生之旨來對待，於是便有「龍吞虎髓，龍虎匹合交媾而與神遇，則三花聚頂」、「和氣守中，長生之玄訣」等等景象。《遠游》中則更多「金液還丹」、「龍虎合，鉛汞化」、「一色眞鉛」等等道教術語。如此理解，則《離騷》一篇不免支離破碎，而《遠游》幾乎等同於養生煉丹的道書了，還有什麼詩的意味呢？

六、蔣驥的《山帶閣注楚辭》

蔣驥（1678?—1745），字涑塍，武進（今屬江蘇）人。命運坎坷，雖然從小刻苦讀書，學問淵博，經史子集無所不通，爲人所稱譽，但老於諸生，困於場屋，與舉業無緣，以至疾病纏身，遺恨千古。他在後序中說：「余老於諸生逾三十年，場屋之苦，下第之牢愁，殆與身相終始。年二十三，得頭目之疾，畢生不痊，畏風若刀鋸，凡春花秋月、人世嬉游之事，概不得與。目力久乏，又不能縱情書史，此身抶然如贅疣。自念少時讀書課文，每爲時輩所推嘆，及老猶不廢學，亦雅知自好，不敢有負聖賢，不識何所獲戾而至斯也。」他於詩詞古文無所不工，而對楚辭尤爲用功，盡其畢生之力，以窮愁潦倒之身研究楚辭，故會心特多。

本書由四部分組成，第一部分爲卷首，包括兩篇序言、參考書目、屈原本傳、《楚世家》節略，以及五張地圖。第二部分注釋屈原作品六卷，自宋玉以下的作品不錄。第三部分爲《余論》二卷，記錄作者的研究心得。第四部分爲《說韻》一卷。

眷首的內容富有創新意義，體現了「知人論世」的精神。作者將屈原所處的時代和屈原的身世遭遇與作品緊密地結合起來考察，考證了作品的寫作年代、先後次序，特別是繪製了五張地圖，推定屈原的放逐路線，都有助於人們理解屈原的作品，探索屈原的行蹤。正如《四庫全書總目提要》所說：「所注即據事實之年月、道路之遠近，以定所作之時也。雖穿鑿附會，所不能無，而徵實之談，終勝懸斷。」

注釋部分，只注屈原的作品，此外一概不收。他將《九歌》的《湘君》、《湘夫人》合爲一篇，《大司命》、《小司命》合爲一篇，把《招魂》和《大招》都歸入屈原名下，以爲《招魂》是屈原「生而自祭者」之自招之詞，而《大招》則爲屈原招懷王之作。不泥舊說，自有見解，精神是好的，然而說《招魂》係屈原自招，《大招》也是屈原之作，卻是值得商榷的。

他注書自有原則，頗値得稱道，他說：「凡注書者，必融會全書，方得古人命意所在。」他是努力這樣做的，不僅解釋字詞的音義，且注意層次段落之間的上下聯繫以及字法、章法。如《離騷》篇在「豈余心之可懲」下曰：「民生四句，總承篇首至此之意而結之，以起下文，實一篇之樞紐也。蓋始之事君以修能，其遇讒以修姱，其見廢而誓死，則法前修，即欲退以相君，亦修初服，固始終一好修也。自此以下，又承往觀四荒，而以好修之有合與否，反覆設辭，而終歸於爲彭咸之意。」又在《余論》中曰：「通篇以好修爲綱領。」「篇中曰好修，曰修能，曰修名，曰前修，曰修初服，曰信修，修字凡十一見，首尾照應，眉目了然，絕非牽強之見。」提綱挈領，抓住了《離騷》的關鍵詞語，引導讀者深入理解作品的內涵。

作者不同意舊注所編排的屈原諸作的次序，有自己的看法，謂：「竊嘗以意推之，首《惜誦》，次《離騷》，次《抽思》，次《思美人》，次《卜居》，次《大招》，次《哀郢》，次《涉江》，次《漁父》，次《懷沙》，次《招魂》，次《悲回風》，次《惜往日》。」他認爲自《惜誦》至《卜居》作於懷王時，其餘作於襄王時，「惟《橘頌》無可附，然約略其時，當在懷王之後」。其說可供參考，但他卻並未按自己的意思編排，而是「目次則仍其舊，以存疑也」，這種做法很好，既尊重舊本原貌，而又提出個人的見解，讓讀者自己去比較判斷。

本書的《余論》部分「駁正注釋之得失，考證典故之異同」②有許多精闢的分析和獨到的見解。如朱熹反對王逸注「攝提」爲「攝提格」，而認爲「攝提」是星名，蔣驥一方面同意顧炎武對朱熹的批駁，同時加以補充說：「古人刪字就文，往往不拘，如《後漢·張純傳》：『攝提之歲，蒼龍甲寅，時建武十三年。』

逸尚未生，已有此號，可知攝提爲寅年，其來久矣。」蔣驥引用確鑿的材料加以說明，朱熹的說法便更站不住腳了。又如反對舊注對「媒理」之「理」的解釋，以爲二字同義。謂：「理，媒也。《離騷》『吾令蹇修以爲理』、『理弱而媒拙』，《抽思》『理弱而媒不通』，《思美人》『令薜荔以爲理』，皆指行媒之使言。王注爲理，謂分理禮意；朱子又云爲媒以通詞理。五臣注理弱，謂道理弱於少康；朱子亦因之，皆未考而強爲之說也。」

本書篇末《說韻》一卷，《四庫全書總目提要》評其優點是「引證浩博，中亦間有可采者」，缺點則是「列通韻、叶韻、同母叶韻三例，以攻顧炎武、毛奇齡說」，「不究同異之曲，但執一二小節，遽欲變亂其大綱，亦非通論」。

此外，書中也有望文生義的缺點，如說《九辯》是「九州之物，皆可辯數。」以爲《招魂》「卒章云『魂兮歸來哀江南』，……哀江，即汨羅之所在，……又『長沙湘陰志』云：『哀水在縣南三十五里，正與汨羅相近。』固知其所指，乃言哀江之南。」這樣解釋，不僅破壞了優美詩句的完整性，而且越說越不通，令人糊塗。

七、陳本禮的《屈辭精義》

陳本禮（1739—1818），字嘉會，號素村，江都（今屬江蘇）人。善詩，勤於著述，有《南村鼓吹集》、《焦氏易林考正》、《揚雄太玄靈曜》、《漢樂府三歌注》、《協律鈎元》、《急就探奇》等作。

本書將屈原的作品編爲六卷，前有自序，後有跋文，附錄張曾《江上讀騷圖歌》，並附參引三十七家之姓名、著作，及屈原之傳記材料。

本書之編排體例自成一家。作者將《天問》放在《離騷》之後，將《九歌》放在《九章》之後，將《招魂》和《大招》編爲卷三，排在《天問》之後。如此安排是依司馬遷所說的次序，曰：「余惟漢儒去古未遠，當以太史公所讀古本爲定。太史曰：『余讀《離騷》、《天問》、《招魂》、《哀郢》，悲其志。』蓋《離騷》乃《騷》之總名，自應首列。《天問》次之，《二招》又次之，《哀郢》乃《九章》篇名，則《九章》宜繼《二招》後。《九歌》爲巫覡祀神之樂章，《遠游》則莊生世外逍遙語，皆《騷》之逸響。而以《卜居》、《漁父》終焉者，《騷》之變體也。」又，《九章》各篇的次序亦與衆不同，依次是：《惜誦》、《思美人》、《涉江》、《惜往日》、《抽思》、《哀郢》、《悲回風》、《懷沙》、《橘頌》。他以爲前8篇中有3篇作於懷王時，5篇作於襄王時，曰：「《惜誦》、《抽思》、《思美人》，作於懷王時，《哀郢》以下則頃襄時作也。」將《九章》各篇分爲兩個時期作是對的，但既然認爲《抽思》與《惜誦》、《思美人》都作於懷王時，則何以放在《惜往日》之前呢？可見其編排時考慮未周，至於《橘頌》一篇，他認爲「乃三閭早年咏物之什，以橘自喻。且體涉於頌，與《九章》之文不類。應附於末。舊次未分，且有謂《橘頌》乃原放於江南時作，未可爲據。」這意見很對，值得參考。

本書尤爲引人注目者爲作者著述態度之嚴肅認眞，令人敬佩。據篇末「自識」，謂其「稿凡五易，實掃盡前人一切卮言蔓語，獨開生面，差以自喜。」他的原稿底本尙存49頁，由姜亮夫和陶秋英整理，於1955年由上海出版公司影印出版。從稿本反覆修改的痕迹，可見其殫精竭慮、精益求精的著述態度。姜亮夫撰寫長篇跋文介紹分析稿本的內容以及修改前後的不同面貌，指出此書初稿重訓詁字音，反覆修改後，則尊重文脈大義。從重點的轉移，可知作者在著述過程中所費勞動之艱巨。其「自識」曰：「冰硯雪窗，黎明即起，篝燈而止。擁爐自寫，指爲之腫，目爲之眩。所賴以御寒者，晨唯苦茗數碗，薑蒩一片而已。」這是作者艱苦寫作情景的自我寫照。

本書引用諸家之評注三十七家，其中一家的引用尤其表現出作者的卓識，那就是他標舉一位女性注騷家陳銀，對她表示贊賞，這在「女子無才便是德」、重男輕女的封建社會，是一件了不起的事。作者在《屈辭精義略例》中說：

> 古今從無閨秀注騷者，康熙庚寅，有練湖女子姓陳名銀者，注《楚辭發蒙》五卷。「自予垂髫，口授《楚辭》二十五篇，曾遍閱漢、唐以來三十家評本，而嫌其重複拖沓，荒淫鄙瑣，可憎可厭。」其言切中諸家之弊，可謂讀《騷》有識者矣。然惜其仍落前人窠臼，未能拔乎其萃。特有一二可異者：「美人遲暮」句注云：「至此方入題。」又《招魂》「遺視睇些」句注云；「此所謂『臨去秋波那一轉』也。」二語恰與予同，大奇。此書無刊本，識此以存其人。

陳本禮贊賞陳銀之博學，能夠批評諸家之弊，同時也肯定她一些獨具會心的卓見，而對她的不足之處亦提出自己的看法，態度誠懇，語氣平實。陳銀之書當時並未刊行，幸賴陳本禮的引用和說明，後人才知道有此才女之著述，其《楚辭發蒙》五卷之名與一些獨到之見從此得以與本書並傳於世。唯其書之全貌已難復現，這是令人頗爲痛惜的！

作者於《離騷》用力特勤，對參諸家之說，敢於辨正是非，不妄信，亦不盲從，而是以「披沙揀金」的精神，取衆家之長，發人所未發，抒個人之見。他個人的見解多冠以「箋」和「發明」

等字樣，以示與諸家之區別，在「箋」中作者著重闡述段落大意、前後之照應、表現手法之特色等，「發明」部分則總論篇章之主旨要義、作品眞僞，或作藝術分析，等等。他將《離騷》分爲十節，對每一節都有所分析歸納。如自「女嬃之嬋媛兮」至「循繩墨而不頗」，「箋」曰：「總借陳詞一語寫出，以補前文未備，而又爲下文陳辭粉本，且以見女嬃責原婞直之非虛。此數章乃原一生被疏、被替、被放逐病根，受讒、受間、受謠諑機關，一篇筋脈所維繫處，豈可草草讀過！」他分析「女嬃」以下至「沾余襟之浪浪」，謂：「以上女嬃陳詞，遙承上文『悔相道』章來，草蛇灰線，至此一結。以下層巒疊翠，重複開嶂，大有山斷雲連之勢。」自「跪敷衽以陳辭兮」至「日忽忽其將暮」，作者「箋」曰：「以下叩閽、求女、遠逝諸章，悉屬寓言，以盡前文未盡之意，讀者當於言外求之。」在篇末結尾處，作者在「箋」中歸結全篇曰：「前後凡十節九十二解，二千四百九十言，古今辭賦家第一首巨製，予於此篇，不惜三折肱，將文中三昧盡行演出，使二千四百九十言頓化爲牟尼寶珠，顆顆圓通矣。」又如在《天問》結末謂：「前後分四大段十小段，統計一千五百四十五言，前以突起，後以禿住，而中間灝灝瀚瀚，如波濤夜湧，忽起忽落，又如雲龍變化，倏隱倏現，後儒徒驚怖其言，莫能尋其肯綮之所在，以致囫圇吞棗，誤讀者多矣。」

在《招魂》的「發明」中，作者駁斥宋玉作《招魂》說，謂：「若屈子果魂離魄散，豈人間聲色富貴所能動其心而招之耶？」「豈宋玉素知其師好色，故死後欲借美人之色投其所好以招之耶？」作者並具體分析《招魂》的內容，說明此篇著作權應屬屈原，所說令人信服。又如在《悲回風》「發明」中，謂「此文乃傷懷王入秦不返，欲以身死殉，而自明其志也」。作者從詩人夢游於波濤上之心理狀態來具體分析，較之舊說，殊有新意，令人耳目一新。如在「伴張弛之信期」下分析：「以上描寫波之滉瀁簸蕩處，大有海水群飛、驚濤夜湧之勢，又若有無數冤魂，在於上下左右前後呼嘯啼泣，凄凄切切，猶聞索命之聲，《山鬼》而外，復見斯篇，恍若魑魅滿紙，眞神於說鬼。」

諸如此類，足見作者有極高之文學修養和藝術鑒賞能力，故對屈辭的藝術特徵有自己的獨特感受，對其言外之旨多有會心。本書諸多新見、創見，能幫助後人深入地領略屈原作品的主旨、眞僞及其藝術魅力。

本書亦有不少牽強附會之見，如將《大招》當作屈原作品就未必妥當。如將每篇作品都分爲序與正文兩個部分，認爲《離騷》從頭首至「夫惟靈修之故也」爲序，以下則爲正文，曰：「以上《離騷》賦序，詞賦有序，自《離騷》始，先序其作騷之由，然後鋪陳始終，而賦其事以明之也。後世班堅、左太沖《兩都》、《三都》都有序，實肇於此。前賢未經劃出，以致序與經文淆亂不分，故讀者每嫌其重複顚倒耳。」作者認爲只要將每篇之序與正文兩部分劃出來，就能理清頭緒，便於閱讀，這似乎與作品的實際不符合，也過於簡單化了，故難以令人首肯。又如對《九歌》，謂「《九歌》之樂，有男巫歌者，有女巫歌者，有巫覡並舞而歌者，有一巫倡而衆巫和者，《激楚》、《陽阿》聲音凄楚，所以能動人而感神也。」寥寥數語就道出了《九歌》所具有的巫祀之歌的風格特點。可是對於《九歌》內容的理解，卻全以比興視之，處處與詩人個人身世遭遇結合在一起，遂使《九歌》全詩失去了藝術的完整性與形象性。如他以爲《東皇太一》「此章屈子之用意尤深，蓋以姣巫之樂東皇喻鄭袖之惑懷王也」。《雲中君》則爲「借雲以比懷王之狂惑也」。《湘君》、《湘夫人》「二篇亦皆自喻不得於其君之詞，非眞咏二妃也」。這些看法都是值得商榷的。

【附　註】

① 見《題屈宋古音義》。

② 見《四庫全書總目提要》。

《離騷》之「西海」與西方樂土

《離騷》曰：「路修遠以多艱兮，騰衆車使徑待。路不周以左轉兮，指西海以爲期。」這是詩人的第三次神游。「西海」，王邦采《離騷滙訂》云爲「西皇之所居也」，朱珔《文選集釋》則以爲《水經注》之「蒲昌海」。今按此二說皆非，「西海」本非實有之地名，豈能強爲之解！然今人又多釋「西海」爲神話傳說中的海，此亦不明「海」之本意，故望文生義。更有學者認爲，神話地名「一般總是有具體地望作爲它的現實基礎的」，因此推斷「西海」即大西洋①。此說不但流於推求過甚之弊，亦且有附益之嫌，玆試辨之。

「海」有數義，一爲百川會聚之所，《淮南子·氾論訓》：「百川異源，而皆歸於海。」二爲晦暗之義。三爲僻遠蠻荒之地。古人習慣將四方僻遠蠻荒之地稱爲「四海」。《爾雅·釋地》曰：

「九夷、八狄、七戎、六蠻謂之四海。」《周禮·調人》鄭玄注曰：「九夷、八蠻、六戎、五狄謂之四海。」

「四海」與「四方」義同，明李贄論之甚明，《焚書》卷四：

> 余謂《禹貢》言「聲教訖于四海」者，亦只是據現在經歷統理之地而紀其四至耳。所云四海，即四方也。故又曰：「四方風動」，則可見矣，豈眞東南西北之海，如今南越之海的然可睹者哉！

按《離騷》云：

> 忽反顧以游目兮，將往觀乎四荒。

覽相觀于四極兮，周流乎天余乃下。

《九歌・雲中君》云：

覽冀州兮有餘，横四海兮焉窮。

這三句都是詩人表示周游天下的意思，是知「四荒」、「四極」、「四海」義皆同。因此，「西海」絕非指西方之海，而應爲西極之意。

在古人的意識中，「四海」是一個最大的地理概念，至於「四海」的範圍究竟有多大，古人並不清楚，但他們往往喜歡以之來形容他們前所未至或未知的地方。考《詩・商頌・殷武》云：

商邑翼翼，四方之極。

「四方之極」亦即「四海」。這兩句詩是說商王朝的疆域已至於四極。但是，商王朝的勢力範圍僅局限於中原地區，在今天看來與「四方之極」是相去甚遠的。說明古人所謂「四海」的範圍取決於他們的活動地域，李贄認爲「四海」只不過是「據現在經歷統理之地而紀其四至」的觀點，確實是卓識。又考《詩・商頌・長發》曰：

相土烈烈，海外有截。

這兩句詩說是相土的功名已經遠播海外了。但如前所云，商王朝的勢力範圍並不大，它在先公時代更只是一個小國，因此我們稍加分析後就可以知道，這「海外」指的應是其原先統治區域以外的地方。

《左傳・僖公四年》記載了這麼一件事：

齊侯以諸侯之師侵蔡，蔡潰，遂伐楚。楚子使與師言曰：「君處北海，寡人處南海，唯是風馬牛不相及也。不虞君之涉吾地也，何故？」

齊處山東，楚處兩湖，而楚王譬之「北海」與「南海」，以爲風馬牛不相及，是知古人所謂「四海」的概念，其範圍並不廣大。譚其驤對《山海經・五藏山經》進行研究後認為，「《山經》的地域雖然比《禹貢》大，但比現今中國的版圖小得多。四邊都到不了現今的國界，當然不可能像吳承志所說那樣超越國界到達了朝鮮、日本、蘇聯、蒙古、阿富汗等鄰國，更不可能像維寧所說那樣到達了北美洲、中美洲。」②這也證明先秦時人的地域概念尚局限於現今國界之內。

屈原為戰國時人，他的地域觀念當然不可能超出同時代人，因此，「西海」的地域範疇只能是在今新疆、青海一帶。至於所謂「西海」即今大西洋的觀點，顯然失諸臆測，與先秦時人的地域觀念是相悖的。我們再從《離騷》的內容本身來進行分析。按《離騷》曰：

> 朝發軔于天津兮，夕余至乎西極。
> 鳳凰翼其承旗兮，高翱翔之翼翼。
> 忽吾行此流沙兮，遵赤水而容與。
> 麾蛟龍使梁津兮，詔西皇使涉予。

這是詩人敘述其經流沙渡赤水，向著「西海」進發。有學者遂以為「西海」距流沙、赤水及昆侖必很遙遠。這是誤解。《山海經・大荒西經》曰：

> 西南海之外，赤水之南，流沙之西，有人珥兩青蛇，乘兩龍……

又《海內經》曰：

> 西海之內，流沙之中，有國名曰……
> 西海之內，流沙之西，有國名曰……

是知流沙、赤水俱在「西海」之中。「四海」可以泛指四方，如《山海經》之東、南、西、北四海，亦可專指四極。詩人所云「

指西海以爲期」之「西海」應即指西極。

又按《離騷》曰：

朝發軔于蒼梧兮，夕余至乎懸圃。
欲少留此靈瑣兮，日忽忽其將暮。
吾令羲和弭節兮，望崦嵫而勿迫。
路曼曼其修遠兮，吾將上下而求索。
飲余馬于咸池兮，總余轡乎扶桑。
折若木以拂日兮，聊逍遙以相羊。…………
吾令帝閽開關兮，倚閶闔而望予。

詩人神游到達帝都昆侖時，已近黃昏時分，詩人試圖留住落日，並在咸池飲馬休息，最後當詩人準備叩開帝都之門時，卻被帝閽拒之門外。詩中的「崦嵫」、「若木」、「咸池」都是日落之所，可見帝都昆侖亦在日落之西極。據此我們可以知道詩人的地域觀與當時人無二，詩中所云「西海」的地望在昆侖左近。因此，「西海」爲大西洋之說當屬無稽，游國恩《離騷纂義》云：「朱䜭必欲考西海之所在，失之太迂。總之此等處但會古人幻想所存，不必強索其實義，斯爲得之。」誠爲卓識。

持「西海」爲大西洋之說者並將「西海」與傳說中沉沒的阿特蘭提斯聯繫起來，進而推斷說：「《離騷》爲什麼突然中止他第三次、也是最重要的一次飛行呢？」「在詩人的意識深層，是否有這樣的意圖——所謂『西海——西極』本是消失的樂園，本是一種虛幻，一種可以懸想而無法實現的美夢。」③且不說詩人根本無從得知所謂的阿特蘭提斯的傳說，即便知道，詩人又爲什麼偏要去尋求那消逝的樂園呢？難道詩人在現實生活中遭受的挫折還不多，還要到幻想的國度中去尋找痛苦嗎？更何況樂園並非只有一個沉沒的阿特蘭提斯，亦非歐洲人所獨有。《詩・魏風・

碩鼠》曰：「碩鼠碩鼠，無食我黍！三歲貫女，莫我肯顧。逝將去女，適彼樂土。樂土樂土，爰得我所！」這是受盡壓迫的農人在幻想著能夠過上美好的生活，到達沒有剝削的「樂土」。

周代「樂土」的原型如何我們現在雖已不得而知，但是春秋戰國的「樂土」還可通過《山海經》所載窺見其一斑。《山海經·海內西經》曰：

> 海內昆侖之虛，在西北，帝之下都。昆侖之虛，方八百里，高萬仞。上有木禾，長五尋，大五圍。面有九井，以玉爲檻。面有九門，門有開明獸守之，百神之所在。

「昆侖之虛」爲天帝之下都、百神之所在，於是也就成爲人們理想中的「樂土」。《大荒西經》曰：

> 西海之南，流沙之濱，赤水之後，黑水之前，有大山，名曰昆侖之丘……有人……名曰西王母。此山萬物盡有。

昆侖虛萬物盡有，必然是一個富沃之土地。《大荒西經》又曰：

> 有西王母之山（經文原爲「西有王母之山」，誤，今從郝懿行校改）、壑山、海山。有沃民之國（經文原脫「民」字），沃民是處。沃之野，鳳鳥之卵是食，甘露是飲。凡其所欲，其味盡存。爰有甘華、甘柤、白柳、視肉、三騅、璇瑰、瑤碧、白木、琅玕、白丹、青丹，多銀鐵。鸞鳥自歌，鳳鳥自舞，爰有百獸，相群是處，是謂沃之野。

這裡有鳳鳥在歌舞，有風卵可食，有甘露可飲，連群獸都「相群是處」，所以這裡的土地叫做沃野，這裡的人民叫做沃民，這裡的國家叫做沃民國。這實在是一個極樂的世界。《海內西經》亦曰：

> 諸夭之野，鸞鳥自歌，鳳鳥自舞；鳳凰卵，民食之；甘露，民飲之，所欲自從也。百獸相與群居。

「諸夭（沃）之野」即「沃之野」。像這樣的「樂土」，在昆侖虛是到處可見的。《海內經》曰：

> 西南黑水之間，有都廣之野，后稷葬焉。爰有膏菽、膏稻、膏黍、膏稷，百穀自生，冬夏播琴。鸞鳥自歌，鳳鳥自舞，靈壽實華，草木所聚。爰有百獸，相群爰處。此草也，冬夏不死。

黑水出昆侖虛，可見都廣之野也在昆侖虛附近。

昆侖虛是春秋戰國時人所幻想的「樂土」，所以屈子每次神游都要至其地，「指西海以爲期」，就是因爲詩人渴望到達理想中的「樂土」。

【附　註】

① 參見蕭兵《屈原賦和「阿特蘭提斯」》，《雲夢學刊》1991年第2期。

② 見譚其驤《〈五藏山經〉的地域範圍提要》，《山海經新探》，四川省社會科學院出版社1986年1月第1版。

③ 參見蕭兵《屈原賦和「阿特蘭提斯」》，《雲夢學刊》1991年第2期。

《九歌》為旱祭之樂歌考

一、《九歌》性質的幾種說法

《九歌》的性質是什麼？王逸《楚辭章句》卷二《九歌序》云：

> 《九歌》者，屈原之所作也。昔楚國南郢之邑，沅、湘之間，其俗信鬼而好祠。其祠必作歌樂鼓舞以樂諸神。屈原放逐，竄伏其域，懷憂苦毒，愁思沸鬱。出見俗人祭祀之禮，歌舞之樂，其詞鄙陋，因爲作《九歌》之曲。上陳事神之敬，下見己之冤結，托之以風諫，故其文意不同，章句雜錯。而廣異義焉。

王逸此說影響最廣，歷代楚辭學家皆本之。朱熹《楚辭集注》卷二亦云：

> 《九歌》者，屈原之所作也。昔楚南郢之邑，沅、湘之間，其俗信鬼而好祀。其祀必使巫覡作樂，歌舞以娛神。蠻荆陋俗，詞既鄙俚，而其陰陽人鬼之間，又或不能無褻慢淫荒之雜。原既放逐，見而感之，故頗爲更定其詞，去其泰甚，而又因彼事神之心，以寄吾忠君愛國眷戀不忘之意。是以其言雖若不能無嫌于燕昵，而君子反有取焉。

他們都認爲《九歌》是忠君愛國之作。及至現代，胡適首先拋棄了傳統的說法，認爲《九歌》是民間祭祀歌。《胡適文存二集·讀楚辭》：

> 《九歌》與屈原的傳說絕無關係，細看內容，這九篇大概

是最古之作，是當時湘江民族的宗教舞歌。

陸侃如《屈原評傳》也贊同此說。聞一多進一步提出，《九歌》爲楚郊祀歌。他說：

東皇太一是上帝，祭東皇太一即郊祀上帝。只有上帝才夠得上受主祭者楚王的專誠迎送。其他九神論地位都在王之下，所以典禮中只爲他們設享，而無迎送之禮。……根據純宗教的立場，十一章應改稱「楚郊祀歌」，或更詳明點，「楚郊祀東皇太一樂歌」，而《九歌》這稱號是只應限於中間的九章插曲①。

孫作雲也明確提出：「我以爲《九歌》是楚國國家祀典的樂章，與平民無關。」②他們將《九歌》與《漢書・禮樂志》所載《郊祀歌》十九章相對比，發現兩者格調大致相同，因而推測說：

「趙代秦楚之謳」是漢武因郊祀太一而立的樂府中所誦習的歌曲，《九歌》也是楚祭東皇太一時所用的樂曲，而《九歌》中九章的地理分布，如上文所證，又恰好不出趙代秦楚四國的範圍，然則我們推測《九歌》中九章即《漢志》所謂「趙代秦楚之謳」，是不至離事實太遠的③。

胡適否定屈原爲《九歌》之作者的觀點，雖有失偏頗，但是他和聞一多等提出的「民間祭歌」與「楚郊祀歌」兩說，則使我們對《九歌》的性質有了一個較爲準確、清楚的認識。不過這兩說仍然受到了王逸、朱熹的影響，還是將《九歌》僅僅看作是楚地的作品（即將《九歌》當作祭楚神之作品）。

我們分析一下《九歌》中所涉及的東皇太一、東君、雲中君、河伯、司命、湘君、湘夫人、山鬼等神祇后，就可以發現除了湘君和湘夫人外，其餘均非楚地所特別祭祀者。《史記・封禪書》載，西漢初年：

> 長安置祠祝官、女巫。其梁巫，祠天、地、天社、天水、房中、堂上之屬；晉巫，祠五帝、東君、雲中（《漢書·郊祀志》作「雲中君」）、司命、巫社、巫祠、族人、先炊之屬；秦巫，祠社主、巫保、族累之屬；荆巫，祠堂下、巫先、司命、施糜之屬；九天巫，祠九天：皆以歲時祠宮中。其河巫祠河于臨晉，而南山巫祠南山、秦中——秦中者，二世皇帝：各有時日。

可見東君、雲中君、司命、河伯諸神均非楚地之神。孔子曾經說過：「非其鬼而祭之，諂也。」④因此，如果《九歌》僅爲楚地作品的話，那麼文中就不可能出現這麼多的非楚地的神祇。

雖然聞一多、孫作雲將《九歌》當作楚地作品有誤，但他們認爲《九歌》是郊祀歌的觀點卻是一個卓識！本文茲更論證其爲旱祭之樂歌。

二、舞雩

《禮記·樂記》云：「歌，咏其聲也；舞，動其容也。」在古代人的生活中，歌舞是一種很重要的藝術形式，尤其是舞蹈，從馬格德林期的繪畫中我們可以知道，早在舊石器代晚期，舞蹈就已經出現了。歌舞也是一種重要的祭祀儀式。由於古代人認爲人間的婚喪、作物的豐歉等都與神靈有關，所以凡是遇到重大的活動，人們都要歌咏舞蹈以娛神。王逸《九歌序》即云楚地「其祠必作樂鼓舞以樂諸神」。又如澳大利亞阿蘭達部落有一種叫「印蒂齊烏瑪」的圖騰儀式，人們在舉行儀式時，就是一邊跳舞，一邊歌頌圖騰的。

上古時代，人們經常要祭祀天地山川等。《周禮·春官·大宗伯》云：

以吉禮事邦國之鬼神示，以禋祀祀昊天上帝，以實柴祀日、月、星、辰，以槱燎祀司中、司命、風師、雨師，以血祭祭社稷、五祀、五岳，以貍沈祭山林川澤，以疈辜祭四方萬物。

然而，大自然是不以人的意志爲轉移的，雖然人們恭敬地祀奉神靈，災禍仍然要降臨人間。《詩・大雅・云漢》曰：

旱既大甚！蘊隆蟲蟲。
不殄禋祀，自郊徂宮。
上下奠瘞，靡神不宗。
后稷不克，上帝不臨。
耗斁下土，寧丁我躬。

這是周宣王時祈神求雨的詩。詩中悲嘆；旱情已越來越嚴重了，我們祭祀了上天和田祖，爲什麼神明還不顯靈？這詩反映了人們在旱災時的惶惶不安的恐懼心理，同時這詩也是一首祈求上天憐憫的悲歌，而歌之不足便繼之以舞。《詩大序》云：「言之不足，故嗟嘆之；嗟嘆之不足，故咏歌之；咏歌之不足，不知手之舞之，足之蹈之也。」旱祭時的既歌且舞便稱作「舞雩」，《周禮・女巫》曰：「旱暵則舞雩。」

「雩」，就是呼號的意思。《禮記・月令》鄭玄注曰：「雩，吁嗟請求之祭也。」《爾雅・釋訓》：「舞，號雩也。」郭璞注曰：「雩之祭，舞者吁嗟而請雨。」《釋文》引孫炎曰：「雩之祭，有舞有號。」《公羊傳》桓公五年何休注曰：「使童男女八人舞而呼雩，故謂之雩。」卜辭曰：

叀（惟）亥霝盂田，又雨。（《拾》385）

翊日庚，其秉，乃霝，卬至來庚，又大雨？（《粹》845）

至翊日其霝——于翊日乃霝。（《粹》847）

郭沫若曰：「𩂣，當是雩之異，从雨，𩂣聲。𩂣亦會意，無，古文舞。」⑤從字形上分析，雩（無）其實就是求雨之舞。卜辭中有許多舞而求雨的記載：

舞，虫雨。（《前》7.32.2）

今日舞虫雨——今日舞亾（雨）。（《鐵》120.3）

乎（呼）多老舞——勿乎多老舞——王占曰：其虫雨。（《前》7.35.2）

求雨之祭用舞，也用號。《天問》曰：

萍號起雨，何以興之？

王逸注曰：「萍，萍翳，雨師名也。號，呼也。興，起也。言雨師號呼，則雲起而雨下，獨何以興之乎？」又《周禮・春官・小祝》曰：

小祝，掌小祭祀將事。將事侯、禳、禱、祠之祝號，以祈福祥，順豐年，逆時雨，寧風旱……

那麼，舞雩之祭到底是什麼樣的舞與歌（號）呢？

三、《九招》、《九歌》——旱祭之歌舞

《九招》，又稱《九韶》、《韶》，招、韶古字相通。《離騷》曰：

奏《九歌》而舞《韶》兮，聊假日以娛樂。

王逸注曰：「《九歌》，《九德》之歌，禹樂也。《韶》，《九韶》，舞樂也，《尚書》簫韶九成是也。」歷代注疏家亦多以《九歌》、《九招》爲禹之歌舞。今按此說非是。筆者認爲，《九歌》、《九招》應爲旱祭之歌舞。

卜辭有所謂「隸舞」，茲引錄如下：

庚寅卜，辛卯隸舞，雨。〔庚寅卜〕，壬辰隸舞，雨。庚

寅卜，癸巳隸舞，雨。庚寅卜，甲午隸舞，雨。（《甲》3069）

丙辰卜，今日隸舞，㞢从〔雨〕？不舞。（《簠·典》引）

□午卜，㱿貞，王隸，茲午。（《乙》上2327）

□午卜，賓隸于示王。（《龜》1.13.10）

貞隸岳。（《鐵》2.10）

戊申卜，今日隸舞，㞢从雨。（《拾》7.16）

乙未卜，今夕隸舞，㞢从雨。（《前》3.30.4）

甫商隸（《戩》37.7）

甫□隸（《戩》37.11）

□未卜賓：隸于示壬。（《林》1.13.10）

陳夢家認爲：「隸舞者，後代之代舞也，隸代二字音近義通，故相假借。」⑥此說甚是。《山海經·海外西經》曰：

大樂之野，夏後啓于此舞《九代》。

郝懿行注曰：

《九代》，疑樂名也。《竹書》云：「夏帝啓十年，帝巡狩，舞《九韶》于大穆之野。」《大荒西經》亦云：「天穆之野，啓始歌《九招》。」招即韶也。疑《九代》即《九招》矣⑦。

郝懿行的解釋是正確的。《九代》又即《九辯》，代與辯義同。《九歌》「傳芭兮代舞」王逸注云：「代，更也。」《正韶》亦云：「代，更也、替也。」而辯亦是更的意思。《九辯序》云：「辯，變也。」《說文》曰：「變，更也。」《山海經·大荒西經》曰：

西南海之外，赤水之南，流沙之西，有人珥兩青蛇，乘兩龍，名曰夏後開。開上三嬪于天，得《九辯》與《九歌》

以下。此天穆之野，高二千仞，開焉得始歌《九招》。

此經最後一句傳寫時有訛誤之處。「得始」，清人王念孫校爲「始得」，是。又前文既云「得《九辯》與《九歌》以下」，則最後一句「歌」字之前當脫「九」字，此句應爲「開焉始得《九歌》、《九招》」。此經前言《九辯》，後言《九招》，是亦可證《九招》即爲《九辯》。

總上所論，我們可知《九招》、《九辨》、《九代》即商代所謂求雨的隸舞。《離騷》「奏《九歌》而舞《韶》兮」，說明《九歌》爲旱祭之歌，而《九招》則爲旱祭之舞。故《九歌》與《九招》每每并言。《周禮·春官·大司樂》：「九德之歌⑧，九磬之舞。」磬、韶古字相通。《離騷》：「启《九辯》與《九歌》兮。」《山海經·大荒西經》，「（启）得《九辯》與《九歌》以下。」

王逸《九歌序》云屈原「出見俗人祭祀之禮，歌舞之樂，其詞鄙陋，因爲作《九歌》之曲」。屈原的《九歌》雖係據古《九歌》之再創作，但仍然保留了其爲祭歌的風貌，其中如東皇太一（上帝）、雲中君、湘君、湘夫人、東君、河伯等，都是司風雨水旱之神。《山海經·大荒北經》日：

有人衣青衣，曰黃帝女魃。蚩尤作兵伐黃帝，黃帝乃令應龍攻冀州之野。應龍畜水，蚩尤請風師雨伯縱大風雨，黃帝乃下天女曰魃，雨止，殺蚩尤。魃不得復上，所居不雨。

是知上帝可以任意興風作雨。卜辭屢有「帝令雨」之辭，令雨即賜雨。《湘君》日：

令沅湘兮無波，使江水兮安流！

這兩句是祈求湘君不要使江河泛濫，即《周禮·小祝》所謂「逆時雨，寧風雨」，寧爲祓禳之專祭。卜辭日：

甲戌貞：其衆鳳三羊三犬三豕（《簠典》16）

弜衆鳳。（《鐵》186）

癸酉卜貞：甹雨〔于〕岳東。（《前》5.18.4）

己未卜：甹雨于㞢。（《上》19.8）

衆、甹即寧，寧息之意。《九歌》對諸位司風雨水旱之神頗多贊美之辭，如稱譽雲中君「與日月兮齊光」等，這些都反映出《九歌》爲旱祭樂歌之本貌。

但是，《九歌》及《九招》這種旱祭時的舞樂到了春秋戰國時就逐漸不爲人所知了，遂有妄解之者。《左傳》文公七年晉郤缺對趙宣子說：

> 《夏書》曰：「戒之用休，董之用威，勸之以《九歌》，勿使壞。」九功之德皆可歌也，謂之《九歌》。六府三事，謂之九功。水、火、水、木、土、谷，謂之六府；正德、利用、厚生謂之三事。義而行之，謂之德讓。無禮不樂，所由叛也。若吾子之德，莫可歌也，其誰來之？蓋使睦者歌吾子乎？

晉郤缺把「德」的概念與《九歌》強爲附會，謬甚。自戰國時起，更有將《九招》誤爲樂曲者。《呂氏春秋．古樂》曰：

> 帝嚳命成黑作爲聲歌，《九招》、《六列》、《六英》……

周人慣用「禮樂」二字，凡舞樂聲歌之屬皆爲樂。《論語．衛靈公》曰：

> 顏淵問爲邦。子曰：「行夏之時，乘殷之輅，服周之冕，樂則《韶》舞。」

孔子即稱韶舞爲樂。然戰國時人不能明辨之。《古樂》遂謂《九招》爲「聲歌」，而後世注疏家亦以訛傳訛。

四、《九招》初探

韶舞久已亡佚，茲試從舞儀、舞飾、舞具及舞蹈人數諸方面略加探討，以窺其原貌。

1.舞儀

《九招》、《九歌》是旱祭時娛神的，所以就被後人視作天帝之舞樂。《莊子・天下》曰：「舜有《大韶》。」先民在獻《九招》、《九歌》於天帝、祖先以祈雨求豐年時，要進行一番祀禮。《天問》曰：

> 啓棘賓商，《九辯》、《九歌》。

「賓」通「嬪」，「商」爲「帝」字之形訛。這兩句是說，夏啓急急地獻嬪於上帝，得到了《九辯》和《九歌》。《山海經・大荒西經》曰：「開上三嬪於天，得《九辯》與《九歌》以下。」郭璞注日：「嬪，婦也，言獻美女於天帝。」郭璞釋嬪爲婦，是；又釋爲美女，則非也。竊謂獻嬪於帝者，蓋即焚巫尪也。

上古時代遇到旱災，常常焚人以祭天祈雨。《左傳》僖公二十一年日：

> 夏，大旱，公欲焚巫尪。

杜預注日：

> 巫尪，女巫也，主祈禱請雨者。或以爲尪非巫也，瘠病之人，其面上向。俗謂天哀其病，恐雨入其鼻，故爲之旱，是以公欲焚之。

《禮記・檀弓下》日：

> 歲旱，穆公召縣子而問然，曰：「天久不雨，吾欲暴尪而奚若？」曰：「天久不雨，而暴人之疾子，虐，毋乃不可與？」「然則吾欲暴巫而奚若？」曰：「天則不雨，而望

之愚婦人，于以求之，毋乃已疏乎？」

《春秋繁露・求雨》曰：

春旱求雨……暴巫聚尫八日……秋，暴巫尫至九日。

是知焚巫尫即焚女巫與疾殘之人以獻於天帝。《天問》「啓棘賓商」，即謂啓焚巫尫以享天帝也。

2. **舞飾**

《尚書・皋陶謨》曰：

夔曰：「戛擊鳴球，搏樹琴瑟以咏。」祖考來格，虞賓在位，群後德讓。下管鼗鼓，合止柷敔，笙鏞以間，鳥獸蹌蹌。簫韶九成，凰凰來儀。夔曰：「于！予擊石拊石，百獸率舞。」

這段文字是描寫祭祀與慶典場面的，嘉賓們紛紛入場就座，於是樂官夔指揮奏樂，鳥獸跳起了韶舞，舞樂正酣時連鳳凰也趕來起舞。這類鳥獸起舞的文字，先秦文獻中屢見。《呂氏春秋・古樂》曰：

帝嚳乃令之抃，鼓鼙擊鐘磬，吹苓展管箎，因令鳳鳥天翟起舞之……乃拊石擊石……以致舞百獸。

但是，在「祖考來格，虞賓在位」的場面下，怎麼會有舞蹈的鳥獸呢？舊說這是因爲古帝王的盛德感動了鳥獸。事實上，這些舞蹈的鳥獸都應當是舞師所扮。北美印第安人有模仿熊、犬、野牛等動物的舞蹈；澳大利亞人摹擬動物的舞蹈也很多，如蛙舞、犬舞、鴕鳥舞、蝴蝶舞等。他們把動物的毛皮裝飾在頭上或身上，或乾脆把動物捆在身上，模仿動物的樣子，且歌且舞。韶舞就是類似此的模仿動物的舞蹈，舞蹈時要裝扮成各種動物的模樣。這也同所謂「鶴舞」一樣。《楚辭・七諫・沈江》曰：

玄鶴弭翼而屏移。

洪興祖補注引《山海經》佚文曰：

雷山有玄鶴，粹黑如漆，其壽滿三百六十歲，則色純黑。昔黃帝習樂於昆侖山，玄有鶴飛翔。

這就是鶴舞。《吳越春秋》曰：「闔閭葬女，舞白鶴。」此類模仿動物的舞蹈，在文獻記載中尚多。

3.**舞具**

《山海經·海外西經》言夏後啓在大樂之野舞《九代》，云：

乘兩龍，云蓋三層，左手操翳，右手操環，佩玉璜。

「翳」，指舞蹈者所持用羽毛做的扇形舞具。《急就篇》顏師古注曰：

翳，謂凡鳥羽之可隱翳者也，舞者所持羽翿以自隱翳，因名曰翳……今之雉尾扇是其遺象。

「翳」亦即「翿」，《說文》曰：「翿，所以舞也。」《爾雅》郭璞注曰：「舞者所以自蔽翳。」又即「翢」或「纛」。《爾雅》邢昺疏曰：「翢，纛也，翳也。李巡曰：『翢舞者所持纛也。』孫炎曰：纛，舞者所持羽也。」

韶舞需要借助於羽扇，這有點類似於現代的扇舞。韶舞之羽扇皆執於左手。《海外西經》云：「左手操翳」是其徵。又「詩經·玉風·君子陽陽」云：

君子陽陽，
左執簧，右招我由房。
其樂只且！
君子陶陶，
左執翿，右招我由敖。
其樂只且！

這是描寫舞師與樂師共同歌舞的詩。舞師跳得興起，一會兒左手執笙簧，右手招呼樂師奏「由房」的曲子；一會兒左手又換了羽旄，右手招呼樂師奏「由敖」的曲子，跳起了韶舞。我們從這幾句詩中知道，舞師跳《九招》時總是以左手執羽扇，而右手則是用來指揮的。《九招》的「招」就有指麾的意思。《遠遊》「建虹采以招指」，王逸注曰：「指麾也。」

4. 舞蹈人數

舞雩的人數最初應是不固定的，但是隨著奴隸社會禮樂制度的發展，舞蹈人數也就被統一起來了。商代的舞雩人數今已不可考，而周代的則尚可於文獻中求之。《左傳》隱公五年曰：

> 考仲子之宫將萬舞焉。公問羽數于眾仲，對曰：「天子用八，諸侯用六，大夫四，士二。夫舞所以節八音，而行八風，故自八以下。」

「萬舞」即韶舞。《路史·后紀十三》引古本《竹書紀年》曰：

> 啓登後九年，舞《九韶》。

《墨子·非樂篇》曰：

> 于《武觀》曰：「啓乃淫溢康樂，野于飲食，將將銘莧，筦磬以方，湛濁于酒，渝食于野，《萬》舞翼翼。章聞于天，天用弗式。」（今本文字多誤，據孫詒讓《墨子間詁》改。）

是證萬舞即爲韶舞無疑。據《左傳》所載可知，周代按等級以八、六、四、二的標準來規定舞蹈人數。不過，這種舞蹈人數的制度並不嚴格，一般的舞蹈人數慣用「二八」。《招魂》：「二八侍宿。」王逸注曰：「言大夫有二列之樂，故晉悼公賜魏絳女樂二八。」《招魂》又曰：「二八齊容，起鄭舞些。」《穆天子傳》：「舞白鶴二八。」《韓非子·十過》：「有玄鶴二八……三奏之舒翼而舞。」《舞賦》：「鄭女出進，二八徐侍。」《公羊傳》桓公五年：「大雩。」樊注曰：「使童男女各八人舞而呼雩。」

春秋戰國時期，禮樂制度分崩離析，出現所謂「僭越」現象。魯國的季氏「八佾舞於庭」，孔子氣憤地說：「是可忍也，孰不可忍也！」⑨而舞雩的人數也同樣很混亂，就連孔子的高足也不再受禮制的限制。曾皙說道：

> 莫春者，春服既成，冠者五六人，童子六七人，浴乎沂，風乎舞雩，咏而歸⑩。

這句話有難解之處，王充解釋說：

> 魯設雩祭于沂水之上……春謂四月也……冠者、童子，雩祭樂人也。浴乎沂，涉沂水也……風乎舞雩，風，歌也。咏而饋，咏歌饋祭也，歌咏而祭也。說論之家，以爲浴者，浴沂水中也，風乾身也。周之四月，正歲二月也，尚寒，安得浴而風乾身？由此言之，涉水不浴，雩祭審亥⑪。

魯國在沂水上設了舞雩的祭壇，《禮記・郊特性》鄭玄注亦曰：「沂水在魯城南，雩壇在其上。」所以曾皙要帶了一群樂人去舞雩。可見，當時的舞雩人數已無定規了。

5.釋青海大通彩陶盆所繪舞蹈場面

有關韶舞的文字記載，最早見之於卜辭（隸舞）。那麼，是不是韶舞就產生於商代呢？當然不是。因爲韶舞作爲一種旱祭時的舞蹈，肯定有一個發生、發展的過程，而從卜辭的記載來看，旱祭時舞隸已經固定化。因此，商代的隸舞必定不是韶舞的最初形式。由於文字產生於新石器時代晚期，我們現在已不可能再從文字記載中對韶舞作進一步的探討，這就要求我們借助於出土的壁畫與彩繪等。

青海大通縣上孫家寨的馬家窯文化遺址中，曾出土了一件彩陶盆，盆的內壁上繪有三組舞蹈人，每組五人，他們腦後紮著短辮，臀部拖著一條尾飾，手拉著手翩翩起舞。如圖：

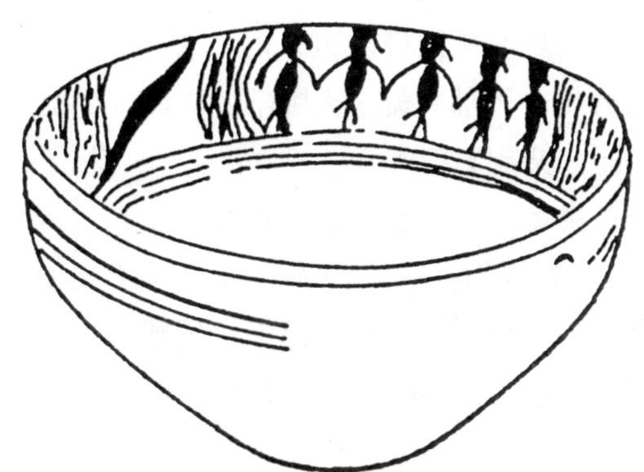

圖爲青海大通縣上孫家寨馬家窯
文化遺址出土的彩陶盆

這件藝術珍品對探討我國古代的民俗及舞蹈藝術等都有著重要價值。但是人們對它的研究，目前還僅僅局限在作些籠統的解釋，說這是原始人在勞動之暇，載歌載舞。這種解釋千篇一律，較爲膚淺。管見以爲，這件藝術品正反映了原始人旱祭時的舞蹈場面。

我們先分析一下舞蹈人的身份。原始人的舞蹈和巫術緊密相連，所以隨著巫覡階層的發展，舞蹈就成了巫師們的專技。《說文》曰：

> 巫，祝也……以舞降神者也，象人兩袖舞形。

舞蹈爲巫師所壟斷，所以卜辭中巫、舞兩字相通。《周禮・春官・司巫》曰：

> 司巫，掌群巫之政令。若國大旱，則帥巫而舞雩。

舞雩者皆爲女巫。《周禮・春官・女巫》曰：

> 女巫……旱暵，則舞雩。

大通彩陶盆內所繪的舞蹈人，腦後都紮著一根短辮，當為女性無疑，與舞雩者的身份是相符合的。

我們再分析一下那些舞蹈人臀部的尾飾。韶舞亦即「羽舞旄舞」。《禮記·樂記》曰：

比音而樂之，及干戚羽旄謂之樂。

鄭玄注曰：「羽，翟羽也；旄，旄牛尾也，文舞所執。」跳此舞時一手執羽，一手執旄。旄即牛尾，《周禮·旄人》序官注云：「旄，牛尾，舞者所以執麾。」《九歌》曰：

成禮兮會鼓，傳芭兮代舞。

王逸注云：「芭，巫所持香草名也；代，更也。言祭祀作樂而歌，巫持芭而舞訖，以復傳與他人更用之。」王逸釋「芭」為香草名，非。陳夢家云：「案傳芭之芭乃旄也，《爾雅·釋器》：『木謂之虡，旄謂之藣。』旄謂之藣即鐘飾之旄，鐘飾謂之旄猶注尾於旗曰旄，皆以牛尾為之。藣與芭同音相假，旄謂之藣故芭亦是旄。」⑫則芭亦為牛尾。又《呂氏春秋·古樂》曰：

昔葛天氏之樂，三人操牛尾，投足以歌八闋。

是知韶舞時亦操牛尾。竊謂操尾最初應是繫尾。原始人常以馬尾、牛尾或羽毛等裝飾在臀部，這在現代的一些原始部落中也可看到。後世韶舞不再將牛尾等裝飾在臀部，而是作為形式操執於手，正反映了韶舞的發展過程。這種繫尾飾的民俗到了漢代，在西南少數民族地區還保留著。《說文》曰：

尾，微也……在屍後，古人或飾繫尾，西南夷皆然。

《後漢書·南蠻西南夷列傳》亦謂盤瓠之後代「衣服制裁，皆有尾形。」岷江上游羌族中流傳著「羌戈大戰」的故事，傳說中的戈人，縱目，有短尾。

繫尾飾而舞，這在新近發現的古代岩畫中也有所反映。如甘肅克孜爾地區131號窟岩畫中的人物，「其中四個爲立姿：一個伸雙臂，有尾飾；另一個手臂動作不清，有尾飾；第三個刻痕邊緣殘損，形象模糊，但仍可辨爲展臂伸指狀，亦有尾飾；第四個明顯地比別的人物，也比所有動物形體大，可以說是一個巨人……有尾飾」。研究者認爲：

> 不少古代游牧民族岩畫上的人物都有尾飾，包括歐洲一些石器時代山洞裡的繪畫，某些人物身上也有尾飾，多爲獵取動物的僞裝，這種形象或多或少，在一幅岩畫中並不普遍。但克孜爾131窟刻劃圖畫，不僅是巫者，幾乎所有的人物都有這種長與雙腿齊的尾巴，而畫中又不見執弓射箭的狩獵場面，因而不會是獵取動物的僞裝，而另具一種宗教或者圖騰方面的意義。結合畫面上鳥卜的內容，或與禳解災異的活動有關。至於爲什麼在禳災時著尾飾，也許來源於一種古老的習俗⑬。

以上推測是較爲精闢的。所謂「禳解災異」，實際上就是祭旱求雨。可見韶舞的最原始的形式，是在臀部繫上尾飾，只是到了商周時代，尾飾才逐漸演變爲操在手中的牛尾，以此證明大通彩陶盆所繪舞蹈人圖案，正是原始人旱祭時的舞蹈場面。

【附　註】

① 見《什麼是九歌》，《聞一多全集》㈠。

② 見《九歌非民歌說》，載《語言與文學》，中華書局1937年出版。

③ 見《什麼是九歌》。

④ 見《論語・爲政》。

⑤ 見《增訂殷虛書契考釋》。

⑥ 見《商代的神話與巫術》，載《燕京學報》第20期。

⑦　見《山海經箋疏》。

⑧　「九德之歌」即《九歌》，這大概是受了《左傳》文公七年晉郤缺對趙宣子所說一段話的影響。

⑨　見《論語·八佾》。

⑩　見《論語·先進》。

⑪　見《論衡·明雩》。

⑫　見陳夢家《商代的神話與巫術》，載《燕京學報》第20期。

⑬　見吳焯《克孜爾石窟刻劃圖畫的內容、作者和時代》，《文物》1986年第10期。

「東君」之神格考

《九歌・東君》中的「東君」究係何神？王逸認爲是日神。洪興祖補注曰：「《博雅》曰：『朱明、耀靈、東君，日也。』《漢書・郊祀志》有東君。」也認爲就是日神。歷代注疏家對此皆無異詞。但是今人又提出日御、句芒、朝霞之神與霓神四說。最近，龔維英《〈九歌・東君〉祭祀月神考辨》一文對自己提出的朝霞之神說予以否定，另又提出東君爲月神說①。

《九歌》諸神中的東君，是一個重要的神祇，對其神格的考證，也是我們理解《東君》、乃至《九歌》其餘十篇所不可或缺的。所謂日御說，實際上與日神說沒什麼差別，神話中的日御即日神、日母的衍化。而苟芒說與霓神說皆有不足之處，證據不多。茲就月神說略作考析。

《東君》起始四句曰：

暾將出兮東方，照吾檻兮扶桑。
撫余馬兮安驅，夜皎皎兮既明。

朱熹《楚辭集注》釋曰：「言吾見日出東方，照我檻楯，光自扶桑而來，即乘馬以迎之，而夜既明也。」有人因此說道：「太陽在東，而乘馬迎日的東君此時卻在西。可見，太陽與東君不僅是兩碼事，而且東西相對。這樣，東君怎麼可能是太陽神呢？」②龔維英更進一步推論說：「與太陽神東西相對的，只有月亮。那麼，東君的神格是否與月亮有關，或者徑是月神呢？」「太陽自扶桑出來了，光『照吾檻』。我撫馬駕車馳驅而去（月神離開），黑夜變成『皎皎兮既明』的白晝。這個第一人稱代詞的吾、余（代東君），不是月亮又當何指？」③這種推斷是錯誤的。

首先，朱熹的解釋就不正確。關鍵在於第二句的理解上。「照吾檻兮扶桑」應該是說，陽光照在我的門檻（或欄杆）——扶桑，而不是什麼「照我檻楯，光自扶桑而來」。這裡值得注意的是，「檻」就是「扶桑」。而第三句「撫余馬兮安驅」，只是說拍打著我的馬安徐地前行，也沒有「乘馬以迎之」的意思在裡面。因此，這四句詩中的「吾」和「余」與太陽的關係並不是東西相對的。

其次，我們不妨了解一下這四句詩的神話底蘊。《山海經》中關於太陽的神話記載甚詳，茲引錄如次：

> 東南海之外，甘水之間，有羲和之國。有女子名日羲和，方日浴于甘淵。羲和者，帝俊之妻，生十日。（《大荒南經》）
>
> 湯谷上有扶桑，十日所浴，在黑齒北，居水中。有大木，九日居下枝，一日居上枝。（《海外東經》）
>
> 大荒之中，有山名曰孽搖頵羝，上有扶木，柱三百里，其葉如芥。有谷曰溫源谷。湯谷上有扶木。一日方至，一日方出，皆載于烏。（《大荒東經》）

是知神話中的十日都棲居於扶桑樹上。因爲這個原故，所以人們想象中的日神也在扶桑樹上。《十洲記》日：「扶桑，在東海之東岸，上有太帝宮，太眞東王父所治處。」這東王父即日神。又按《淮南子・天文訓》日：

> 日出暘谷，浴于咸池，拂于扶桑，是謂晨明；登于扶桑，爰始將行，是謂朏明；至于曲阿，是謂旦明……爰止羲和，爰息六螭「後二句今本作「爰止其女，爰息其馬」，非。

從《初學記》卷一引），是謂懸車。

日神居於扶桑樹上，而日出東升時要「拂於扶桑」、「登於扶桑」，所以才會「照吾檻兮扶桑」。而每次日出，日神都要親自駕御，這就是「撫余馬兮安驅」，日出當然便「夜晈晈兮既明」。因此，這詩中的第一人稱代詞的吾、余（東君）當然指的是日神。所以東君爲月神說顯然是沒有徹底了解這四句詩所包含的神話底蘊。試想，如果這東君是月神，它又怎麼能以扶桑爲檻呢？

東君爲月神之說，與《東君》全篇的內容也是不相吻合的。《東君》既云「暾將出兮東方」、「夜晈晈兮既明」，又云「靈之來兮蔽日」，這分明是一種陽光明媚的景象，難道祭祀月神就是在這種情況下進行的嗎？我們讀了《東君》起首四句後就不難會產生疑問：爲什麼祭祀月神的典禮要在歌頌朝陽東升、黑暗散盡之後進行呢？

龔維英又認爲「東皇太一是日神，而《九歌》裡既然祭祀日神，必卯不掉月神」，因爲「我們知道，在古人的意識底層，對日、月等量齊觀。例如《五運曆年紀》言：『首生盤古，垂死化身。……左眼爲日，右眼爲月。』」「《山海經》裡的日、月神話，亦無軒輊之分。」④東皇太一是否爲日神，我們另文討論。我們僅就這段推論略作分析。所謂古人對日、月等量齊觀的說法，是有失偏頗的。按《禮記．祭義》曰：

郊之祭，大報天而主日，配以月。夏后氏祭其闇，殷人祭其陽，周人祭日，以朝及闇。祭日于壇，祭月于坎，以別幽明，以制上下。祭日于東，祭月于西，以別內外，以端其位。

又按《禮記．郊特牲》曰：

郊之祭也，迎長日之至也，大報天而主日也。

是知祭日爲郊祀的主要內容，兩者是不能等同的，所以祭日在高壇之上，而祭月則在低坑裡。祭日時迎朝陽而起祭，這不正與《東君》所云「暾將出兮東方」相合嗎！祭月必須祭于「坎」，以與祭日相區別，不但說明它在郊祀之禮中的地位極低，而且也說明《東君》所反映的不可能是祭月時的情景。

龔維英又說：「東君之所以誤釋爲日神，殆由於『東』字產生聯想，日出東方，月何嘗不出自東方？請讀《詩・邶風・日月》第三、四兩節開首二句，發即作『日居月諸，出自東方』或『日居月諸，東方自出』不言自明。」「是夷人與月亮神話亦密切關聯。」⑤這同樣有臆測之嫌。不管夷人與月亮神話有何密切關聯，太陽與月亮在古人心目中是有著嚴格區別的，「祭日於東，祭月於西」是至遲在殷商時即已形成的祭祀原則，所以卜辭中太陽稱爲「東母」，而月亮則稱爲「西母」。卜辭云：

貞燅于東母三牛。（《上》23.7）

己酉卜殻貞燅于東母九牛。（《簠典》20）

燅于東母豕三犬三。（《鐵》142.2）

貞燅于東母三豕。（《契》122）

壬申卜貞㞢于東母西母，若。（《上》28.5）

貞于東母㞢□。（《林》1.22.2）

這些都是燅祭日月的卜辭。卜辭中祭日月，又可直接稱爲祭東、西。如：

貞勿燅于東。（《前》3.24.6）

己巳卜王燅于東。（《前》4.15.7）

貞燅于西。（《上》24.5）

帝于西。（《前》5.13.3）

貞方告于東西。（《前》1.48.4）

可見，東母與西母自殷商時代即成爲日神與月神的專稱。到了戰國時代，東母與西母的神話逐漸演化，西母成爲西王母，東母則男性化成爲東王公或東王父。漢人銅鏡上的吉祥語常有「明如日月不己，壽如東王公西王母」，「壽而東王父西王母」等。日神因其男性化，所以又稱爲東君。《廣雅・釋天》曰：「東君，日也。」又魏武帝《陌上桑》曰：「濟天漢，至昆侖，見西王母，謁東君。」⑥東君與西王母對稱，則東君即東王公，亦即日神無疑。

總而言之，東君爲日神、《東君》爲祭祀日神之詩應是可以肯定的。而所謂東君爲月神說，其立論甚爲牽強。

【附　註】

① 載《雲夢學刊》1991年第2期。

② 見李茂蓀《中國古代的虹霓神和射日神》，《求索》1989年第6期。

③ 見《〈九歌・東君〉祭祀月神考辨》，《雲夢學刊》1991年第2期。

④ 見《〈九歌・東君〉祭祀月神考辨》，《雲夢學刊》1991年第2期。

⑤ 見《〈九歌・東君〉祭祀月神考辨》，《雲夢學刊》1991年第2期。

⑥ 見《宋書・樂志三》引。

《天問》新釋

一、「陰陽三合，何本何化？」

《天問》：「陰陽三合，何本何化？」王逸注曰：「謂天地人三合成德，其本始何化所生乎？」柳宗元《天對》則曰：「《穀梁子》云，獨陰不生，獨陽不生，獨天不生，三合然後生。王逸以爲天地人，非也。」今按此二說皆非。汪仲弘曰：「三與參同，古字通用，謂陰陽二氣參錯會合也。」①此說是也。「三」、「參」古通。《中山王礬鼎》「三軍」作「參軍」，馬王堆帛書《戰國縱横家書·蘇秦獻書趙書章》「韓亡參川」，參川即三川。《淮南子·修務訓》：「禹耳參漏。」高誘注：「參，三也。」《廣雅·釋言》：「參，三也。」《莊子·田子方篇》曰：

> 至陰肅肅，至陽赫赫，肅肅出乎天，赫赫發乎地，兩者交通成和，而物生焉。

張衡《靈憲》曰：

> 于是元氣剖判，剛柔始兮，清濁異位，天成于外，地定于內。天體于陽，故圓以動，地體于陰，故平以靜。動以行施，靜以合化，堙郁構精，時育庶類。

陰陽本於天地而化萬物，而諸家皆以陰、陽、天或天、地、人爲釋，謬矣。又按《淮南子·泛論訓》曰：

> 積陰則沈，積陽則飛，陰陽相接，乃能成和。

《天文訓》曰：

> 陰陽和合而萬物生。

> 天道曰圓，地道曰方。方者主幽，圓者主明。明者吐氣者也，是故火曰外景；幽者含氣者也，是故水曰內景。吐氣者施，含氣者化，是故陽施陰化。

《大戴禮記・曾子天圓篇》亦曰：

> 天道曰圓，地道曰方，方曰幽而圓曰明。明者吐氣者也，是故外景，幽者含氣者也，是故內景。故火曰外景而金水內景。吐氣者施而含氣者化，是以陽施而陰化也。

是知古人以爲陽施陰化，相和合而化生萬物。《漢書・匡衡傳》：「精祲有以相蕩。」顏注：「祲，謂陰陽氣相浸，漸以成災祥者也。」故「陰陽三合，何本何化」當問：「陰陽參合，何所本而何所化？」

二、「厥利維何，而顧菟在腹？」

《天問》：「厥利維何，而顧菟在腹？」聞一多認爲句中的「顧菟」即「蟾蜍之異名」。湯炳正《〈天問〉「顧菟在腹」別解》一文，據《左傳》、《方言》、《廣雅》等謂，「顧菟」即「於菟」，楚人呼虎爲「於菟」；並據曾侯乙墓中漆筐上頭似虎而身尾似兔的獸形圖案，認爲由月中陰影所引出的古代神話，「除了兔以外，還有蟾蜍，並且還有虎。」因此斷定，「《天問》的『顧菟』即『於菟』，是老虎，不是蟾蜍。」②此說極爲新穎。然而曾侯乙墓漆筐上的獸形圖案既然頭似虎而身尾似兔，則謂「顧菟」即爲老虎，似不全面。竊謂「菟」仍應釋爲兔，而「顧」才應釋爲虎。《左傳》宣公四年：「楚人……謂虎於菟。」《釋文》：「於音烏，菟音徒。」楚人與中原人對虎讀音的不同，實際上只是緩讀與急讀之異，急讀爲「虎」，楚人緩讀則爲「於菟」。湯炳正云：「因爲『於』之與『顧』，只有深淺喉之別；而古韻皆在魚部，亦一聲之轉。」是也。知「顧」亦發「烏」音，爲「虎」字之聲轉。月中陰影之神話傳說，有兔、蟾蜍，也有兩物之結合。張衡《靈憲》曰：「月者陰之宗，積而成獸，象兔蛤焉。」兔蛤即兔與蟾蜍之合形。今觀曾侯乙墓漆筐上頭似虎而身尾似兔的獸形圖案，知「顧菟」者當爲虎與兔相結合之傳說。

三、「伯強何處？惠氣何在？」

《天問》：「伯強何處？惠氣何在？」王逸注曰：「伯強，大厲，疫鬼也。所至傷人。惠氣，和氣也。言陰陽調和，則惠氣行，不和調則厲鬼興，二者當何所在乎？」伯強與惠氣相對，知伯強不當釋爲疫鬼。聞一多考證伯強即風神，亦即《山海經》所謂「禺強」。是也。然聞一多又引《淮南子．墬形訓》「隅強，不周風之所生」，以爲伯強主西北風，而惠風則爲東南風。其云：「《天問》以伯強惠氣連言者，西北風主殺生，東南風主長養，舉此二者以概八風也。」③此說非是。《山海經》中有四方風及風神的記錄，茲引錄如次：

《大荒東經》：

有人（今本無此二字，據《北堂書鈔》卷151、《太平御覽》卷九引補）名曰折丹，東方曰折，來風曰俊，處東極以出入風。

《大荒南經》

有神名曰因，南方曰因，來風曰民，處南極以出入風。（此條與以下兩條經文僞誤甚多，均從陳夢家《殷墟卜辭綜述》校改）

《大荒西經》：

有人曰石夷，西方曰石夷，來風曰韋，處西北隅以司日月之長短。

《大荒東經》：

有人名曰鵷，北方曰鵷，來風曰狻，是處東極隅以止日月，使無相間出沒，司其短長。

是知古時有四方風及風神之專名。此與卜辭所載亦相吻合：

帝（禘）于東方曰折，風曰劦。

帝于南方曰屼，〔風曰𤆍〕

帝于西方曰彝，〔風曰東〕

帝于北方曰元，風曰陖。（《合》261）

但是至春秋戰國時，四方風及風神逐漸演化，四方風神演化爲單一的風師。《周禮・大宗伯》：「風師雨師。」鄭注曰：「風師，箕也。」《風俗通義・祀典篇》曰：「風師者，箕星也，箕主簸揚，能致風氣。」古人認爲「風起北方」④，所以北方神禺強就成了「風師」。故此聞一多以爲禺強僅爲司西北風之神，誤也。這也是受了王逸注的影響。又「惠氣」者，祥和之風也。《文選・東京賦》：「惠風廣被。」《晉書・王羲之傳》：「天朗氣清，惠風和暢。」聞一多釋爲東南之薰風，亦誤。

四、「何闔而晦？何開而明？」

《天問》：「何闔而晦？何開而明？」王逸注曰：「言天何所闔閉而晦冥，何所開發而明曉乎？」歷代注疏家對此皆無異說。竊謂此說非也。詩人在此二問之前已云：「出自湯谷，次於蒙汜，自明及晦，所行幾里？」說明日出而明、日落而晦的情況在詩人心中並無疑問。按《山海經・海外北經》曰：「鐘山之神，名爲燭陰，視爲晝，瞑爲夜。」《古小說鈎沉》輯《玄中記》曰：「北方有鐘山焉，山上有石首如人首，左目爲日，右目爲月，開左目爲晝，閉右目爲夜。」詩人或即本此而設問：燭陰是怎麼樣開合而爲晦明的呢？

五、「永遏在羽山，夫何三年不施？」

《天問》：「永遏在羽山，夫何三年不施？」王逸注曰：「永，長也。遏，絕也。施，舍也。言堯長放鯀於羽山，絕在不毛之地，三年不舍其罪也。」朱熹曰：「施，謂刑殺之也。」《左傳》曰：「乃施邢侯。此問鯀功不成，何但囚之羽山，而不施以刑乎？」今按此二說皆非也。《山海經・海內經》曰：

> 洪水滔天。鯀竊帝之息壤以堙洪水，不待帝命。帝令祝融殺鯀于羽郊。鯀復生禹。帝乃命禹卒布土以定九州。

《韓非子・外儲說右》曰：

> 堯舉兵誅殺鯀于羽山之郊。

是知鯀被誅殺於羽郊。故「施」王逸釋爲釋放、朱熹釋爲殺，均非是。「施」當讀如「弛」。《左傳》昭公十四年：「乃施邢侯。」《孔子家語》作「弛」。洪興祖「補注」亦謂施「通作弛」。「弛」，當釋爲解剖之意。《後漢書・光武紀下》曰：「遣驃騎大將軍杜茂將從郡施刑屯北邊。」注曰：「施，讀曰弛，弛，解也。」考《呂氏春秋・行論篇》曰：「於是殛之於羽山，副之以吳刀。」《山海經・海內經》郭璞注引《歸藏・啓筮》曰：「鯀死三歲不腐，剖之以吳刀，化爲黃龍。」《全上古三代秦漢三國六朝文》輯《歸藏・啓筮》云：「鯀殛死，三歲不腐，副之以吳刀，是用出禹。」是知傳說鯀死後三年屍體不腐，剖之以吳刀，然後生禹。證之下文云：「伯禹腹鯀，夫何以變化？」知「永遏在羽山，夫何三年不施？」此句當問：鯀被殺於羽山，爲什麼過了三年才剖之以吳刀？

六、「何所冬暖？何所夏寒？」

《天問》：「何所冬暖？何所夏寒？」王逸注曰：「暖，溫也。言天地之氣，何所有冬溫而夏寒者乎？」游國恩《天問纂義》曰：「此問亦必因神話中有冬暖夏寒之說，而疑其果在何處也。」此說是也。《淮南子·說林訓》曰：「冬有雷電，夏有霜雪。」惜冬暖夏寒之傳說今已不傳，惟《山海經·五藏山經》載「冬夏有雪」之山多處，可作《天問》此問之參考，茲引錄如次：

《西次四經》：

西北三百里，曰申首之山，無草木，冬夏有雪。

《北三經》：

又北二百三十里，曰小咸之山，無草木，冬夏有雪。

《北次二經》：

又北三百八十里，曰狂山，無草木。是山也，冬夏有雪。

又北四百里，曰姑灌之山，無草木，是山也，冬夏有雪。

《北次三經》：

又北二百里，曰空桑之山，無草木，冬夏有雪。

又按《山海經·海外北經》曰：

鍾山之神，名曰燭陰，視爲晝，瞑爲夜，吹爲冬，呼爲夏，不飲，不食，不息，息爲風，身長千里。

鍾山之神燭陰所至之處可以任意吹呼爲冬夏。詩人或即本此而設問：冬寒夏暖本是自然規律，燭陰可以任意冬夏只是傳說，哪裡會眞的有什麼冬暖夏寒之所呢？

七、「登立為帝，孰道尚之？」

《天問》：「登立爲帝，孰道尚之？」王逸注曰：「言伏羲始畫八卦，修行道德，萬民乃登以爲帝，誰開導而尊尚之也。」諸家多從此說，以爲伏羲事。周拱辰《離騷草木史》則曰：「舊訓登立爲帝屬伏羲，非也。人皇以上，燧人以下，帝者多矣，何以專指伏羲乎？余謂即指女媧說。」游國恩《天問纂義》從此說。今按二說皆非。《文史》第十一輯載東延《「登立爲帝，孰道尙之」解》云：「《天問》『登立爲帝』的『登』……是指登高、登天而言的，不能按照後世登位、登基的意思來理解……『道（導）尙（上）之』就是引導之使之上天的意思。」此說是也。考《莊子·大宗師》曰：

> 夫道……堪壞得之以襲昆侖，馮夷得之以游山川，肩吾得之以處大山，黃帝得之以登雲天。

《淮南子·墬形訓》曰：

> 昆侖之丘，或上倍之，是爲涼風之山，登之而不死；或上倍之，是爲懸圃，登之乃靈，能使風雨；或上倍之，乃維上天，登之乃神，是爲太帝之居。

《呂氏春秋·古樂》曰：

> 帝顓頊自若水，實處空桑，乃登爲帝，惟天之合。

故「登立爲帝，孰道尙之」當問：登天可以爲帝，那麼又是誰引導他上去的呢？

八、「女媧有體，孰制匠之？」

《天問》：「女媧有體，孰制匠之？」王逸注曰：「傳言女媧人頭蛇身，一日七十化。其體如此，誰所制匠而圖之乎？」洪興祖《楚辭補注》亦曰：「《山海經》云：『女媧之腸，化爲神，處栗廣之野。』注云：『女媧，古神女帝，人面蛇身，一日中七十變，其腸化爲此神。』《列子》曰：『女媧氏蛇身人面，牛首虎鼻，此有非人之狀，而有大聖之德。』注云：『人形貌自有偶與禽獸相似者，亦如相書龜背鵠步，鳶肩鷹喙耳。』」歷代注疏家多從王逸、洪興祖之說，以爲女媧有異貌而一日七十變，故屈子有「孰制匠之」之間，今按《淮南子·說林訓》云：

> 黃帝生陰陽，上駢生耳目，桑林生臂手：此女媧所以七十化也。

高誘注曰：「黃帝，古天神也。始造人之時，化生陰陽。上駢、桑林，皆神名。」所謂「化」者，化生、化育之意。《素問》：「同天地之化。」王注：「物生謂之化。」王逸以爲女媧一日七十變，誤。天神在傳說中有異貌者甚多，非獨女媧。如西王母，《山海經》云「其狀如人，豹尾虎齒而善嘯，蓬發戴勝」。故諸家以爲屈子因女媧有異貌而設此問之說恐非。考《太平御覽》卷七八引《風俗通》云：

> 俗說天地開闢，未有人民，女媧摶黃土作人，劇務，力不暇供，乃引絙于泥中，舉以爲人。

女媧爲造人之神，然而女媧自己也有身軀，那又是誰製造的呢？是以屈子設問：「女媧有體，孰制匠之？」

九、「一蛇呑象，厥大如何？」

《天問》：「一蛇呑象，厥大如何？」「一蛇」當改爲「巴蛇」。考《山海經·海外南經》：

> 巴蛇食象，三歲而出其骨，君子服之，無心腹之疾。其爲蛇青黃赤黑。一曰黑蛇青首，在犀牛西。

《海內經》：

> 有巴遂山，澠水出焉。又有朱卷之國。有黑蛇，青首，食象。

巴蛇爲食象之蛇。《說文》卷十四亦曰：「巴，蟲也。或曰：食象蛇。象形。」郭璞《山海經傳》引《天問》此句爲「有蛇食象」，亦非。巴蛇爲食象蛇之專稱，今本《天問》「一蛇食象」當誤，應改作「巴蛇食象」。

十、「羿焉彈日？烏焉解羽？」

《天問》：「羿焉彃日？烏焉解羽？」王逸注曰：「《淮南》言堯時十日并出，草木焦枯，堯命羿仰射十日，中其九日，日中九烏皆死，墮其羽翼，故留其一日也。」王逸釋這二句爲羿射十日之事。然柳宗元《天對》曰：「《山海經》曰，大澤千里，群鳥之所解。《問》作烏字，當爲鳥，後人不知，因配上句，改爲烏也。」此又將「烏焉解羽」釋爲另一事。後世注疏家多從王逸之說，對柳宗元之說則大加駁難。洪興祖《楚辭補注》曰：「《天對》云，大澤千里，群鳥是解。注云，烏當爲鳥，後人不知，因配上句改爲烏也。《山海經》云，大澤方千里，群鳥之所生及所解。又《穆天子傳》曰，比至曠原之野，飛鳥之所解其羽。然以文意考之，烏當如字，宗元改從鳥，雖有所據，近乎鑿矣。」故今皆釋「羿焉彈日，烏焉解羽」二句爲后羿射日之事。管見以爲不然，茲略爲考證。

有關「十日」的神話，《山海經》中有詳細的記載。

《大荒南經》：

> 東海之外⑤，甘水之間，有羲和之國。有女子名曰羲和，方浴日于甘淵。羲和者，帝俊之妻，生十日。

《海外東經》：

> 湯谷上有扶桑，十日所浴，在黑齒北，居水中。有大木，九日居下枝，一日居上枝。

《大荒東經》：

湯谷上有扶木，一日方至，一日方出，皆載于烏。

古人認爲太陽的東升西落都是由「三足烏」負載飛行的，所以又有三足烏的傳說。《論衡・說日》曰：「日中有三足烏。」《淮南子・精神訓》曰：「日中有踆烏。」高誘注曰：「踆，猶蹲也，即三足烏。」先民們對太陽具有雙重的情感，既希望它帶來光明與溫暖，又害怕它造成炎熱與乾旱。上古時代的生產力極爲落後，乾旱對人們的生產、生活造成的危害往往是非常嚴重的，所以先民們對太陽的肆虐恨之入骨，射日的傳說也就逐漸產生。《淮南子・本經訓》曰：

堯之時，十日并出，焦禾稼，殺草木，而民無所食。猰貐、鑿齒、九嬰、大風、封豨、修蛇，皆爲民害。堯乃使羿誅鑿齒于疇華之野，殺九嬰于凶水之上，傲大風于青邱之澤，上射十日而下殺猰貐，斷修蛇于洞庭，擒封豨于桑林，萬民皆喜，置堯以爲天子。

這段文字即王逸所本，然今本《淮南子》並無「解羽」之事。《莊子・秋水》成玄英疏引《山海經》佚文云：

羿射九日，落爲沃焦。

郭璞《山海經傳》引《淮南子》曰：

堯乃令羿射十日，中其九日，日中烏盡死。

據此，則羿所射落之九日「落爲沃焦」，而日中烏也「盡死」。以上是后羿射日神話的全部，但沒有王逸所謂「墜其羽翼」的內容。

今按「解羽」者，脫落羽毛之意也。《禮記・典禮上》：「解屨不敢當階。」疏：「解，脫也。」《荀子・臣道》：「遂以解國之大患，除國之大害。」郭璞《山海經傳》引「烏焉解羽」，解字作落，是亦證「解羽」爲脫落羽毛之謂。故「烏焉解羽」當問：烏是如何脫落自己的羽毛的？可知此句與后羿射日事毫不相關。王逸逞臆而言，以爲后羿射日，則日中之烏墜其羽翼爲必然之事，殊不知后羿射落九日，日中烏盡死，並不僅僅是「解羽」。因此，「烏焉解羽」所問當爲另一事。柳宗元《天對》引《山海經・大荒北經》「有大澤方千里，群鳥所解」以釋此句，並謂「烏」爲「鳥」字之訛，所論極是。郭璞《山海經傳》曰：

> 《穆天子傳》曰：「北至廣原之野，飛鳥所解其羽，乃于此獵鳥獸，絕群，載羽百車。」《竹書》亦曰：「穆王北征，行流沙千里，積羽千里。」皆謂此澤也。

是知古有群鳥解羽之地的傳說，故《天問》有「鳥焉解羽」之問。今本「烏」字當據柳宗元之說改爲「鳥」字。

十一、「萍號起雨，何以興之？」

《天問》：「萍號起雨，何以興之？」王逸注曰：「萍，萍翳，雨師名也。號，呼也。興，起也。言雨師號呼，則云起而雨下，獨何以興之乎？」王逸此說是也。按《周禮・春官》曰：

> 小祝，掌小祭祀將事。將事侯、禳、禱、祠之祝號，以祈福祥，順豐年，逆時雨，寧風旱……

知古有司「號」之官。所謂「萍號起雨」，當指雨師以「雩」之祭以求雨也。雩，就是呼號之意。《禮記・月令》鄭玄注曰：「雩，吁嗟請求之祭也。」《爾雅・釋訓》：「舞，號雩也。」郭璞注曰：「雩之祭，舞者吁嗟而請雨。」《釋文》引孫炎曰：「雩之祭，有舞有號。」《公羊傳》桓公五年何休注曰：「使童女八人舞而呼雩，故謂之雩。」

十二、「厥萌在初，何所億焉？璜台十成，誰所極焉？」

《天問》：「厥萌在初，何所億焉？璜台十成，誰所極焉？」

王逸注曰：「言賢者預見施行萌芽之端，而知其存亡善惡所終，非虛億也。璜，石次玉者也。言紂作象箸，而箕子嘆，預知象箸必有玉杯，玉杯必盛能蹯豹胎。如此，必崇廣宮室。紂果作玉台十重，糟丘酒池，以至于亡也。」此說是也。洪興祖《楚辭補注》曰：「憶一作意。億，度也。《論語》曰，憶則屢中。意與億音義同。」此釋「憶」爲度，非。按《史記・宋微子世家》曰：

> 紂始爲象箸，箕子嘆曰：「彼爲象箸，必爲玉杯；爲杯，則必思遠方珍怪之物而御之矣。輿馬宮室之漸自此始，不可振也。」

是知「億」當釋爲嘆。《周易・震》干寶注：「億，嘆辭也。」億通噫。《周易・震》：「億喪貝。」《釋文》：「一本又作噫」《釋名・釋言》：「噫，嘆也。」《漢書・董仲舒傳贊》：「噫，天喪余。」如淳注曰：「噫，嘆聲也。」《漢書・溝洫志》：「噫乎，何以御水。」如淳注曰：「噫乎，嘆辭。」《後漢書・袁安傳》：「未嘗不噫嗚流涕。」如淳注曰：「噫嗚，嘆傷之貌也。」是證「何所億焉」意爲「何所嘆焉」。

【附　註】

① 見汪瑗《楚辭集解》附引。

② 參見湯炳正《〈天問〉「顧菟在腹」別解》，《楚辭新探》。

③ 見《天問釋天》，《聞一多全集》「古典新義」。

④ 見《莊子・天運》。

⑤ 「東海之外」，今本作「東南海之外」，《北堂書鈔》卷一四九，《太平御覽》卷三引此經皆無「南」字，當衍。

《楚辭》札記

一、《離騷》中的扶桑與若木

「扶桑」是神話傳說中的東極日出之木，又作「扶木」、「榑桑」。《說文》曰：「榑桑，神木。日所出。」「若木」則是神話傳說中的西極日落之木。有關扶桑、若木的神話，《山海經》中的記載較爲詳細，茲引錄如次：

《大荒東經》：

大荒之中，有山名曰孽搖頵羝。上有扶木，柱三百里，其葉如芥。有谷曰溫源谷。湯谷上有扶木，一日方至，一日方出。

《海外東經》：

湯谷上有扶桑，十日所浴，在黑齒北，居水中。有大木，九日居下枝，一日居上枝。

《大荒北經》：

大荒之中，有衡石山、九陰山、洞野之山，上有赤樹，青葉，赤華，名曰若木，日之所入處（今本無「日之所入處」五字，據《文選・月賦》李善注引補）。

《海內經》：

南海之內（今本「內」作「外」，誤），黑水、青水之間，有木，名曰若木。

《離騷》曰：

朝發軔于蒼梧兮，夕余至乎懸圃。

> 欲少留此靈瑣兮，日忽忽其將暮。
> 吾令羲和弭節兮，望崦嵫而勿迫。
> 路曼曼其修遠兮，吾將上下而求索。
> 飲余馬于咸池兮，總余轡乎扶桑。
> 折若木以拂日兮，聊逍遙以相羊。

屈原在這一段中說，他西至昆侖後，在咸池飲馬，「聊逍遙以相羊」。但是，扶桑與若木本應各自東西，詩人爲什麼一會兒「總余轡乎扶桑」，一會兒又「折若木以拂日兮」呢？游國恩《離騷纂義》解釋說：「此本寓言，設想神游，升天入地。」但是，屈原雖然設想神遊天地，敘來卻是有條不紊，從朝發蒼梧，到夕至懸圃，爲「欲少留此靈瑣兮」，而「令羲和弭節兮」。爲什麼詩中偏偏要說到遠在東極的扶桑呢？因此，不能僅用詩人的浪漫想象去解釋。

段玉裁《說文解字注》曰：

> 《離騷》「總余轡乎扶桑」、「折若木以拂日」，二語相聯，蓋若木即謂扶桑，扶、若字即榑、叒字也。

段玉裁認爲扶桑即爲若木。但是郝懿行《山海經箋疏》、朱珔《文選集釋》卻提出，若木有二，一在東極，一在西極，《離騷》所云爲西極若木。此說牽強無稽。筆者認爲段玉裁所云爲是。《說文》卷六云：

> 日初出東方湯谷所登。榑桑，叒木也。

此外，《玉篇》、《廣韻》亦皆云，榑桑即爲叒木（若木）。但是，段玉裁並未解釋清楚，爲什麼屈子西至尾侖，卻「總轡」於東極扶桑。古代學者不能用發展的眼光去看待神話傳說，當然無法解釋這個問題。筆者認爲，這個問題與我國古代宇宙觀的演變有關。

我國最早的宇宙觀——天圓地方說（即第一次蓋天說）認爲，「天圓如張蓋，地方如棋局」①，天由地上的八根柱子撐著，太陽從東極升起後沒入西極，然後穿地而過。隨著天文學的發展，天圓地方說的不足之處逐漸暴露了出來。相傳曾子就已經認識到「天圓而地方，則是四角之不掩也」②。屈原在《天問》中對天圓地方說也提出詰難，他這樣問道：

斡維焉系？天極何加？
八柱何當？東南何虧？
九天之際，安放安屬？
隅隈多有，誰知其數？
天何所沓？十二焉分？
日月安屬？列星安陳？

春秋戰國時期，出現了第二次蓋天說。第二次蓋天說改進了第一次蓋天說關於「地方」的說法，進一步設想大地是拱形的，即認爲：「天象蓋笠，地方覆槃。天地各中高外下。北極之下，爲天地之中，其地最高，而滂拖四潰，三光隱映，以爲晝夜。」③但是，第二次蓋天說仍然不能客觀地反映宇宙世界，因此隨著社會生產力的提高，人們實踐經驗的逐步積累，又產生了較爲先進的以球形大地爲認識基礎的宇宙理論——渾天說。戰國中期的法家慎到曾經說：「天體如彈丸，其勢斜倚。」④與慎到幾乎同時的惠施也說：「南方無窮而有窮。」⑤東漢時期的張衡對渾天說有系統、詳細的闡述，《渾天儀圖注》說：

渾天如雞子。天體圓如彈丸，地如雞中黃，孤居于內，天大而地小。天表裡有水，天之包地，猶殼之裹黃。天地如乘氣而立，載水而浮。

《山海經》中所載太陽從扶桑升起，然後沒入若木的神話，是天圓地方說（即第一次蓋天說）的反映。隨著古代宇宙觀的發展，扶桑、若木的神話也開始演變。人們認識到大地是球形的，而所謂日出、日落之處都是一個地方，於是扶桑與若木也就演而爲一了。

《淮南子·墜形篇》云：

若木在建木西，末有十日，其華照下地。

傳說中的「十日」均居於扶桑木上，何以若木上亦有十日呢？很顯然，扶桑與若木隨著古代宇宙觀的發展，失去了各自的神話價值，已經合二爲一了。《九歌·東君》云：

暾將出兮東方，照吾檻兮扶桑。

《天問》云：

羲和之未揚，若華何光？

若華即若木之華。以兩文相對照，亦可知扶桑即爲若木。

古代宇宙觀的發展，影響到了神話傳說的演變，除了扶桑與若木的神話外，還有許多例子。《山海經·大荒東經》載日月所出之山有六處：

東海之外，大荒之中，有山名曰大言，日月所出。

大荒之中，有山名曰合虛，日月所出。

大荒中有山名曰明星，日月所出。

大荒之中，有山名曰鞠陵于天、東極、離瞀，日月所出。

大荒之中，有山名猗天蘇門，日月所出。（今本「出」作「生」，誤。《藝文類聚》卷一、《太平御覽》卷三皆引作「出」，據改。）

東荒之中，有山名曰壑明俊疾，日月所出。

《山海經·大荒西經》亦載日月所入之山有六處：

大荒之中，有山名曰豐沮玉門，日月所入。

大荒之中，有龍山，日月所入。

大荒之中，有山名日月山，天樞也。吳姖天門，日月所入。

大荒之中，有山，名日鏖鏊巨，日月所入者。

大荒之中，有山名曰常陽之山，日月所入。

大荒之中，有山名曰大荒之山，日月所入。

這些有關日月所出、所入之山的記載，是天圓地方說的典型反映。但是隨著渾天說的出現，又產生了日月所出入之山。《山海經・大荒西經》云：

西海之外，大荒之中，有方山者，上有青樹，名曰柜格之松，日月所出入也。

袁珂謂：「此方山為日月所出入唯一之山也，然而地在西荒，何可云『出』？此神話之山，誠如郭璞所云：『不可以常理推』（《海》內西經》「貳負」節郭注）矣。」⑥此說不確。神話雖然不可用常理推，但亦是現實世界的一種折射面，日月所出、所入之山神話的產生與演變即是一個很好的證明。《天問》曰：

出自湯谷，次于蒙汜。

王逸注曰：「暮入西極蒙水之涯也。」這裡蒙汜是西極日落之處。然而《淮南子・覽冥篇》則曰：

邅回蒙汜之渚，尚徉冀州之際。

高誘注曰：「蒙汜，日所出之地。」蒙汜又成了日出之所。此外，「湯谷」傳說為東極日落之處，而《山海經・西次三經》則曰：

天山……英水出焉，而西南流注于湯谷。

湯谷又成了西極之地。以上神話傳說的演變，完全反映出了古代宇宙觀發展、進化的軌迹。

綜上所論，筆者認為扶桑與若木的神話受古代宇宙觀的影響，逐漸合二為一，因此《離騷》所云扶桑、若木應指一物；歷代學者不明扶桑、若木神話的演變，所以對「總余轡乎扶桑」與「折若木以拂日兮」兩句的注疏頗多牽強穿鑿。

二、說「陸離」

「陸離」一詞，於《楚辭》中凡七見：

《離騷》：

高余冠之岌岌兮，長余佩之陸離。

紛總總其離合兮，班陸離其上下。

《九歌．大司命》：

靈衣兮被被，玉佩兮陸離。

《九章．涉江》：

帶長鋏之陸離兮，冠切云之崔嵬。

《遠遊》：

叛陸離其上下兮，游驚鶩之流波。

長發曼鬋，艷陸離些。（《招魂》）

薜荔飾而陸離荐兮。（《九嘆》）

王逸皆注爲參差分散之貌，最後一條則釋作「美玉」。按《大司命》云：「玉佩兮陸離。」玉用陸離來形容，說明陸離當是較玉更有光彩之物。

史樹青《「陸離」新解》云：「《楚辭》所見陸離，從讀音和解義方面看，如『長余佩之陸離』、『玉佩兮陸離』爲琉璃佩飾光彩；『帶長鋏之陸離』爲琉璃劍飾；『斑陸離』即『叛陸離』，斑、叛音通，爲彩色琉璃；『艷陸離』爲鮮艷的琉璃，等等。這些解釋，文從字順，無一不通。」⑦此說是也。「陸離」聲轉爲「流離」。《上林賦》：「流離輕禽，蹴履狡獸。」《甘泉賦》：「曳紅采之流離兮。」《羽獵賦》：「椎夜光之流離。」「流」，古字又作「珋」。《說文》曰：「珋，石之有光者，璧珋也，出西胡中。」段玉裁注曰：「璧珋即璧流離也。」《漢書・西域傳・罽賓國》：「珠璣珊瑚，虎魄流離。」顏師古注引《魏略》曰：「大秦國出赤白黑黃青綠縹紺紅紫十種流離。」西漢時西域諸國曾以琉璃大量入貢。《漢書・地理志》云：「黃支國，民俗略與珠厓相類……自漢武以來皆獻見。有澤長，屬黃門，與應募者俱入海市明珠、璧流離、奇石異物。」琉璃器在考古發掘中曾大量發現。1972年河南洛陽淳溝西周早期墓出土一件穿孔白琉璃珠。1965年湖北江陵出土的越王勾踐劍上，有藍色琉璃裝飾。1978年湖北戰國曾侯乙墓出土了大量的琉璃飾。1976年河北平山中山王陵曾有彩色琉璃珠出土。西漢時的琉璃器則出土更多。這種情況表明，戰國至西漢時代琉璃器即已大量地用作飾物。琉璃器色彩斑爛，故《楚辭》（前文所引前六句）與漢賦中皆用以形容五光十色、美好分散之貌。

三、說博戲

《招魂》曰：「菎蔽象棋，有六簙些。分曹并進，遒相迫些。成梟而牟，呼五白些。晉制犀比，費白日些。」博戲，先秦文獻無載。我們從兩漢載籍中可以窺見戰國秦漢時博戲之盛。《說苑・正諫篇》曰：「秦始皇太后不謹，……幸郎嫪毐，毐專國事，益驕奢，與侍中左右貴臣俱博飲。」《漢書・文帝紀》顏注引如淳曰：「薄昭與文帝博，不勝，當飲酒，侍郎酌，爲昭少，一侍郎譴呵之。時此郎下沐，昭使人殺之，是以文帝使自殺。」《史記・吳王濞列傳》曰：「孝文時，吳太子入見，得侍皇太子飲博。」《漢書・游俠傳》曰：陳遂「宣帝微時與有故，相隨博變，數負進。」漢時尙設有博待詔之官。《漢書・吾丘壽王傳》曰：壽王

「以善格五召待詔。」《西京雜記》卷下《陸博術》曰：「許博昌，安陵人也，善陸博，竇嬰好之，常與居處。其術曰：『方畔揭道語，張畔揭道方；張究屈玄高，玄高屈究張。』三輔兒童皆誦之。」此可知時俗之盛。漢時還有一些以博戲爲業之人，稱爲「博徒」。《後漢書·列女傳》曰：許升「少爲博徒。」《鹽鐵論·授時》曰：「博戲驅逐之徒，皆富人子弟。」《後漢書·王充傳》曰：「今人以游博持掩爲事。」漢時博戲還成爲酒宴上必不可少的助興項目。《藝文類聚》卷74「巧藝部」載古詩曰：

玉樽延貴客，入門黃金堂。
車廚具肴膳，椎中烹豬羊。
主人前進酒，琴瑟必清商。
投壺對彈棋，博弈并復行。

《三國志·吳書·諸葛謹傳》曰：「乃合榻促席，量故選對，或有博弈，或有樗蒲，投壺弓彈，部別類分，於是甘果繼進，清酒徐行。」漢代的博戲畫像上都有飲宴之具。

四、《離騷》「制芰荷以為衣兮，集芙蓉以為裳。」

《離騷》：「制芰荷以爲衣兮，集芙蓉以爲裳。」王逸注曰：「制，裁也……言己進不見納，猶復裁制芰荷，集合芙蓉，以爲衣裳，被服愈潔，修善益明。」今按，芰荷與芙蓉皆爲天然的水生植物，謂集合芙蓉可通，而謂裁制芰荷則有失自然。《拾遺記》卷六引上句，「制」作「折」，正與「集」相對應，又《拾遺記》卷六載漢昭帝《淋池歌》曰：「擇纖手兮折芰荷。」此句本之《離騷》，知古本當作「折」字是也。

五、《離騷》「日鯀婞直以亡身兮，終然殀乎羽之野。」

《離騷》：「曰鯀婞直以亡身兮，終然殀乎羽之野。」聞一多曰：「案鯀非短折，焉得稱殀？殀當從一本作夭。夭之爲言夭遏也。《淮南子・俶眞篇》曰：『天地之間，宇宙之內，莫能夭遏。』又曰：『四達無境，通於無圻，而莫之要御夭遏者。』夭遏雙聲連語，二字同義。」⑧今按，「殀」，當釋爲殺。《禮記・王制》：「不殺胎，不殀夭。」《山海經・海內經》曰：「帝令祝融殺鯀於羽山之郊。」知「殀乎羽之野」，謂鯀被殺於羽郊。

又「殀」亦可讀如字。《史記・孔子弟子列傳》曰：「回年二十九，髮盡白，蚤死。」索隱引《孔子家語》曰：「年二十九而髮白，三十二而死。」是知少壯之年而歿亦謂短折。鯀被殺於羽郊，然後生禹，則鯀之壽不長，故謂之「殀」是也。

六、《離騷》「溘埃風余上征」

《離騷》：「溘埃風余上征。」今按「埃風」，《吳都賦》劉注、謝玄暉《在郡臥病呈沈尚書詩》注、江文通《雜體詩》注皆引作「颸風」，颸風者，疾風也。吳曾《能改齋漫錄》卷五曰：「《吳都賦》曰：『翼颸風之颲颲。』班固曰：『颸，疾也。』然則颸風者，疾風也。」葉大慶《考古質疑》卷六曰：「馬融《廣成頌》：靡颸風，陵迅流。注：『颸，疾風也。』張協詩：『燮燮涼葉奪，戾戾颸風舉。』注：『戾，急也。』江逌《風賦》：『若颸厲狂震，觸物怒號。』皆以爲風之急疾者。」《離騷》此句上云「駟玉虬以乘鷖兮」，下云「朝發軔於蒼梧兮，夕余至乎縣圃」，詩人乘龍風而其行迅疾，知「埃風」當作「颸風」爲是。《曹子建集》卷六《盤石篇》曰：「一舉必千里，乘颸舉帆幢。」此與《離騷》語意相似。

七、《九章·涉江》「冠切云之崔嵬」

《九章·涉江》：「冠切云之崔嵬。」王逸注曰：「崔嵬，高貌也。言己內修忠信之志，外帶長利之劍，戴崔嵬之冠，其高切青云也。」按，此句前云「帶長鋏之陸離兮」，則「切云」當爲冠名。《文選》五臣注即曰：「切云，冠名。」然《哀時命》曰：「冠崔嵬而切云兮。」則切云當形容楚冠之高貌。《玉篇》山部、《北堂書鈔》卷一百二十二、《藝文類聚》卷一、《太平御覽》卷八、卷三百四十四、卷六百八十四、《事類賦注》卷十二、《海錄碎事》卷五皆引「切云」作「青云」。《九嘆·惜賢》：「冠浮云之峨峨。」即襲此文，「浮云」與「青云」相同。知作「青云」是也。今本或因王逸注「其高切青云也」而誤。

八、《招魂》「參目虎首」

《招魂》曰：「魂兮歸來，君無下此幽都些。土伯九約，其角觺觺些。敦恢血拇，逐人駓駓些。參目虎首，其身若牛些。」「參目虎首」，王逸注謂：「其貌如虎，而有三目。」今人湯炳正對此提出異說，認爲「參」字當爲「虎視耽耽」的「耽」之借字，其云：「由於曾侯乙墓棺畫的出土，我們發現『土伯』的形狀雖各有不同，卻沒有一個是三只眼的。」「我們現在細審曾侯乙棺畫的『土伯』形象」，「的確『虎視耽耽』、怒目逼人之狀，宛然如生，堪稱傳神之筆。故自王逸以來所謂『如虎而有三目』之說，當係誤解。」竊謂此說恐非。從出土的棺畫、畫像石等看，幾乎所有的神祗鬼怪都有目光如炬的特點，非獨土伯一神有虎視耽耽之貌。《招魂》此段極言幽都之恐怖，故土伯之「參目」若作耽目講，顯然與土伯形貌之怪誕詭異不符。竊以爲對文獻進行詮釋研究，地下出土文物只能用作參考，若對出土文物太過拘泥，則在文獻的詮釋上就會有削足適履之嫌。一件出土文物，雖是最好的歷史實證，但是這件文物的價值（指反映歷史的可信度）是受著多種因素的影響的。以畫像石而言，畫像石作者文化素養的高低左右著這件作品質量的高低。因此，出土文物與文獻所載往往不盡吻合。我們試以日中烏爲例。《論衡・說日》曰：「日中有三足烏。」《淮南子・精神訓》：「日中有踆烏。」高誘注曰：「踆，猶蹲也，即三足烏。」然而馬王堆漢墓出土的帛畫上，日中烏卻只有兩足。我們難道能據此否定文獻中有關三足烏的傳說嗎？當然不能。《招魂》謂土伯「其身若牛些」，但我們看曾侯乙墓的棺畫，土伯的形狀非但和牛軀毫不相像，而且還很瘦小。如果一定要拘泥於出土文物與文獻的完全吻合，則僅此一項我們即可否定曾侯乙墓棺畫上的神獸並非土伯。竊以爲「參目虎首」，仍當從王逸注爲是。

【附　註】

①③　見《晉書・天文志》。

②　見《大戴禮記・曾子・天圓》。

④　見《愼子》。

⑤　見《莊子・天子》引。

⑥　見袁珂《山海經校注》。

⑦　見《文史》第11輯。

⑧　見聞一多《楚辭校補》，《聞一多全集》「古典新義」。